# 裁かれた戦時性暴力

「日本軍性奴隷制を裁く女性国際戦犯法廷」とは何であったか

VAWW-NETジャパン 編　責任編集 西野瑠美子・金 富子

白澤社

オープニング

【二〇〇〇年一二月七日】「法廷」前日、韓国挺身隊問題対策協議会主催の法廷オープニングは、亡くなられた被害者の方々の追悼から始まった。

第１日目

【二〇〇〇年一二月八日】「法廷」国際実行委員会の三人の代表からの挨拶。右から被害国代表・尹貞玉（韓国挺身隊問題対策協議会共同代表＝当時）、加害国代表・松井やより（VAWW-NETジャパン代表）、国際諮問委員会代表・インダイ・サホール（アジア女性人権センター代表＝当時）。

「法廷」全景。舞台の右側には四人の判事、中央に首席検事と書記官、左側には、各国検事団、左手前に証人席が設けられた。また、ビデオ証言や証拠書類などの映像が映し出されるように、舞台両脇にスクリーンが設置された。

これまでほとんど不問にされてきた戦時性暴力に対し、国際人道法に照らして裁く法廷であるという開廷宣言ののち、首席検事二人から共通起訴状が読み上げられ、日本を含む九カ国のプレゼンテーションが始まった。

審理にあたった四人の判事たち。左から、カルメン・マリア・アルヒバイ（国際女性法律家連盟会長・アルゼンチン）、首席判事を務めたガブリエル・カーク・マクドナルド（旧ユーゴ国際刑事法廷前所長・米国）、ウィリー・ムトゥンガ（ケニア人権委員会委員長）、クリスチーヌ・チンキン（ロンドン大学国際法教授・英国）。

国家責任についての起訴状を読みあげるウスティニア・ドルゴポル首席検事。

被告人の刑事責任についての起訴状を読みあげるパトリシア・ビサー・セラーズ首席検事。

南北コリア。被告・日本政府の意見を代弁するアミカス・キュリー（法廷助言者）として今村嗣夫弁護士が意見等を述べたのち、被害国の審理が南北コリアから始まった。韓国と北朝鮮が、南北合同の起訴状を作成し、プレゼンテーションを行なったことは画期的だった。

## 第2日目

［二〇〇〇年一二月九日］
中国。当時の性暴力被害を語ることはとても困難である。三人の被害者が証言に立った。山西省での被害者万愛花さんは証言の途中で気を失い倒れた。

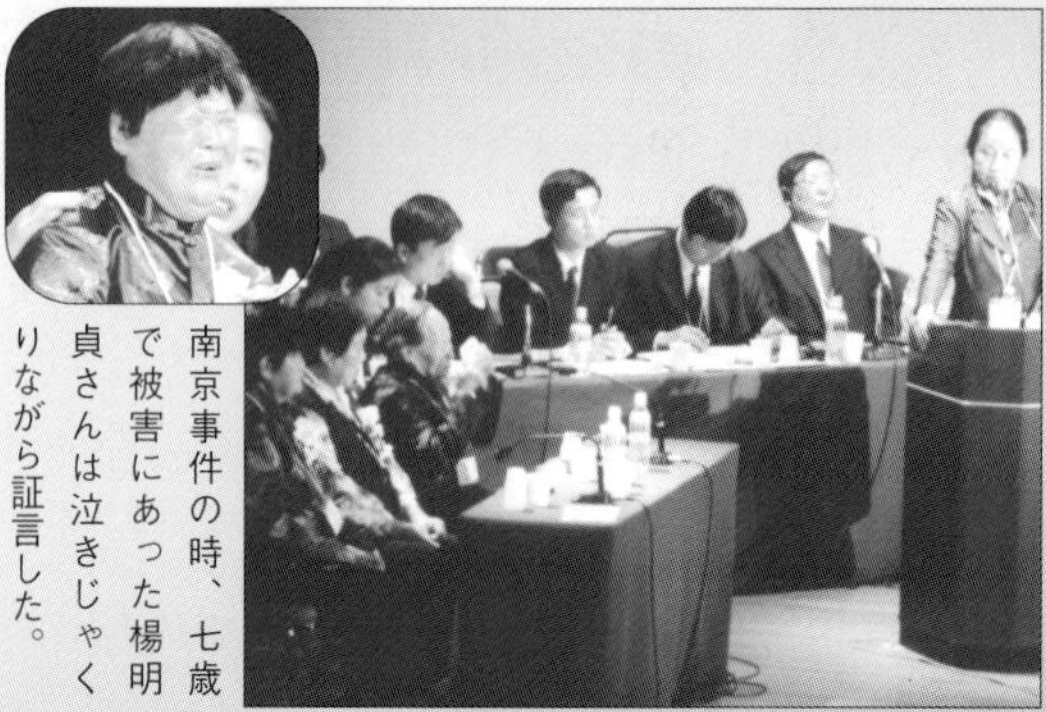

南京事件の時、七歳で被害にあった楊明貞さんは泣きじゃくりながら証言した。

フィリピン。パンダンでの被害者トマサ・サリノグさんとマパニケ村「集団強かん」のケースが取りあげられた。

証言のあと、被害者たちはめいめい判事たちに握手をもとめた。

天皇の戦争責任について専門家証言をする山田朗さん。日本からはほかに、林博史さん、吉見義明さんも専門家証言にたった。

台湾。三つの民族出身の被害者証言は、それぞれの言語で証言を行なった。

インドネシア。新たに現地を再訪したビデオをまじえての証言が行なわれた。

第3日目

［2000年12月10日］

マレーシア。ビデオ証言と証拠の提示をする、マレーシア検事団。

PTSDについての専門家証言をするレパ・ムラジェノヴィッチさん。

オランダ。ジャワ島で被害にあった時の証言をするラフ＝オハーン（ルフ＝オヘルネ）さん。

東ティモール。五五年前の日本軍と、近年のインドネシア軍の占領で、被害が続いている。「法廷」と「国際公聴会」両方の参加だった。

証人は「日本を見物しに来たんじゃない」「真実を話すために来た」と話し、満場の拍手をあびた。

日本人「慰安婦」被害について専門家証言をする藤目ゆきさん。

国際法における国家責任について専門家証言をするフリッツ・カールスホーベンさん。

加害の証言をする二人の元日本軍兵士。その勇気に、被害者席からも拍手がおこった。

最終論告後に、判事たちからの質問に答えるドルゴポル首席検事とセラーズ首席検事。

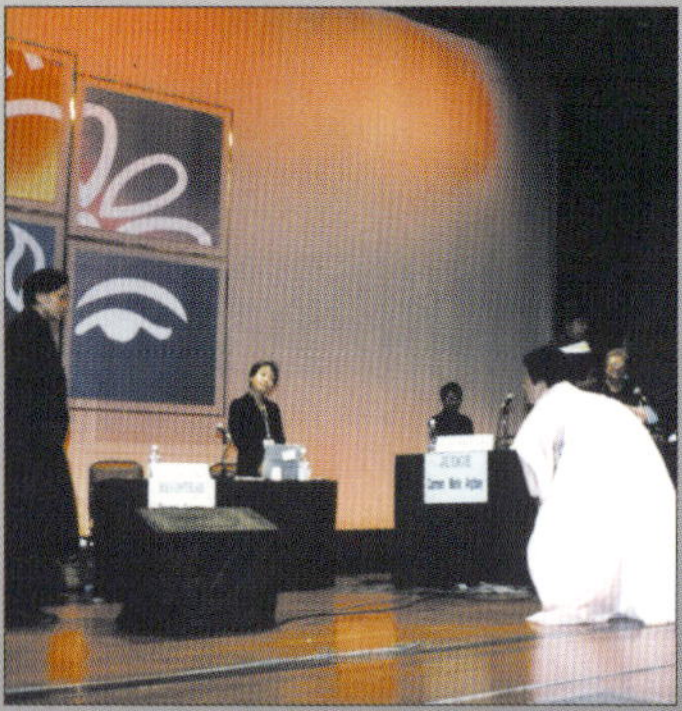

三日間の審理と最終論告が終了したあと舞台にあがり、判事たちに「正義」を訴えるサバイバーもいた。

## 判決日

［二〇〇〇年一二月一二日］

「歴史の沈黙をやぶって」と題された、被害者の証言で始まる判決「認定の概要」が、四人の判事によって読み上げられた。

「結論＝天皇裕仁は『人道に対する罪』で有罪、日本政府は国家責任を負うと認定する」

この「認定」が発表されると、傍聴席からは割れんばかりの拍手が起こり、鳴りやまなかった。

最終判決は二〇〇一年に発表される。

最終判決までの休廷が宣言された後、証言に立った被害者の方たち全員が舞台にあがり、加害者の責任が認定された判決をよろこび、傍聴者のいつまでも続く拍手に応えるように手を振っていた。

## 国際公聴会

〔二〇〇〇年一二月一一日〕
三日間の「法廷」審理が終了した翌日、判決日の前日に、ジェンダー正義を求める女性コーカス主催で開かれた「現代の紛争下の女性に対する犯罪」国際公聴会。

現在も続く紛争下の性暴力の証言が、時には舞台左の黒幕の後ろで行なわれた。

傍聴席のようす。事前に受付けた傍聴希望者があまりに多く、申し込みを断らなければならないほどだった。二階席は報道陣席。内外の報道関係者で一杯だった。

「法廷」の期間中、被害各国は起訴を終えたあと、記者会見を行なった。

# まえがき

松井やより

二〇世紀の最後の月であった二〇〇〇年一二月八日から一二日まで日本軍性奴隷制を裁く「女性国際戦犯法廷」が開かれた。何よりも、被害女性たちが求めた正義の実現が目的だった。性奴隷としての苦痛と屈辱の歳月から五〇年以上たって加害国の首都での民衆法廷に参加した八カ国六四人の元「慰安婦」たち……「天皇有罪、国家に責任」という判決（「認定の概要」）を聞いたときの喜びの表情に、被害女性にとっての「法廷」の意味が見てとれた。

「この一〇年間求め続けた正義がこの女性国際戦犯法廷で初めて得られました。今は顔をあげて堂々と生きることができます」――フィリピン・パナイ島の「慰安婦」被害を受けたトマサ・サリノグさんはこんな感想を伝えてきた。彼女はその前、東京地裁で、「原告の請求を棄却する」と、わずか三〇秒の冷たい判決を聞いたとき、「これでは島へ戻れない」と涙を流していた。一四歳のとき日本兵が家に入ってきて、目の前で父親が首を切られ、自分は「慰安婦」にさせられたのだが、判決はそれらの残酷な事実認定さえもしなかった。戦後は、島でたったひとりで小さな雑貨屋を開いて生きてきた。戦争中だけでなく、戦後も半世紀以上にわたってこの女性を苦しめ続けた日本政府の責任を日本の裁判所は不問に付したのだ。

しかし、彼女は「法廷」で、生きているうちに正義を得られたと感じることができたが、九〇年代に勇気をもって名乗り出た各国の多くの元「慰安婦」は、無念を晴らすこともできずに相次いで亡くなった。「責任者を処罰せよ」という絵を描き残して九七年に逝った韓国の元「慰安婦」姜徳景《カンドクキョン》さんもその一人である。「女性国際戦犯法廷」を開く原点となったのは、まさに、正義を求め続けた姜さんのその一枚の強烈な絵であった。

国際社会は、戦争犯罪や人道への罪など重大な人権侵害については、真相究明と補償と処罰の三つが必要だとしている。ところが、日本では、真相究明は政府が軍の資料などの全面公開をせず、補償に関しては、民事訴訟が各国の被害者から日本の裁判所に九件も提起されているが、すでに出た六つの判決は日本軍性奴隷制についての日本の法的責任を認めない。サリノグさんらのフィリピンからの損害賠償請求訴訟の判決のように、事実認定さえ避け、日本政府の賠償責任も問わない。

処罰に至っては全くのタブーで、日本の戦犯は戦後、連合国が東京裁判で裁いたものの、日本政府としては戦犯処罰どころか、A級戦犯が首相にまでなったのである。だから、姜さんの叫びに応えるには国家の裁判所には期待できず、民衆法廷を開くしかなかった。その意味で、この「法廷」は日本の戦争責任、戦後責任を問わなかった日本国家、そして戦後日本社会そのものに挑戦することであった。

この「法廷」は、一部の法律家やマスコミが理解しているような単なる模擬裁判ではなかった。被害者が加害者を糾弾する復讐裁判でもなかった。ましてや、右翼が非難するような反日人民裁判ではなかった。そして、被害者の証言だけの公聴会でもなく、刑事裁判の形式をとって、「慰安婦」制度の犯罪性と責任者を国際法に照らして明らかにしたのである。それは、被害者が裁きを求めているのに国家が裁かないなら、民衆が裁く権利と責任があるとして開いた民衆法廷であった。国際法は従来、国家と国家の取り決めとされていたが、二〇世紀末になって、国際法を制定させ実行させるのは民衆の力であり、市民社会の役割であるという国際法の市民化の流れが急速に高まった。たとえば、対人地雷禁止条約を締結させたのも国際市民社会によるキャンペーンの成果だった。旧ユーゴ国際刑事法廷の現役の法律顧問が「法廷」の首席検事を引き受けたのも、同国際法廷が市民のイニシアチブを評価したからだった。そこまで、市民の力が認知される国際的潮流を追い風に、民衆法廷としての「女性国際戦犯法廷」を開くことができたのである。

さらに、国際法をジェンダーの視点で全面的に見直す動きが国際女性運動の力で世界に広がったことも有利だった。旧来の国際法の考え方では、戦場のレイプなど、戦時性暴力は被害女性に対する人権侵害とは見なされず、その女性が属する交戦相手の集団――家族や部族や民族など――の名誉を損なうものと考えられてきた。従って、敵方から性的な被害を受けた女性はその家族などの恥とされて、極端な場合は父親に殺されることさえあった。しかし、九〇年代に入って、アジアで元「慰安婦」たちが名乗り出るようになり、旧ユーゴでは強かんが多発して国際社会に衝撃を与え、両者が結びついて、戦時性暴力を女性に対する暴力、女性の人権侵害と厳しく追及するようになった。国際刑事裁判所設立の動きの中でも女性に対する戦争犯罪を裁ける裁判所にしようと世界の女性たちが精力的に動いた。だからこそ、アジアで半世紀以上前に起こった日本軍性奴隷制を裁くこの「法廷」を、欧米など世界の女性たちも積極的に支持したのである。

こうして、国際市民社会の力による民衆法廷、国際女性運動の力による女性法廷として開廷されることになったのだが、ＶＡＷＷ‐ＮＥＴジャパンが九八年に提案してから二年半の準備の道のりは実にけわしかった。加害国日本と被害国六カ国（韓国、北朝鮮、中国、台湾、フィリピン、インドネシア）の国境を超えた協力と努力の歳月であった。

各国で法律家や歴史家による検事団を結成し、まず、「法廷」の性格や規則を決める憲章作成に力を合わせた。そしてそれぞれの国で、被害者たちの証言を集め、原告を選び、所属部隊などを上へ上へと辿って責任者を特定して被告を決め、それを裏づける膨大な証拠集めに腐心した。とくに加害者についての証拠は日本軍資料が多く、それは日本側にあるため、日本の検事団やVAWW‐NETジャパン調査チームが大変な努力をした。各国検事たちは、東京、ソウル、上海、マニラ、台北などと順次検事団会議を開いて調整し、北朝鮮やインドネシアで協議し、各国がそれぞれ起訴状作成にこぎつけたのである。

その過程で、韓国と北朝鮮の検事団が初めて出会い、引き裂かれていた同胞が寸暇を惜しんで話し合って信頼関係を強め、ついに、南北合同起訴状を作成するにいたった。また、開廷三カ月前の台北会議に参加した東ティモールの女性法律家たちが、元「慰安婦」のことを伝えたことから、「法廷」に参加することになった。急きょ検事団を編成して、日本の東ティモール支援グループの協力で起訴状を作成し、被害女性二人が「法廷」に初めて姿を見せた。オランダの元「慰安婦」二人も、旧ユーゴ法廷の検事だった法律家が検事を引き受けて共に参加し、マレーシアからはビデオ証言ではあったが、初めて「慰安婦」が公に姿を表した。

日本の検事団が日本人「慰安婦」について取りあげたことも画期的だった。日本で名乗り出る被害者がほとんどいないことは、この国の性暴力被害女性へ根深い偏見や差別があることを示している。一三〇カ所以上の慰安所のあった沖縄では連行された女性の手記が公刊されていることもあって、専門家証人が沖縄を中心に日本人「慰安婦」について証言した。「慰安婦」にされた女性たちは、性産業からであろうが、年若い処女であろうが、前歴に関係なく、共に性奴隷制被害者であることが確認されたのである。

この「法廷」が国際的な注目を集め、歴史的意味を持ったもう一つの要素は、世界的に尊敬されている判事と首席検事を得られたことであった。それは、法律顧問のロンダ・カプロン・ニューヨーク市立大学大学院教授の尽力のたまものだった。彼女は国際法の権威で、「国際刑事裁判所にジェンダー正義を求める女性コーカス」(ニューヨークに本部)という世界的なネットワークを作った女性だ。それで、旧ユーゴ法廷のガブリエル・カーク・マクドナルド前所長を説得して首席判事に迎えることができた。そのほか、ジェンダーの視点で国際法を見直しているクリスチーヌ・チンキン、ロンドン大学教授(国際法)、カルメン・マリア・アルヒバイ、アルゼンチン判事(最近旧ユーゴ国際刑事法廷裁判官に選出)それに、ウィリー・ムトゥンガ、ケニア大学教授の四人の判事たちが精魂こめて歴史に残る判決(「認定の概要」)を書いたのである。

首席検事は二人で、個人の刑事責任を担当したパトリシア・ビサー・セラーズさんは、旧ユーゴ・ルワンダ両法廷の現職の性犯罪担当法律顧問で、マクドナルド前所長と組んで、初めて戦場での性暴力加害者を訴追したのだった。「私の祖先は奴隷だったので性奴隷制はわたしの問題です」と、アフリカ系アメリカ女性としてこの「法廷」に寄せる思いの深さを語っていた。もう一人、国家責任担当検事のウスティニア・ドルゴポルさんはオーストラリア人国際法学者で、国際法律家委員会のスタッフ時代に「慰安婦」問題での勧告をまとめた中心人物だった。この勧告は、セラーズ検事が旧ユーゴ法廷で性暴力を裁く仕事を始める手がかりになったということで、まさに二人は、奇遇というべストコンビであった。

このような質の高い判事・検事チーム、一堂に会した人数としては最大の六四人もの各国の被害女性たち、遠く南アフリカや中南米や中央アジアなど世界中から来た海外参加者を含め、連日千人以上の傍聴者と三〇〇人以上の報道陣、裏方として支えた二〇〇人を超えるボランティアたち……が心を一つにして東京・

九段会館に集い、厳粛な雰囲気で開廷宣言が行なわれたとき、この「法廷」を提案し、主催した一人として感無量であった。首席検事の共通起訴状朗読から始まり、各国検事団の発表と衝撃的な被害者証言や元兵士の証言、説得力のある専門家証言、そして感動的な首席検事の最終論告で、三日間の審理を終わった。

四日目は、「現代の武力紛争下の女性に対する犯罪」国際公聴会が開かれて、世界各地の紛争地や沖縄米軍基地の性暴力被害女性一五人の苦痛に満ちた証言が行なわれた。半世紀以上前の日本軍性奴隷制の不処罰が現在の戦時性暴力につながることを実感した。

最終日は日本青年館に会場を移して、判決(「認定の概要」)の朗読を四人の判事が二時間半にわたって行なった。「昭和天皇有罪と国家に賠償責任」と読み上げられたとき、会場は拍手と歓声に包まれた。とくに、年老いた被害女性たちが喜びの涙をぬぐいながら、舞台にのぼって判事たちに感謝の気持を表していた光景は感動的だった。戦後の東京裁判で旧連合国が裁かなかった天皇の責任が、国際市民社会の民衆法廷によって初めて問われた歴史的瞬間だった。

「法廷」に各国から提出された膨大な証拠、証言、起訴状、「認定の概要」は二〇〇一年に下される最終判決とともに、被害女性が全員この世を去ったのちも、日本軍性奴隷制の歴史的記録として残され、国家主義者たちがこの犯罪を抹殺しようとたくらんでも、歴史の記憶から消し去ることはできないだろう。そして、この「法廷」の歴史的な意義は、本書で多面的に分析されているとおり深く広く重く、とりわけ女性が歴史を創る主体となれた喜びを、この「法廷」を支えたすべての女性たち、人々と分かち合いたいと思う。

二〇〇一年一〇月

(「戦争と女性への暴力」日本ネットワーク代表、「女性国際戦犯法廷」国際実行委員会共同代表)

『裁かれた戦時性暴力──「日本軍性奴隷制を裁く女性国際戦犯法廷」とは何であったか』●目次

【資料】

## 【凡例】

二〇〇〇年一二月八日から一二日にかけて開かれた女性国際戦犯法廷に関する記述で使われる次の用語を、本書では原則として以下のように統一した。

1、法廷の表記について――正式には「日本軍性奴隷制を裁く二〇〇〇年女性国際戦犯法廷」であるが、女性国際戦犯法廷、もしくは「女性法廷」または「法廷」と表記する。

2、判決（二〇〇〇年一二月一二日にだされたSummary of Findings）の表記について――訳文は「日本軍性奴隷制を裁く二〇〇〇年『女性国際戦犯法廷』　検事団およびアジア太平洋地域の人々　対　天皇裕仁ほか、および日本政府認定の概要」であり、この概要判決を「認定の概要」と表記する。

3、「法廷」の検事などの表記について――原則として検事、検事団、首席検事という表記だが、検察官、主任検察官も同様の意味で使った。

4、「法廷」の判事、裁判官の表記について――原則として判事と表記した。

5、アミカス・キュリーとは――amicus curiae. 裁判所に対し事件についての専門的情報または意見を提出する第三者のことであり、裁判所の友、法廷助言者と訳される。本書ではアミカス・キュリー（法廷助言者）と表記する。

6、国名等の表記について――正式な国名等は略記した。朝鮮民主主義人民共和国については北朝鮮と表記する。

〈付記〉本書は、二〇〇〇年の「法廷」後、オランダ・ハーグで最終判決（二〇〇一年一二月四日）が出される前に執筆されたものである（最終判決については、VAWW‐NET ジャパン編〈日本軍性奴隷制を裁く二〇〇〇年女性国際戦犯法廷の記録〉シリーズ第6巻、『女性国際戦犯法廷の全記録　』緑風出版、二〇〇二年刊、参照）。

# 第Ⅰ部

# 女性国際戦犯法廷という時空がもたらしたもの

# 第1章　法律と悲しみと——女性国際戦犯法廷傍聴記

ノーマ・フィールド

漠然とした予想や予感がみごとにはずれて幸せを感じる、というのはかなり珍しいことのように思える。最近わたくしはそういう体験に恵まれて、深く感謝している。それは、二〇〇〇年も残り少なくなった一二月に東京で開催された国際女性戦犯法廷を傍聴することであった。師走に仕事を振りきってシカゴから飛び立ったときにはアンビバレントな心境にあったと思う。この法廷は歴史的なものになるだろう、できることなら目撃すべきだ、それが義務でさえある、と以前から思っていた。しかしどうも好奇心が欠けていた。乱暴な言い方だが、気が向かなかった、というのが正直なところだろう。なぜこのような心境にあったか、そしてなぜ法廷の実態がそれを打破したのか、ということを法廷の記憶を整理しながら反省してみたい。

まずは、第二次世界大戦における日本軍性奴隷制度を、裁判というかたちで確認することに対して、一年ほど前までは躊躇していた。これは処罰という行為に反対するのでは全くない。歴史の全貌を明らかにするのが先決であり、処罰を求める裁判という形式でそれを追求しないほうが、加害者から多くの証言が得られるのではないか、という今から思えば明らかな錯覚にもとづいた躊躇であった。

もっと根本的なのは「従軍慰安婦」という問題の性格である。かなり早い時期から元「慰安婦」に関する記述や彼女たちの証言、さらにビデオなどにふれていた。回を重ねるにつれて、もうこれ以上驚くことはないだろう、と思うようにもなっていた。さまざまな残虐行為、生存者が以降味わってきた屈辱と悲しみの極みが自分のなかで類型化されてゆく。この「慣れ」こそ恐ろしいものではないか、と気になる。それでいて、痛ましい体験を聞くことになんともいえない歯がゆさがともなう。当事者の体験を消費しているような気がしてならないからである。自分の日常は平穏でひたすら忙しさに追われているだけではないか。それで何か刺激がほしい、まぎれもなく今生きている証拠がほしい。マクベスではないが、人生とは退屈でなおかつ煩雑な毎日の繰り返しにすぎないのだろうか。後に出会った表現だが、多くの現代人と同様、感動渇望症にかかっているのかもしれない。それを実在する人間の苦しみで癒そうとしているのではないか、というところに自己嫌悪の種がある。この二つの矛盾するかのようにみえて相互補完的な作用に悩まされていた。

でも、これだけではまだ分析が浅い。つまり、「性奴隷制」と言うときの「性」がわだかまりの根幹にあるようだ。仮に「一般の」奴隷制（と言うのもためらうが）の悪を指摘し、その具体例を紹介し、分析するときと、性奴隷制を語るときとはどうしても違いがある。それはなぜだろう。わたくしが女性であるからだろうか。拷問を主題にした学会を傍聴したことがあるが、そのときも拷問を具体的にとりあげること自体にポルノグラフィックな要素が付随してしまう、と批判した友人がいた。その学会の主催者はそれをよく承知していたが、にもかかわらず、今、世界で行なわれている拷問の実態を紹介し、研究し、それに対する抵抗の手段を打ち出す必要を強調した。同感である。性暴力も例外ではない。というより、拷問にはほとんど、とまではいえないかもしれないが、性的虐待がかかわっているように思える。人格を根幹で破壊しようとするとき、その人の性を犯す。これは女性に限らない。もちろん性を人格の根幹におくこと自体にも問題があるが。しかし、どうしても性暴力には特殊な屈辱感が伴うように思える。生存者に「語らせたくない」と思うのは、当事者の痛みを思うからだけではない。もちろん、こころある人ならば、語ることによって当事者にトラウマが再現することもわかるし、またその語りを聞いて多少なりとも痛みを共有するのは事実であろう。しかし、そのとき共有されるものとはどんなものなのだろうか。容易に思いつくのは恐怖、そして心身の痛み。

でもまだなにかありそうだ。それはことばの問題であるような気がする。つまり、性暴力を語るとは、必然的に身体を語ることになる。そのさい恥じらいから婉曲表現にたよるか、恥を押しきって具体的な俗語か医学的用語を使うか。あまりにも婉曲に過ぎていたり、抽象的であると体験がうまく伝わらないおそれがある。また具体的であればあるほど目的がたっせられる、ということでもない。問題は、みずからの性を「証言」することによって、人間にとって大切な、不思議ななにかが磨滅せざるをえないことではなかろうか。そして、その証言を聞く者にもこの作用は及ぶのだ。被害体験を共感とともに聞こうとする人の前で勇気をふるって語ることはたしかにその呪縛からの解放の道であるし、欠かせないプロセスだと思う。ただ、その解放が要求する代償には、わかりやすいところ、つまり語ることが元の体験を再現することと、見えにくいところがある。後者のほうは性の魔力を破壊せずにその暴力を究明する困難さである。

実際法廷が幕をあけると、自分のなかで錯綜していたわだかまりが吹っ飛ばされるかのようであった。終わってからは、それらが解消されたというよりは、別の次元で問題意識がそだちつつあるようだ。この過程を把握するためにも際だった印象をいくつかひろってみる。

## 大人の泣き声

この法廷には七〇人ぐらいの元「従軍慰安婦」が参加した。朝鮮半島の南北から、フィリピン、インドネシア、東ティモール、台湾、中国、マレーシアから。全員が壇上で証言したのではない。事前に作成されたビデオ証言もあり、また検事の質問に答えてくれる女性とともに座り、姿を現すことによって証言した女性もいる。

涙を拭いながらの証言はずいぶんあった。見ている者も涙をぬぐう。しかし証言者のうち数人の場合、その語りからことばが次第に消えてゆき、嗚咽に変わる。広い会場で、成人した女性が演劇ではなしに、声を立てて泣くのである。それはこちらが涙を拭って見ているにはあまりにも緊張にみちた場面である。なぜだろう。大人が人前で声を立てて泣く光景は、見る者を心底惨めにする。どうしていいかわからない。子どもが大人の泣くのをみてじっとしている、あの無力感だ。ことばを離れたうめきの流れ、痛みの時間に身をゆだねるしかない。それでいいのだ。一義的な当事者でなくても、証言する生存者の苦しみを目撃し、悲しみを共有するのは市民として、人間として、ごく当然のことなのだ。

## おんなどうし

生存者が証言するのを待つあいだ、そして証言中にも、彼女たちを励まし、慰める女性がいた。目に見える「慰め」とは背をさすったり、ティッシュをさしのべることだ。それを見ながら思い出す。南アフリカの「真実と和解の委員会」が各地で開催した公聴会でも、証言者には「慰め人」（"comforter"——皮肉にも、慰安婦の英訳として定着している "comfort woman" と語源を同じくしている）がついたそうだ。この共和国の一大体験をもとに戯曲（"Ubu and the Truth Commission"）を作成した友人の話だが、これはタウンシップで繰り広げられた反アパルトヘイト闘争の過程で生まれた形態らしい。思い起こすことがつらくてたまらない体験を証言するにはからだを支えてくれる人、まるでマイクロホンに証言者のことばをそそぎ込むかのように上体を支えてくれる人が必要だったのだ（友人はこの関係を人形と人形遣いの役割として舞台で再現した)。ことばを発するために身体的支えが必要であることは、対話の条件、いや、人間であるための根本的条件を象徴しているではないか。

東京の女性法廷の舞台で印象的だったのは、証人尋問を行なう各国検事団の女性と証言者との対話である(男性の検事もいた。誤解のないように明記しておくが、女性法廷の成功のために男性もいろいろ重要な役割を果たした)。年老いた女性に質問する同国の若くて頼もしい女性。この姿に世代を越えた女性の連帯と、歴史が伝えられていくことが生き生きと感じられる。

しかし女性検事と老年の生存者との対話はそれぞれ違う。たとえば証言した後に倒れてしまった中国の万愛花さんを尋問した検事は絶叫調であった。激しく質問する若い女性。負けずに強く答える万さん。抗日運動に共産党の幹部として参加していた人だ。でも再度拉致され、暗い洞窟のなかでの拷問と強姦の体験を語る彼女の声は次第に嗚咽と化していったのである。検事の声は激しさを維持する。その激しさが目の前にいる万さんに対してではなく、かつての日本軍兵士、さらに責任を回避し続けてきた日本政府に向けられていることを何度か思い出す必要すら感じる。レシーバーをとおしての通訳の声は感情を抑え、低く均質なものだ。錯綜する三人の女性の声を聞いているうちに、ことばの意味はもういい、万さんの声が伝えてくれるものだけに耳を傾けたいと思い、イヤホンをはずしてしまう。

万さんの後に登場する中国人検事は対照的で、もの柔らかな尋問スタイルである。しばらく見ていると、厳しかった万さんの尋問者も目を拭っている。法廷は歴史がつくりだすことば、声、身振りを目撃させてくれる場でもあったのだ。

## 型破り

証言者は証言する前に書記官（フィリピンの女性弁護士、ロウェナ・グアンソンさん）に「あなたは真実を語ることを誓いますか」と訊かれる。テレビでおなじみの場面だ。

東ティモールからは二人の生存者が出席した。そのうちの一人、エスメラルダ・ボエさんが証言を始める。彼女のことばは激しいながらも美しい波のように押し寄せてくる。腕と手先の表現も豊かだ。出だしから熱気のこもった証言で、書記官は中断するかたちで出てきて、証言の真実性を確認しようとする。するとボエさんの口からは改めてことばの波がよせてくる。通訳を待っている者には、彼女がその問いをいかにも存外なものとして受け止めているように見える。そうして確かに耳に入ってくることばとは、「なぜわざわざこの日本まで出かけてきた私が嘘をつきますか」であった。

証言のおしまいに、検事に「ここで何か日本の政府に付け加えて言いたいことがありますか」といわれたときに、彼女はまたしても名言を残してくれた。「私は日本を見物しに来たのではない」。

法廷の儀礼を儀礼として認識しないことによって、ボエさんは一瞬にして法廷の真意を示してくれたのである。

歴史の時間

ボエさんの尋問を担当した若い東ティモールの法律家も情熱的であった。まとめに彼女は四人の判事に向かって、もっといろいろ調べて、証人と証拠を準備したかったのだが、インドネシア軍の進入のため多大な破壊を被ってしまった、と語る。するとその前にインドネシアの生存者を尋問した女性検事が手で顔を覆う。東ティモールの女性たちが引き下がるとき、彼女も拍手を送る。あとで二人は隣席する。

その日(法廷の三日目)の「各国発表」はオランダから始まっていた。その次がオランダと日本に支配されたインドネシア。その後にポルトガルとインドネシア支配を受けた東ティモール、という具合に証言があった。

オランダ人女性(オーストラリア在住)はこの法廷の証言者のなかで唯一の欧米人であった。周知のとおり、第二次大戦後の極東軍事裁判で日本軍の従軍慰安婦制度はほぼ無視された。例外はオランダが元植民地のバタビア(インドネシア)で開廷した軍事裁判で、オランダ人女性三五名を性奴隷にしたことで日本軍人が死刑と二一~一五年の刑を宣告されたことである。

今回の法廷でラフ=オハーンさんは、まず日本軍が現れる前のバタビアの様子を訊かれた。それは楽園のようであった、というのが確か彼女のことばだった。一瞬どきんとして、「でもバタビア人にとってはどうだったのでしょう」と訊きたくなるが、被害者に対してそんなことは、とすぐ制してしまう。被害者なのか加害者なのか。ちょっと油断をするとすぐ二者択一の論理に陥ってしまう。

当然ながら、性奴隷にされた人の体験はすべて違い、同時に共通点がある。法廷で気づかされるラフ＝オハーンさんの強さとはなんといっても英語を母語のように話せることだ。まるでこういう場が彼女にとって自然であるかのように。それからヨーロッパ啓蒙思想が血となり肉となっていることもわかる。彼女たちを監禁し、性奴隷にした軍人に対し、「私はここに意志に反していることを疑いの余地がないようはっきり」言ったことを証言する。"Against my will"である。ほかの元従軍慰安婦からはこういう表現は聞かれない。こういう表現が駆使できるからといって彼女の苦しみが減少するとはいえないし、絶対言いたくない。しかし自らの意志を意志として女性が主張できる社会に育つことと、それが（その時代に、もしくは今なお）ありえない社会の成員であることは微妙に、しかし確実に違うと思う。ラフ＝オハーンさんは未だに傷跡が残るように腹部を割かれたり、頭をなぐられたわけではない。白人の性奴隷は日本軍人にとっては特権的な戦利品であったのだろう。そこにも近代の帝国の歴史、西洋と非西洋の関係が凝縮されている。

証言者としてのラフ＝オハーンさんの勇気には、目に見える傷跡もなく、戦前、戦後と他の元従軍慰安婦と比べたら欧米の女性としてははるかに恵まれた境遇にありながらも、あの法廷に出てこられた、という側面がある。だから代弁者になれた、と単純には言えないが、性奴隷にされた女性が共通に抱えてきたはずの性体験にたいする嫌悪感を彼女がいちばん抽象的かつ端的に表現することができた（アジアの女性たちは、結婚してもうまくいかなかった、という言い方が多い。もちろんいわゆる夫婦関係だけを指しているのではないだろうが)。

現在世界で起こっている紛争下での女性に対する犯罪の公聴会(四日目)の後、法廷のために来日した元日本軍従軍慰安婦が舞台に上がったとき、ラフ＝オハーンさんはインドネシアと東ティモールの女性たちと一緒に立ち、手を握りあっていた。女性であるから、というより、意識を共にしたとき、植民地支配と国民国家の上下の歴史を越える女性の連帯が成立するのである。

## 説明すること

先に話題になった万愛花さんが意識を失って病院に運ばれる前、壇上から、万さんの症状はまさしくその日の午後専門家証言で取り上げられる予定のトラウマ、PTSDである、という説明がなされた。この親切な説明に対してなぜ抵抗を禁じえなかったのだろう。意識を失って目の前に横たわっている人間を病名で指示すること、つまり、人を対象化すること一般に対する躊躇の一例にすぎないのか。人はつねになんらかの名称に解消されてきた。身分制度において、職業分担において、配偶者との関係とその配偶者の地位において。そして近代はまた新しいアイデンティティをいくつも作り出してきた。確かに病名、何々症候群などは、ふつうに考えられているアイデンティティではないが、近代とは人をとかく診断、いや、もっと基本的には症候に収斂させてきた時代ではないか。

この傾向は人道的な価値観形成に大きく寄与してきた。「病気」であると断定することによって

「病人」はたとえば刑事責任を問われないですむ制度が確立されるようになった。極限まで無惨な体験、またはそれを目撃することを強いられた人間が生涯味わうさまざまな後遺症をＰＴＳＤと名付けるようになったが、それを解明することによって被害者の苦しみを理解することができるし、また癒す方法も探究されてくる。実際万さんが倒れた午後、ＰＴＳＤの専門化であるセルビア人女性の発表は情報としてたいへん役立つものであった。また、彼女の語り方から優しさ、哀れみがにじみ出ていた。さらに、韓国・北朝鮮の検事団の一人としてＰＴＳＤを主題にしたビデオ証言を担当した梁鉉娥さんの仕事も優れたもので印象に残る。

医学の用語と同様、法律のことば、法廷の様式は、抽象的な枠組みに一人一人異なる歴史と個性をもつ人間をはめ込んで問題に対処していく。これは知識の前進、社会的問題の解決には欠かせない手続きである。同時に、かけがえのない個人をたまたま巻き込んだ問題――たとえば「性奴隷制度」――に還元したくはない。

結局は、私たち一人一人説明されたくないのではないか。だから、法廷が目的をたっするということは、そこで証言するためにはるばる日本にやってきた女性たちが、「元従軍慰安婦」なり「被害生存者」なりのアイデンティティを切り捨てるのではなく、究明することによって、越えるきっかけをつくりだす、ということでもある。

そうして、多かれ少なかれ、これは法廷以前にも実践されてきたことである。責任回避を通して日本政府とそれを支持してきた日本人。被害者自らの社会においてもこの歴史と向き合うことを拒否してきた人々。これらに反してこれまでに作られた日本軍性奴隷制の記録は、当然ながらその対象を被害者として捉え、また彼女たちの被害体験に注目してきた。それでも、法廷で紹介されたビデオに生活のさまざまの側面がかいま見られる。猫がスクリーンを横切ったり、花の手入れの場面が出てきたり。時すでに遅しだが、彼女たちの戦後の暮らしや法廷後の現在などが注目されていくことを期待する。それによってこそ従軍慰安婦体験の意味が改めて見えてくるだろうし、また被害体験に閉じこめられてきたアイデンティティが少しでもふくらむのではないか。

## みにくい鍵

でもなぜ、なぜあれほど残虐なことが日本軍兵士にできたのだろう。今回の法廷の被告人が日本国政府と天皇ヒロヒトをはじめとして、すべて政府・軍部の高官で故人であることからもわかるように、裁きの対象は日本人一般でもなければ、慰安所を利用した一兵卒でもない。人類は長い歴史をとおして個人的な復讐のかわりに刑事法と法廷という制度を作り上げてきた。しかし女性法廷では加害者の顔がなかなか見えない。生存者のうち二人ぐらいが証言のなかで、「まさか加害者全員が死んだわけではないだろう」と言ったのもわからないことではない。

さいわいに、と言わざるをえないのだが、二人の元日本軍兵士が加害者として証言してくれた。最初プログラムを読んだときにはビデオ証言を想像した。そうではなく、元兵士が実際に出廷して壇上に上がったのである。それだけで会場全体が緊張した。とくに最初に証言した人は声を張り上げ、マイクを握る手にも緊張があふれ出ていた。二人とも八十歳ぐらいだが、背筋はまっすぐで、きわめてしっかりしている。戦争の全貌を知ってほしいので恥を忍んで証言することにした、という。自らの強姦体験、慰安所体験を具体的に語ってくれた。それから部下に無差別に中国人女性のレイプを勧めたこと、さらに中国人をどれほど蔑視し、同じ人間とは思っていなかったかをも証言した。

二人とも中国の捕虜となり、それぞれ犯した戦争犯罪を反省したうえで帰還した兵士である。冷戦体制下ではこれをただただ「洗脳」と片づけていた。しかしそれはあきらかに不十分な解釈である。他方、近年アメリカでも日本でも、ある種の研究者はセクシュアリティを大々的に取り上げてきた。ナチズムと男性性というテーマは若干研究されてきたが、セクシュアリティと中国での捕虜体験をつなげることは一見突飛であろうが、そういう考察が要求される時代に到達したのではないか。もちろん二人の元兵士は「セクシュアリティ」という用語を使ったり、それが指す問題意識で証言したのではない。この中国帰還兵を加害証言者たらしめた諸条件を日本のセクシュアリティの研究者が積極的にとりあげることによって、まだ見えないものがいろいろ出てくるのではないだろうか。

さらに、ほんとうにこのむごい歴史を繰り返すまいと思うなら、緊急の課題は、やはり人間が、男が、どうやって加害者に仕立てられていくのか、ということではないか（これを抜きにした教育改革とは化けものではないか）。今までこの従軍慰安婦問題にかかわってきた人たちが生存者の救済を先決にしたことは当然である。でも見逃してはならない。獣のような加害者になるよう仕向けられた男たちは人間としての尊厳をはぎ取られたことを。

それは一二月一二日のみごとな判決（「認定の概要」）にも反映されている。日本の軍隊がきわめて「前近代的」であり、兵士の人権がそこなわれていたことに言及している。さらに、慰安婦制度に関して膨大なデータを集めたにもかかわらず、極東軍事裁判でこの犯罪をとりあげなかった連合国もその理由をはっきりさせる義務があると指摘している。この脱落の第一の犠牲者はもちろん従軍慰安婦にされた女性たち。また、この犯罪が国際社会で罰せられずにきてしまったことは、以後も紛争地で性暴力の被害者を大量につくり出してしまった要因の一つに違いない。男性を性暴力犯罪者に変身させる構図、また戦闘行為にとってそれがあたりまえ、とする常識が反省されずにきてしまった。

## 真実が語られることの喜び

千人以上もあつまった会場で国際的に著名な法律家四人が天皇ヒロヒトを有罪と判断した。つまり、慰安婦制度の設置を知っていたか、最高責任者として知っているべきであり、（日本も批准していた）当時の国際法にもとづいて疑いもなく責任が問われるべきだ、という判決（「認定の概要」）である。この結論に到達した法廷は、従来の戦犯裁判のように勝者が敗者を裁くものではなかった。判決はナショナリズムによるものではないのだ。

判決（「認定の概要」）のこの部分が読み上げられた瞬間はなんと晴れ晴れしいものであったか。もしその場にいなければ想像できない喜びだと思ってしまう。あぁ、あの人、昭和天皇の存命中にこのことばが発せられたなら！

## 信念の共同体

あの喜びは一人であじわえるものではなかった。喜びの瞬間の背後にある悲しみと怒り、地道な努力の積み重ねであった年月を多かれ少なかれ共有する人たちと共に生きることができたからこそ至福の感に恵まれたのである。いかなる信念であろうと、それを共有する人たちが喜びも悲しみも同じ場で分かち合えることは格別な体験である。しかし近年の日本では、戦争・戦後責任をしっかり引き受けようとする人たちがこのように集まり、さらに国際社会にその思いの正しさを認められる機会があまりにもなかったではないか。こう思うと必死に法廷を支えてきたにもかかわらず傍聴できなかった多数の人々、また会場のボランティアに対して申し訳なくてならない。

判決（「認定の概要」）が読み上げられ、会場がまだ興奮にわきかえっているとき、すぐデモに出発しなければならない、というアナウンスがあった。私は膝を痛めている母が同伴してくれていたのでデモの参加はあきらめていたが、千駄ヶ谷の日本青年館を出て渋谷方向に一緒に歩き出した。冬の穏やかな日であった。

会館の外に街宣車が予想どおり待ちうけていた。「広島、長崎に原爆を投下したのは誰だ！　原住民を虐殺したのは誰だ！」そう、それはそうなのだ、と言いたくなる。アメリカは確かに原爆投下で時効無き人道に対する罪を犯したし、合衆国の歴史から、原住民の抑圧と虐殺、さらに奴隷制度の事実は払拭できない（朝鮮、ヴェトナム戦争における戦争犯罪もある。大国アメリカは謝罪も賠償も行なっていない）。アメリカ批判なら日本の右翼にも負けないつもりのわたくしである。しかし共通認識の一歩先で、街宣車に乗り込んでいる人々と決別してしまう。本当の問題はアメリカ対日本、西洋対非西洋という図式ではつかめないのだ、といっても始まらない。対話が成立するにはどれほどの時間が必要だろう。思っただけで気が遠くなる。

ふだんはこんなことを考えたこともない。判決日以外、法廷は九段会館で開催された。公会堂の入口からは靖国神社の鳥居が見える。この法廷のためにはじめて来日した、宗教と人権を研究する大学院生を朝早く靖国に案内した。彼女は、自分ひとりで見ていたなら、ただ美しいところだと思っていただろう、と言う。参道では古着や土産物とともに戦争画や絵はがきが売られていた。その二、三枚を買ったのだが、店番であろうか、はがきをかじかんだ手で苦心して袋に入れてくれた中年女性の優しさが記憶に残る。

## 若い女性、そして日本

地下鉄に乗るために途中でデモから離れた。通りをひとつ渡るだけで別世界に入る。デモではまったく知らない人であってもお互いの表情に呼応するところがある。交差点の反対側に立つ人々、とりわけ若い女性の顔に目がひかれる。でも、なにも返ってこない。しかしそのときの私は、彼女たちも、あの法廷に参加し、あの証言を聞いたならば、きっと賛同してくれただろうと思った。若い女性にかぎらず、人をそういう場に一歩ひきつけるにはなにが必要なのだろう。

四日目、現代の紛争下での女性に対する犯罪についての国際公聴会に登場した女性のうち三人が、姿を見せずまた名乗らずに体験を話してくれた。そのうちの一人は沖縄の女性である。他の二人はまだ紛争が続いている地域に住んでおり、被害体験もごく最近のものであった。沖縄の女性は一六年前、一七歳のときに米軍人にレイプされたのである。以後、このような事件が繰り返されるたびにトラウマで苦しみ、さらに被害を受けたときに届け出なかったことで自責の念に駆られてきた。近年は反戦運動にも加わっているそうだ。茶色い布で覆われた大きな箱の向こうからの語りはきわめて明瞭である。なにが彼女を名乗り出なくさせているのだろう。ＰＴＳＤや個人的な事情があるには違いない。しかしどうしても地域社会を思ってしまう。沖縄とは日本である。と同時に、沖縄固有とはいえないまでもやはり共同体の閉鎖性、抑圧性もある。性暴力を被った女性が名乗り出てその事実を訴えることのできない社会状況が存続しているのだ。残念でならない。

## 誇りとは

であるから今後の課題はいくつもある。しかしこの法廷が日本の女性からの呼びかけにはじまり、その呼びかけに対し被害国を含め、世界からの反響があり、男女をとわず多くの日本の研究者や市民も参加して国境を越えた協力の成果として東京で開催されたことは輝かしいことである。これは戦後繰り広げられてきたさまざまな平和運動や女性運動の大きな結晶ではないか。

日本の加害責任を教科書から削除し、「明るい」教科書、こどもたちに日本人としての誇りをもたせるような内容の教科書を推進する人たちが注目を集めているが、彼らの意識の狭さこそ憂うべきである。法廷で出会ったスウェーデン人のジャーナリストが言っていたが、やはり日本といえば戦争責任を無視してきた、だめな国、というのが一般的イメージだそうだ。アメリカで暮らす私はつねづね日本人の道徳的欠落、というイメージに抵抗せざるをえない（これは先にも述べたとおり、自らの歴史を棚上げにしてきた一般のアメリカ人・アメリカ政府という状況があるがゆえによけいにフラストレーションを起こしてしまう）。自分が直接かかわっていない、たとえ生まれる前に起こったできごとであろうと、成員である社会の歴史を知り、過去と現在に対して責任を引き受けることこそ誇りを根拠づけるはずだ。そうして究極的にその誇りとは、社会的生きものである人間として、でなければならない。それは実在する国民国家の市民として、その制約内で努力することをも義務づける。私たちには共存する人間の尊厳を守る努力を続ける以外に自分の尊厳を守る方法はないのである。

## 法廷が終わって

法廷が終わった数日後、最愛の祖母が亡くなった。参政権を得てから一貫して反戦と憲法を尊重する政治家を支持してきた彼女が、法廷を傍聴できたなら、まずは生存者の体験に優しい心が痛んだろう。

別れを前にして漠然とテレビをみていたところ、不動産会社だっただろうか、コマーシャルに「アメイジング・グレース」という歌が使われているのに気づいた。アメリカではよく葬儀に歌われる曲である。もともとはイギリスの奴隷船の持ち主が神と出会い、改心し、その不思議を喜ぶ歌である。"I once was blind...but now I see"である。

許されざる行為を犯した人間はどうやって社会復帰できるのだろう。法廷で、わたくしには見えなかったけれども、一階に座っていた友人が元日本軍兵士が証言を終わると元従軍慰安婦が拍手を送っていたことを教えてくれた。国を挙げて加害責任を否定する社会のなかで生きてきた加害者は、加・被害体験を語り、謝罪し、償った上で純然たる被害者の許しを請う機会から疎外されてきた。

法廷の初日、一緒に来た大学院生と私は証言が終わったあと、拍手すべきかどうか迷った。テレビでみる法廷では拍手はしない。しかしこの法廷ではどうしても拍手をしたくなる。だからおおいにした。

法律の可能性を最大限探求し、制度をはみ出る人間の限りない悲しみと希望とを織り込んでくれたのが、二〇〇〇年の女性国際戦犯法廷であった。

［付記］二〇〇〇年一二月八日から一二日まで、第二次世界大戦における日本軍性奴隷制度を裁く女性国際戦犯法廷が東京で開かれた。国際実行委員会は「戦争と女性への暴力」日本ネットワーク（VAWW‐NETジャパン）、韓国挺身隊問題対策協議会、それにフィリピンのAsian Center for Women's Human Rightsである。従来の勝者が敗者を裁く戦犯法廷とは違い、この民衆法廷は世界各地からの法律家、人権運動関係者と日本の市民の連帯によってなりたった。

＊本稿は、「みすず」二〇〇一年二月号（第四七九号）に同タイトルで掲載されたものである。［編集部］

# 第2章　被害者の尊厳回復と「法廷」

## ――「証言」とは何であったか

西野瑠美子

### 1　証言――凍りついた記憶

女性国際戦犯法廷が、被告が「死者であるから裁けない」のではなく、「死者であっても裁かなければならない」と考えたのは、それが復讐ではなく正義（＝被害者の尊厳の回復）を目的にしていたからである。「法廷」には被害各国から六四名のサバイバー（性暴力被害者）が参加し、原告になった女性たちは証言台に立って自らが受けた被害体験を語った。

「軍人は私を奴隷のように慰安所に連れて行き、言うことをきかないと殴る、蹴るの暴行をはた

らき、それでも言うことをきかなかったから赤く焼いたものでここ（背中）を焼いたんです」（文《ム》必《ン・》瑆《ピルギ》）

「軍人たちは酔っ払って、中国人の奴隷がなぜ食べるのかと食卓をひっくり返しました。私たちには、食事をとるところさえありませんでした。言い返すと、彼らはすぐに刀を出して殺すぞと言う。脅威でした。私たちはすぐに鈍感になりました。痛さも何も感じなくなりました。軍人たちはコンドームを使いませんでした。それで私は妊娠してしまったのです。私は結婚が怖かった。相手に過去がばれたらどうなるか、怖かったのです」（盧《ル・》満《マン》妹《メイ》）

「四〇歳の時に子持ちの男性と結婚しました。夫は私の過去を知りませんでした。知っていればきっと結婚することはなかったでしょう。夫にも子どもにも話していません。怖くて心配だった。過去を知ったらどんなことになるか　私には分かりませんでした」（台湾ビデオ証言）

「私たち慰安婦にとって、戦争は終わっていません。一生、つきまとうものなのです。私は、自分がとても不潔で汚れていると感じました。他の女性とは違うのだと、大きな恥辱感をもっていて、誰にも知られたくありませんでした」（ジャン・ラフ＝オハーン）

「一九四二年に私は妊娠しました。五カ月になっており堕胎の薬は役に立ちませんでした。軍人は私を病院に連れて行きました。そこで、お腹を強く押されて赤ん坊が出てきたのです。その時、赤ん坊はまだ生きていた。一体、どうすればよかったのか……」（マルディエム）

「夜、私と母は別々にされ、毎晩彼らがやってきました。私はいつも痛みで泣き叫びました。彼らに銃剣で突かれて、いつも私は震えていました。彼らが私に何をしているのか分かりませんでした。何度レイプされたかしれません」（マキシマ・レガラ）
「彼らは私たちをやりたいように扱いました。私たちは拒絶することができず、泣き叫ぶしかありませんでした」（ベレン・サグン）
「抵抗したため、軍人は冬なのに私の服をすべて脱がせ、庭の木に私を吊り下げました。そして私は、何も分からなくなるまで殴られました。私を助ける人は誰もいませんでした」（万愛花《バン・アイカ》）
「私は死ぬときは故郷に帰って死にたい。日本の奴らが私を連れてきたのだから、私を故郷に送り返してほしい」（河床淑《ハ・サンスク》）
「地獄のような生活から抜け出すため、逃走や自殺を図りました。また絶望してアヘン中毒になったこともありました。逃走することなど、とうてい不可能でした。監視、鉄条網、軍人の見張り。仮に逃亡したところで、失敗すれば残酷な罰と処刑すらあったのです」（金福童《キム・ボクトン》）
「当時私は七歳でした。軍人はそんな小さな子どもの私まで強かんしたのです」（楊明貞《ヨウ・メイテイ》）
「動物のように扱われました。しかし私たちには何もなす術がありませんでした」（マルタ）
「このまま処女の亡霊になって死にたくなんかない」（文必璂）〔＊処女の亡霊のままとは、朝鮮では未婚のまま死ぬと死者として扱われず、祀られない風習があり、来世の希望も失うことを意味する。〕

女性たちから語られたその体験は、「凍りついた記憶」の表出だった。「悪夢にうなされ、眠れない夜が続いた」とラフ＝オハーンさんは戦後の苦しみを語ったが、女性たちの証言は女性たちの人生に張り付き消え去ることのない悪夢であった。

東ティモールのエスメラルダ・ボエさんは、検事から「日本政府に何を求めますか？」と尋ねられて、「私は日本に見物しに来たのではありません。私は正義のために来ました。真実を語るために来たのです」と答えた。フィリピンのトマサ・サリノグさんは「私は日本兵の使い古しと言われる。私は正義を求めている」と話され、マキシマ・レガラさんは「戦争当時は、このようなことを口にすることはできませんでした。黙っているしかなかった。痛みのため、心に穴が開いているようだった。正義はいつも私たちを置いてきぼりにした」と語った。

女性国際戦犯法廷は、実効的な謝罪・補償に繋がるものでない。しかし、これらの言葉に、サバイバー（被害者）の女性たちが「法廷」にかけた思い、女性たちにとって「法廷」とは何であったかが窺える。「汚い女」「恥ずかしい女」というスティグマにより社会の周縁に追いやられ生きてきた彼女たちにとって、性暴力被害者であるがゆえに追い込まれた蔑視に基づく孤立無援・孤独感からの決別は「正義」に基づく自己回復であり、責任は誰にあるのかをはっきりさせる「裁き」は、回復の道筋に回避できない通過点であった。

この十年近い歳月、「慰安婦」裁判はことごとく敗訴し、歴史教科書問題に見られるように「慰安婦はトイレの構造の歴史」と豪語する人々の言説は、日本社会に止むことが無い。この時代にあって「正義」は女性たちに背を向け続けてきた。過去からの回復の道を閉ざされてきた女性たちがその過酷な体験から回復するためには、「悪いのはあなたたちではない」という安全保障が社会に確保されることであり、「処女を失った私は、女としての人生を失ったのも同然だ」とする「自己喪失感」は、そもそも「汚名」という男性視線の人為的烙印にすぎず、社会がその価値観の偏向を認めることである。そして「慰安婦」は性奴隷であり、当時の国際法においても犯罪であったことを明らかにすることが不可欠なのだ。

「法廷」は、破壊からの再生、分断され壊された関係性の再生、そのための有力化（エンパワメント）と再結合（リコネクション）の道筋を自ら掴もうとする「彼女」たちの、残された生の営みへの信頼と期待の場であった。

南北コリア検事団の一人朴元淳《パク・ウォンスン》氏は、この裁判は「延期された正義」「遅延された正義」を実現する場であると指摘したが、その意味において言うならば、正義を遅延したのは誰であり何であったのかを明らかにすることが「法廷」の目的であり、「法廷」が目指したものは女性たちの正義を封じてきた権力と抑圧、その関係性を明らかにすることであり、貞操を巡る二重規範の社会秩序をパラダイムシフトすること、「慰安婦」制度の固有の責任を問うことにより、ジェンダー正義の「形」を指し示すことであったといえる。

この「法廷」がWomen tribunal（女性法廷）であったことの意味と意義は「証言」に耳を傾けることを安全と信頼という場を確保することによって保障したことではなかったかと思う。「法廷」は、女性たちが安心して怒りを表出できる場であることが重要であった。パトリシア・ビサー・セラーズ首席検事が冒頭陳述で、女性たちの証言の立証は不要であり、反証ができない事実として確知することを判事に求めたのは、証言に耳を傾けることが「法廷」において最優先されることを望んだからである。

## 2　証言が明らかにした性奴隷の正体

女性法廷は、犯罪を見逃し、被害者を疎外してきたこれまでの法の沈黙、国家の沈黙、加害者の沈黙を破ることへの挑戦でもあった。国家が正義を行なう責任を怠ってきたことにより、被害者が沈黙させられてきた状況、被害者を「恥」の視線で社会の周縁に追いやってきた貞操イデオロギー（加害者の沈黙の容認）を打ち破るために国際法の沈黙を破ることは、被害者がサバイバーとして生きていく社会の安全を確保し、被害者の有力化と再結合の道を開くこと、女性たちを無力化、孤立化させてきた社会と人間関係の再結合を課題とし、未だに支配的な性に関わる固定観念を変えるよう影響をあたえていくことであり、女性の人権の確立を求める声が高まる世界的な潮流のなかで、戦時性暴力を個人の不名誉として排除してきた歴史に、「慰安婦」被害者の告発は、性暴力は個人の不名誉という問題ではなく戦争犯罪であるという再定義を構築する上で、大きな意味を持った。「法廷」は、「慰安婦」制度の責任者を裁くことを直接の目的としながらもその視野は現在も世界的に再現されている戦時性暴力の起因ともいえる不処罰の歴史を断つことに影響を与えたいという熱い思いを携えていた。

「法廷」においてなされた証言が明らかにしたことは、「慰安婦」制度の強制の図式は暴力と脅迫により命令の絶対性を確立し、自由意志を剥奪して女性たちを精神的・身体的に支配し、降伏状態に陥れた（＝奴隷化）ということである。

朝鮮の金英淑《キム・ヨンスク》さんが連行されたのは一二歳のことだった。彼女は中国東北地方の瀋陽に連れて行かれ、長屋風に立ち並ぶ慰安所に入れられた。軍人は彼女を強かんしようとしたがうまくいかなかった。金さんはその時のことをこう言い表した。

「私はあっちこっち逃げました。でも将校は私を押し倒して性器を入れようとしました。でも、入らなかった。それで将校は刃物（軍刀）で切ったんです。下を。あまりの痛さに私は気を失いました」。

生理前の未成熟な少女の性器を切り開いて強かんしたという話は、たびたび聞かれるものである。性奴隷化は、身体の略奪であり、女性の性的意思決定権の無力化である。

一五歳の時に満州の慰安所に連行された文必璂さんは、抵抗したものの、殴る・蹴るの暴行を受けて強かんされた。暴力により彼女を屈服させる方法として、軍人は「赤く焼いたもの」（焼きごて）を彼女の背中に押し付けた。赤く焼き爛れた背中の傷は、五十数年を経てなお彼女の体にくっきり刻まれていた。

こうして始まった慰安所での生活は、一日に何人もの軍人の相手を強いられる性的虐待の日々だった。中国の袁竹林《ユアン・ズーリン》さんの場合、一時間分の切符で入った軍人が「四回もコンドームを取り替える」こともあり、膣が腫れ上がり痛くて座ることも眠ることもできないほどの苦痛に苦しんだ。性奴隷であり続けさせるために彼女に施されたのは、滑りを良くするため塗り薬をコンドームに塗るようにという指示だった。「そうすると炎症を鎮め、いくらか滑らかになり痛みが防げるから」と。

このような過酷な奴隷生活から、なぜ、逃げ出さなかったのかという攻撃は、日本社会に絶えることはない。「嫌なら逃げればよかったのだ。そこに居続けたことは、自分の意思であったからに他ならない」というわけだ。

「なぜ、逃げなかったのか?」

各国の検事は、被害者証言においてその問いを忘れなかった。

「どうやって逃げるというのですか。逃げようにもまわりは全部軍人で、憲兵がずっと見張りしているのに。逃げて死ねとでもいうのですか」(文必璂)

「怖くなって飛び出して逃げようとしたけれど捕まって、無理やりやられた。(逃げる前より)もっとひどくされたから血が出て、ひりひりして痛くて小便もできない。死んだほうがましだっていったって、どうやって死ぬんだ」(金福童)

「逃げる環境ではなかった。自殺を考えたけれど死ねなかった」(盧満妹)

南北コリアから提示されたビデオ証言にあった鄭玉順《チョン・オクスン》さん(故人)の姿に、傍聴席からはどよめきが起こった。唇、舌、胸、性器と全身に刻まれた刺青は、鄭さんが逃亡したことへの軍人による制裁だった。彼女は棍棒で背中を何度も殴られ、水拷問に晒され、挙句の果てに全身に刺青を彫られたのだ。「こんな体では逃げられないだろう」ということであったのか。そのため彼女は片目を失明し、舌に刺青をされたために十数年も話すことができず、その生涯において他の人と一緒に風呂に入ることはなかったという。

逃亡を試みた女性たちの多くは、成功することはなかった。それどころか中国の万愛花さんが逃亡したり抵抗したため木に縛り付けられて凄まじい暴行を受けたように、圧倒的な暴力は、女性たちから抵抗や逃亡の力を奪い取ったのである。逃亡が不可能であったのは、監視、地理的条件、暴力的制裁により、奴隷状態に耐える以外の選択肢は与えられず、「兵器のように戦場を引き回され」（崔淳煥）、「性の慰みものとしてしか生かされなかった」（朴永心《パク・ヨンシム》）からなのだ。

逃げることも死ぬこともできなかった慰安所とは、インドネシアのスハナさんの言葉を借りるなら「監獄」であり、そこでの日々はあたかも「囚人の生活」だったのである。

## 3　性奴隷の刻印と支配

「慰安婦」被害女性の性奴隷化は戦時下という時代的に限定して語れるものではなく、戦時下から引き続いて現在までその奴隷状態は回復されていないという点に、「法廷」は注目した。判決（「認定の概要」）18は「性暴力の被害者である女性たちの苦痛が、自らの地域社会に帰った時に人々から拒否されることで一層ひどくなるということであった」と、戦後の女性たちの生活が共同体において拒絶されたことの理不尽を取りあげ、「その悲劇の責任が彼女たち自身にあるとみなす性差別的態度の結果、恥辱に苦しみ、沈黙を強いられてきたのである」と、世界中に支配的な性に関わる固定観念を変えることの意義を指摘した。

戦後の女性たちの人生は、「慰安婦」にされていた体験と記憶の支配から解き放たれることはなく、その暴力体験は連続的に新しい作用を誘引し続けていた。女性たちを支配して止まなかった連綿たる暴力の主体は、彼女たちが「女」であるが故に逃れ得ることのなかった女性の価値を貞操・純潔とするジェンダー秩序であり、男性論理が幅を利かせる男性社会の政治価値である。

フィリピンのトマサ・サリノグさんは、「結婚は一度もしませんでした。あらゆる求婚を断りました。結婚したくありません。もし結婚すれば、あらゆることが再び起こるような気がするのです。もし夫が私を傷つけたらどうしたらいいのでしょう。誰が守ってくれるでしょう。誰の元へ行けばよいのでしょう」と胸の内を語ったが、人間関係の切断はジェンダーによる不信と恐怖によりもたらされる。

また、マパニケ村集団レイプの被害者ベレン・サグンさんは、結婚したものの、夫が病死するまでの三年間の結婚は地獄のような日々だった。彼女は「夫は家に帰るといつも私に言いました。使い古しの人間より使い古しの犬の方がましだと。夫は死ぬまでそう言い続けた。だから私は正義を求めるのです」と判事に訴えた。

台湾のイアン・アパイさんは、結婚したものの三回離婚した。理由は「どの男（夫）も私が慰安婦だった過去を知ると我慢できなかった」からだ。原住民族のタロコ族は女性の処女性を重視していた。そうした風潮の中で夫は妻の過去を受け入れることができなかった。「これは私のせいではないといくら夫に話しても理解してもらえなかった。辛かった。自殺したかったが子どものことを考えて生きてきたのです」と。

イアン・アパイさんは「自我が割れたような思いに苦しんだ」と語ったが、それは決して私が悪いのではないと思えば思うほど、侮蔑と疎外の視線がぶつけられる現実の矛盾を前に、彼女たちは完全無力の存在でしかなかったということである。

「法廷」は、このようなジェンダー偏向は国際法にも内在することを認定した（「認定の概要」30「法廷は、諸平和条約には本質的なジェンダー偏向が存在するという首席検事の主張は納得できるものとして認定する」）。「認定の概要」は、「諸平和条約締結時の女性が男性と平等な発言権も地位も持っていなかった点に留意」し、「このために、平和条約締結時、軍の性奴隷制と強かんの問題は何の対応もなく放置され、条約の交渉や最終的合意に何の役割もなかったのである」と、国際的な平和交渉の過程がジェンダー認識を欠いたまま行なわれたことは、武力紛争下で女性に対して犯される犯罪が処罰されないという、いまも続く不処罰の文化を助長するものであると言明した。

日本検事団の一人阿部浩己氏は「国際法は客観性・中立性の外見を装いながら、特定の政治価値（欧米中心主義や男性中心主義）を再生産する制度として機能してきた」（「国際法から見た意義」週刊「金曜日」三四七号）と指摘しているが、国際法がこれまで「慰安婦」制度を犯罪として裁いてこなかったのは、「身内の女性が受けた性暴力は身内の（あるいは同胞の、共同体の）不名誉の問題」という名誉の視線が支配的であったからである。たとえば「陸戦の法規慣例に関する条約付属規則」（ハーグ規則四六条）は、強かんを犯罪と規定しているもののその根拠は、強かんは「家族の名誉と権利の保護」を保障しないからというものだ。これこそが女性たちを「恥」の存在に追いやった政治的価値である。

## 4　ジェンダーと沈黙

ジェンダーは権力秩序として性暴力被害者にさらなる被害を再生産するしくみとして機能してきたが、その機能を支えてきたのは奇しくも「沈黙」であった。女性たちの証言は、その行為自体、沈黙の否定であり、社会に、そして自己に内在している「恥」意識を取り出すことであった。カミングアウトが意味をなすゆえんは社会が彼女たちをいかに再定義するかというところにある。

差別・抑圧から逃れる手段としての沈黙は、差別・抑圧を内在し続けるという矛盾を孕んでいた。差別されないために沈黙していることは、差別される秩序に沈黙していることと同じであることを、サバイバーの女性たちは確信した、と私は感じている。

彼女たちが「裁き」をもって社会に求めたものは男社会に対する「アカウンタビリティ」（説明責任）であったともいえる。なぜ、被害者である自分たちがあたかも犯罪を犯したかのように過去を閉じて生きなければならなかったのか、なぜ、罪を犯した者がその罪を問われることなくのうのうと生き続けることができたのか、なぜ、加害者を誰も探し出そうとしなかったのか、それをはっきりさせるアカウンタブル（責任）を市民社会は背負っている。「証言」はその明快な回答を、「法廷」に求めたのだ。「法廷」が、個人の刑事責任を追及したのは、被告は日本政府であり昭和天皇であり日本軍の高官であったが、彼らはけっして「加害」主体の代表でも象徴でもなく、加害主体そのものであることをはっきりさせる必要があったからであり、支配と従属という関係性の解体の入り口は、そこにあるからだ。

日本社会には「慰安婦は商行為の女たちだ」という揶揄に対して、「歴史事実を直視せよ」という反論があるが、思えば「歴史事実とは何か」はこの問題の争点ではあり得ないのだ。ここでイメージする「事実」とは客観的事象とは多少ニュアンスを異にする。つまり同じ現場に居合わせた「慰安婦」と軍人ですら、その語りはもとより記憶、すなわち体験すら異なるのである。

「法廷」で証言した元日本軍兵士の金子安次さんは、かつて私にこんな話をしたことがある。「当時、私は慰安婦の女性たちがどんな境遇の女性たちなのか知りませんでした。服も着ないで足を広げて寝たまま、前の男の精液を拭きもしない。そんな姿を見てだらしない女だ、すっかり慣れきっていると感じたものです」と。ところが、この場面は、「慰安婦」であった女性にしてみれば、次々に軍人がやってきて、服を着るどころか痛くて起き上がることさえできなかったという悲惨な現場であったのだ。つまり同時体験でさえその「事実」は断絶している。ここにある体験の断絶、記憶の断絶、知覚の断絶こそがジェンダーの差異であり、体験も記憶も語りにも張り付いているジェンダー・バイアスを剥ぎ取らない限り、「歴史の事実」論争は意味をなさない。そしてそのバイアスは限りなく政治的であることを忘れてはならない。

「慰安婦」否定論には「女性たちの証言は誰一人として第三者証言により証明されていないではないか」という声もある。立証されない証言は事実ではないというわけだ。現在においても性暴力被害者に対して「証明」を求める声はマニュアル通りに繰り返される。「嫌なら抵抗し続けたはずではないか」「きついジーンズを脱がすことなどできるはずがない」と。さらに「些細な暴行・脅迫の前にたやすく屈する貞操の如きは、刑法一七七条によって保護されるに値しない」（「刑法一七七条［強姦］暴行又ハ脅迫ヲ以テ十三歳以上ノ婦女ヲ姦淫シタル者ハ強姦ノ罪ト為シ二年以上ノ有期懲役ニ処ス十三歳ニ満タサル婦女ヲ姦淫シタル者亦同シ」）と、被害者である女性が暴行に屈したことを批判する攻撃が「だからそれは強かんではない。合意なのだ」という「和姦」説を優位にさせ、証明できない語りは立証不可能として被害者の「事実」はでっち上げ、大げさに言い立てているということになるのだ。

## 5　加害兵士の証言の意義

「法廷」では、二人の元日本軍兵士が証言を行なった。金子安次さんは前線に朝鮮人「慰安婦」を連れて行く「巡回慰安婦」移送の護衛を体験していた。彼はトラックで運ばれた「慰安婦」に群がる軍人たちの様子や自らが通った慰安所の体験、くじ引きで順番を決めて六人で一人の中国人の女性を強かんしたことなどを告白した。さらに、慰安所は強かん防止策として効果的であったかという検事の質問に対して、彼はこう証言した。

「役に立っていたとは思いません。慰安所で一円五〇銭払うんだったら作戦に行って強かんすればただでできる。そういう考えを持っていました」、「女は子どもを生むから殺せ、子供は大きくなったら我々に反抗するから殺せと命令され、どうせ殺すんだったら強かんした方がいいという気持ちで強かんしました」と。現在もなお慰安所設置を必要悪だったとして正当化する声があるが、証言は強かんの常態化が実は日本軍の体質であったことを暴くものであった。

一方、鈴木良雄さんは部下が慰安所に行くよう取り計らったことや、婚約者がいたためしばらくは慰安所に行かなかったものの、戦況が悪化してくると「どうせ生きて帰れないのだから、男として生まれたからには一通り女遊びもやっておこうという考えになり慰安所に行くようになった」と語った。そして彼もまた、「軍隊に強かんはつきもので、日常茶飯事だった」、「兵隊たちは女を見つければ強かんした」と証言した。そして汚物を体に塗りつけて抵抗した中国人の女性を全裸にして強かんしたことを告白したのである。彼はその時の女性の様子を、こう語った。

「彼女は逃げることもできず抵抗することもできずわなわな震えていた。口をきくこともできない。ただ、私が言うがまま体を任せるという状態でした」と。

二人は、なぜ、このような場に出てきて証言するのかという検事の問いに、きっぱりと応えた。

「性暴力についてはなかなか話しにくいことで、証言する人も非常に少ない。しかし、この問題を抜きにしたら戦争の実態は出てこないのです。本当の戦争はこうなんだということがはっきりしない。それで恥をしのんで証言しているのです」。

女性たちは彼らの一言一言に、固唾をのんで聞き入った。「法廷」は、二人の元軍人の生々しい証言に圧倒されていた。かつてこれほどまでに過去を引き寄せる日本軍兵士の語りを「彼女」たちは耳にしたことがあっただろうか。ある意味でそれは、加害者の顔と姿を眼前にした初めての時間であったかもしれない。恐怖と憎悪と怒りの全ての感情をぶつけることも厭わない「生身の加害者」が、そこにいた。しかし、二人が証言を終えて退場するとき、傍聴席からは大きな拍手が沸き起こった。その拍手の輪には、紛れもなく被害者の姿があった。「よく、あそこまで証言してくれました」と涙ぐむサバイバーもいた。

二人の証言が終わった時、判事は何一つ質問を口にしなかった。マクドナルド判事は証言を終えた二人に、何度も「ありがとうございました」を繰り返した。「認定の概要」14には、二人に対してこのような言葉が記された。「この法廷は、元兵士たちの証言への意思とその誠実さに感謝する」。

「慰安婦にとって戦争は終わっていない」と証言台で語ったラフ＝オハーンさんは、元兵士の証言を聞いた後に、「軍人が証言する姿を見て、私は彼らを許せるような気持ちになった。これで私はようやく私の人生を生きられる」と語っているが、「法廷」に出廷して告白した元兵士の証言は、彼女たちが求めてきた「許しを請う」姿であり、被害女性たちにとってそれは「癒し」と「赦し」のプロセスになくてはならない出来事ではなかったかと思うのである。加害兵士が沈黙を破ったことはそれゆえ、計り知れない意味を持つのだ。

## 6　「昭和天皇裕仁有罪」の判決がもたらしたもの

「法廷は、提出された証拠に基づき、検察団が被告人天皇裕仁について立証したことを認定し、天皇裕仁は、共通起訴状中の人道に対する罪の訴因1と2である強かんと性奴隷制についての責任で有罪と認定する。また人道に対する罪の訴因3の強かんについても有罪である。さらに裁判官は、日本政府が法廷憲章第4条が述べる意味で、「慰安所」制度の設置と運営について国家責任を負うと判定する」（「認定の概要」39）

マクドナルド首席判事が昭和天皇裕仁有罪、日本政府に国家責任ありという判決（「認定の概要」）を言い渡した瞬間、傍聴席はどよめきに包まれ、総立ちになった人々は拍手を送り続けた。肩を抱き合うサバイバー、涙を拭うサバイバーたち。韓国のサバイバーは思わず判事の前に駆け寄り、クンジョル（朝鮮式のていねいなお辞儀）を繰り返した。

北朝鮮から来られた朴永心さんは、後にこう思いを伝えてきた。

「あの日の興奮は今でも鮮やかに心に残っています。五〇年余りの歳月が過ぎた今日になって、遅くなったとはいえ天皇をはじめとする戦犯者たちを裁くことができたことは、本当に嬉しいことでした」と。また、金英淑さんからは「法廷で日本政府に対して有罪が宣告された時、私たちは勝った、私たちを恥辱に陥れた犯罪者はとうとう裁かれたという思いで涙が自然とこみあげてきました。それは五〇年余りの間、心の中に積もりに積もっていた涙でした」という感想が届いた。

さまざまなドラマを生んだ女性国際戦犯法廷は、三日間の審理を経て判決日を迎え、その幕をいったん閉じた。「認定の概要」には日本政府に対して謝罪、法的責任の認知、補償、情報開示、教科書記述、性の平等性の確立など七項目の勧告が、そして元連合国に対しては東京裁判で昭和天皇裕仁を訴追しなかった理由や「慰安婦」制度を裁かなかった理由を提示し、全ての情報を公開すること、そして国連に対して日本政府が補償するよう勧告することが提言された。

これらの勧告に日本政府や元連合国がいかなる対応を見せるかは、日本が国際社会でどう生きていくのか、また、国際社会が過去にどう向き合い、国益、ナショナリズム、エスノセントリズム、ジェンダーを超えてどのような「地球市民社会」を形成していこうとしているのかという意思表示でもある。

二〇〇一年に発表される最終判決ではさらに、共通起訴状で起訴された軍司令官クラスの被告の責任が示される。日本では再び反発の嵐が吹き荒れることが予想されるが、「慰安婦」制度の現実を直視し、そのありのままの記憶とそれが女性に対する暴力として犯された重大な戦争犯罪であったという認識を後世に語り継ぐことこそ、この「法廷」が目指した「正義の実現」であり、「法廷」が世界に提言したジェンダー正義ではなかったかと思うのである。

# 第3章　女性国際戦犯法廷と国際法およびジェンダー正義

クリスチーヌ・チンキン（「法廷」判事）
VAWW-NETジャパン訳

二〇〇〇年一二月八日から一二日まで、民衆法廷である「二〇〇〇年女性国際戦犯法廷」が日本の東京で開催された。この「法廷」は、一九三〇年代と四〇年代にアジア太平洋地域で日本軍が行なった強かんと性奴隷制に対し、人道に対する罪として、日本軍および日本政府高官の刑事責任と、日本の国家責任を考慮するために設置された。

## 「法廷」開催の背景

「法廷」の直接の背景は、韓国の女性運動が一九八八年に尹貞玉《ユン・ジョンオク》教授の研究に出会ってからの一連のできごとである。長年にわたって尹教授は、第二次世界大戦前および大戦中に日本軍の作戦にともなって必ず設けられたいわゆる慰安所で、日本軍から直接女性たちが受けた残虐非道な行為を調査してきた。韓国の女性組織はその後も常に詳細を求め続けてきた。アジア全域で年老いた女性たちが口を開き始めたが、ほとんどの場合、それは五〇年間の沈黙を破ったものであった。彼女たちは孤独で恥辱に苦しんでおり、大半は極貧で、受けた傷がもとで肉体的、精神的に病んでいる人も多かった。九一年に初めて被害について損害賠償を請求する訴訟が日本で起こされた。九二年にこの問題は国連人権委員会に初めて提起され、その後ほかの国連機関にも提起された。公聴会が東京で開催され、一九九三年にはウィーン世界人権大会でも開催された。国際法律家委員会は、この問題を項目別に整理して、文書による証拠を検証し、犠牲者の証言を集め、法律的な分析を行なった研究報告を出版した。[1]

最初日本政府はこうした施設の設置や運営に関して日本政府の公的な関与はなく、民間業者の責任であると主張して、この鮮烈な記憶を拒絶した。名乗り出る女性が増えてくると、日本政府は徐々に立場を変え、ある程度認めて、反省の念を表明したが、法的責任は否定し続けている。その根拠として、例えば、女性たちは「売春婦」であり、徴集に同意したのだと論じた。また、連合国と締結したサンフランシスコ平和条約や、韓国、インドネシア、オランダと締結した二国間条約など、五〇年代に締結された平和条約によって、あらゆる補償の請求権は消滅したし、いずれにせよ国際法上個人が補償を請求する権利はないとも主張している。生きのびた女性たちが日本の裁判所へ提訴する例は増えたが、今のところ一件も勝訴していない。[2]第二次世界大戦終戦五〇周年の九五年、日本政府は主に民間からの募金を女性たちへの償い金にあてるアジア女性基金〔訳注・正式名称・女性のためのアジア平和国民基金〕を設立したが[3]、それは軋轢を生み、被害者からは法的責任の問題に取り組んでいないと批判された[4]。

被害者たちは有効な回答が得られないことに失望し、残された時間が少ないことを感じて、救済のためのほかの手段を求めた。この「法廷」はアジアのさまざまな女性のNGOの活動から生まれたのである。最初に提案したのは「戦争と女性への暴力」日本ネットワーク（VAWW‐NETジャパン）である。この団体は九七年に東京で開かれた「戦争と女性への暴力」国際会議の後、九八年に発足した。九八年にソウルで開かれた第五回「慰安婦」問題アジア連帯会議でVAWW‐NETジャパンは「女性国際戦犯法廷」の設置を提案し、被害国の代表との間で合意ができた。その時から法廷の準備は国際的なプロセスになったが、アジアを中心に行なわれてきた。準備委員会が九八年一二月、東京で開かれ、その後九九年二月にソウルで開かれた。そこで「法廷」の国際実行委員会が組織された。国際実行委員会は三つのグループで構成されている。被害国・地域（中国、台湾、フィリピン、インドネシア、南北コリア）の組織、代表は尹貞玉、加害国（日本）の組織、VAWW‐NETジャパン、代表は松井やより、そして国際諮問委員会、代表はフィリピンの女性の人権アジアセンターのインダイ・サホール（当時）である。国際諮問委員会は南北アメリカ、オーストラリア、アフリカ、ヨーロッパ、アジアからのメンバーで構成された。

国際実行委員会は研究と調査、法廷憲章の作成、東京での「法廷」の開催の準備に責任を持った。

「法廷」の主催者は次のような信念に支えられている。

生き残った被害者たちの声がこうした不履行によって沈黙させられるのを許してはならない、このような人道に対する罪への責任を曖昧にしてはならない。この「法廷」は、女性に対する犯罪、ことに性的犯罪を矮小化、免責し、周縁化し、不明瞭なものとする、これまでの歴史の傾向を正すために設置されたのである。この傾向は、それが非白人の女性に対して行なわれた犯罪である場合にはより顕著である。[5]

このような目的を成し遂げるにあたって主催者のヴィジョンは劇的であった。一〇カ国の検事団が起訴状を提出した。[6] 南北コリア、中国、日本、フィリピン、インドネシア、台湾、マレーシア、東ティモール、オランダである。この地域の拡がりが、植民地と冷戦の歴史を示す地域の広さを表わしている。日本の植民地化という共通の経験があったので、南北コリアの検事たちは協力し、共通の目的を表すものとして共同起訴状を提出した。これは政府レベルではいまだ考えることができないことである。南北コリア、台湾および日本(沖縄に関連して)の検事たちは、こうした地域の女性たちが日本政府の意のままになるものと見なされ、日本軍が占領するあらゆる場所に運ばれた経緯と方法を提示した。また、軍事的な征服や、占領に伴って、女性が性奴隷として施設に連れて行かれた地域もあった。東ティモールも独自の検事団が「法廷」に参加し、東ティモールの「慰安婦」については国連暫定統治機構（UNTAET）の到着以降明らかになり始めたばかりであると説明した。ジャワ（オランダ領東インド）のオランダ民間人の抑留と、そこの慰安所に数名の少女を移送したことに関する起訴状からは、ヨーロッパの植民地時代が想起された。二人の首席検事（パトリシア・ビサー・セラーズ[7]とウスティニア・ドルゴポル[8]）は各国の検事団と協力して、共通起訴状を提出した。

全体で共通の起訴方針は単純ではあるが巧みである。第二次世界大戦終結時に日本の戦争行為に関して開催された極東国際軍事法廷などのさまざまな戦犯裁判は、強かんと性奴隷化を充分に考慮せず、女性を監禁し、性的奉仕をさせたことによる犯罪を訴追しなかったという点で、不十分だった、と検事は主張した。従って、この「法廷」はこうした過去の訴訟の補充と見なすことができ、被告人は以前裁かれた人々なのである。一つだけ重要な例外がある。この「裁判」では昭和天皇裕仁をも被告人とした。

## 公正・厳密に行なわれた「法廷」審理

長い三日間、「法廷」では検事の論告や、証言と資料による証拠の審理が行なわれた。慰安所から生きのびた人たちが七五人以上〔訳注・参加したサバイバーは六四人だった〕出席し、多くの人たちが証言した。検事はほかの被害者たちのインタビュー・ビデオや宣誓供述書も法廷に証拠として提出した。女性たちの証言によって、暴力、誘拐、強制、欺瞞によって女性を徴集した全体像が明らかになった。

その後女性たちは日本の陸軍や海軍の輸送手段で当局が命令したあらゆる場所に運ばれたのである。いったんそうした施設に監禁されると、女性たちは全くの悲惨と恐怖と暴虐にさらされた。祖国から連れ去られたので、孤立し、逃げるのは不可能だった。名前は日本名に変えられ、それによってさらに自分自身を否定された。日本の敗戦で戦争が終わった時、女性たちは捨てられたり、日本人に殺されたり、連合軍の爆撃で殺されたりした。捨てられた人たちの中には、死んだ人たちもいれば、さまざまな手段で故郷に戻った人たちもいるし、永久に故郷から離れて追放されたままの人たちもいたのである。「法廷」にはこうした被害の肉体的、精神的影響が被害者の人生にどのような影響を与えたかについてや、日本政府の対応の不十分さについての証拠も提出された。女性たちが日本軍の軍事行動の間に受けた行為と、一生背負った苦しみの間の因果関係が、証言により明らかにされたのである。

私は処女の亡霊となって死にたくなんかない。ムン・ピルギ（韓国）

私たちは、家に帰っても、泣いているばかりだった。だれに言うこともできない。言えば殺されるから。あまりにも恥だったから深い穴を掘って、その中に埋めてしまいました。マキシマ・レガラ・デラ・クルーズ（フィリピン）

私は人生を失い、汚れた女と見なされました。生きていくための手段もなく、仕事もほとんどありませんでした。ひどく苦しみました。高寶珠（台湾）(9)

検事は被害者たちが受けた残虐行為の証言に加えて、こうした残虐行為と日本の国家機関や昭和天皇裕仁を結びつける文書や専門家の証拠を提出した。戦争の終結時に、日本は戦争遂行に関係する多くの文書を廃棄した。それにもかかわらず、研究者は元軍人や官吏の回想録や日記だけでなく、関係する公文書を発見し、提出した。[10] こうした証拠の関連性については日本軍と憲法の歴史や日本の官僚制の専門家たちが説明した。さらに日本軍の構造、国際法、心理学上などのトラウマについても鑑定人による多くの証拠が提出された。二人の元日本兵がこうした施設の自らの利用や関与について証言した。アミカス・キュリー（法廷助言者）の意見書が提出された。アミカス・キュリーとして、鈴木五十三弁護士が日本の裁判所で係争中の訴訟の状況を説明した。また藍谷邦雄弁護士は、政府の姿勢さえ変われば補償立法の枠組みとして利用できるよう日本の弁護士たちのグループ〔訳注・「元『慰安婦』の補償立法を求める弁護団協議会」〕が準備した「戦時性的強制被害者賠償要綱案」について述べた。

「法廷」に関係する全ての人にとって、重要な関心事だったのは公正さと信頼性の問題だった。「法廷」は訴訟手続きの規則を厳格に守った。例えば、判事と検事の分離、あらゆる証拠は書記局を通して提出され、記録されることなどである。日本政府は二〇〇〇年一一月九日付けで、この「法廷」についての通知を受け取り、参加の招請を受けたが、何の回答もしなかった。当事者の欠席に関する国際司法裁判所規程第五三条の趣旨に従って、「法廷」は日本政府が責任を否定するため主張してきた論点を検討することを求めた。このため、「法廷」は今村嗣夫弁護士をアミカス・キュリーに任命して意見書と証拠の提出を受け、今村弁護士は日本政府のこうした主張を「法廷」であらためて述べた。

また、ほかの入手可能な資料も考慮された。例えば、フィリピン人「従軍慰安婦」に対して日本の責任を否定した東京地方裁判所の判決である。[11]

証拠の提出や論告が終了した後、判事たちは一日検討し、顧問チームの補佐で予備判決〔訳注・本書では「認定の概要」と記されている〕を準備した。[12] 判事は今までに開かれた数多くの公的国際法廷よりも広範な基準で、バランスを考慮して選ばれた。旧ユーゴスラビア国際刑事法廷前所長、ガブリエル・カーク・マクドナルド、アルゼンチンの刑法専門の判事・国際女性法律家連盟会長、カルメン・マリア・アルヒバイ、ケニア出身の人権問題が専門の弁護士、ウィリー・ムトゥンガ博士、そして、筆者の四名がつとめた。残念なことに、前インド最高裁長官のP・N・バグワティは法廷の直前に体調を崩し、出席できなかった。全体的に見て、判事は広い地理的な配分、国内法・国際法についての多様で関連した分野の専門知識、弁護士・司法・学問の分野の専門家の混成を考慮して任命された。そして、バグワティ判事が欠席しなければ、ジェンダーの公平なバランスもとれていた。予備判決には法廷についての論述、予備的事実認定、昭和天皇裕仁の責任と日本の国家責任についての判断が含まれていた。これは最終日、千人以上の人々で満員になったホールで発表された。

予備判決では判事が昭和天皇裕仁は命令責任、つまり天皇は犯罪について知っていたか、または知るべきであったということに基づいて有罪と認定したことが示された。証拠から、慰安所は軍の政策として組織的に設置され、運営されたので、当時適用可能な法の下で人道に対する罪となることが認められた。また判事は、日本国が当時適用可能な国際法によって、人道に対する罪と認められる奴隷制、人身売買、強制労働、強かんに関係する条約上の責務と国際慣習法の原則への違反に対する責任があると認定した。最後に判事はさまざまな形の補償を勧告し、ほかの勧告も行なった。その他の被告人が有罪かそうでないかを検討し、さらに詳しい法的な分析を示す最終判定は、二〇〇一年に発表されることになっている。

## 法は政府だけのものではなく市民社会の道具である

この「法廷」の価値は何だったのだろうか。「法廷」には法的権威が欠けているので、真剣に取り組む国際法の専門家には、あまり重要とはいえない模擬法廷にすぎなかったのだろうか。私はさまざまな理由から、そうではないと思う。国際関係の中で行為する主体としての市民社会の役割はますます重要になっているが、これはその顕著な一例なのである。もちろんこの「法廷」は民衆裁判における最初の例ではなく、これまでのさまざまな例の上に築かれたものである。例えば、六〇年代後半にバートランド・ラッセルが開いたベトナム戦犯法廷[13]や七〇年代に多くの国の「高い道徳的権威を持つ民間人」によってイタリアで設立された「常設民衆法廷」がある。[14]後者は何年もの間設置され、ソビエトのアフガニスタンへの軍事介入やインドネシアの東ティモールへの軍事介入、アルメニアの大量虐殺と言われた事件などの、国際法違反と言われながら、公式な対応が不適切だった一連の事例を審議した。法廷による認定とそれに対する国際法の適用に基づいて複数の報告書が出された。[15]こうした報告書は、国際法の適用についての争いのある問題との関連で、事実関係や法学について貴重なオルターナティブな資料となってきた。ほかにも、特定の問題を審議するためにさまざまな国で法廷が設置されてきた。

民衆法廷は、「法は市民社会の道具」[16]である、政府が単独で行動していようと、他の組織と共同で行動していようと、法は政府だけのものではない、という解釈を前提としている。従って、国家が正義を保障する責務を遂行しない場合には、市民社会は乗り出すことができるし、そうするべきなのである。違反行為を無視すると、再発を招き、不処罰の文化を持続させることになる。民衆法廷は道徳的な権威だけを行使することができるというのは、国際法の公的な機関を国家が支配し続けているためである。こうした国際法上の機関は非国家的主体〔訳注・個人や法人など〕の参加を認め始めている。例えば、アミカス・キュリーの意見書の受け付けの例〔訳注・国際司法裁判所〕がある。そして、いくつかの場合、とくに外国国家による公用収用の分野で、限定的ではあるが、当事者適格の権利〔訳注・訴訟に当事者として参加する権利〕認められる例がある。

残虐行為に対する法的な対応では、過去一〇年間に戦犯法廷や真実・和解委員会のような、革新的な国際的、国内的しくみが生まれた。民衆法廷は国家による国内法廷や国際法廷のような法の適正手続の保障（デュー・プロセス）はできないが、この制約によって法廷の有効性は低くはならない。民衆法廷で地球市民社会に対して宣誓して提出された証拠について、公式な法廷で提出された証拠以上に信憑性を疑わなければならない理由があるだろうか。民衆法廷は刑罰を課したり、補償を命令することはできないが法的認定の重要性や道義的な力の重みに支えられた勧告をすることはできる。違法行為に対する世界的な非難が、国連加盟国によって起きたものであれ、「国連の民衆」によって起きたものであれ、非難は認識されるべきなのである。以前は沈黙と回避が存在していただけであったが、こうした法廷によって、被害者たちに重大な犯罪が犯されたことを被害者自身に対して公的に認める一つの形態となる。こうした認識は恥辱と罪の感情を取り除き、癒し、終わらせるために不可欠であると認められてきた。従って、民衆法廷は一つの法手続きの中に、戦犯裁判と真実追求委員会の二つの要素を結びつけることができる。残虐行為がなされる状況は多様で複雑なので、一つの定まった対応は不可能である。そのかわりに、それぞれの特別な状況で正義が遂行されやすいように手続きを工夫しなければならない[17]。民衆法廷にはさまざまな手法が可能なのである。

## はじめてのジェンダー正義を求める民衆法廷

この「民衆法廷」は紛争の終結時の国際平和条約など公式なやり方の文脈の中で、今までに述べた確信の上に設立された。「法廷」は国家が政治的な協定や合意を通して、個人に犯された人道に対する罪を無視したり、忘れたりすることはできないという確信を体現した。しかし、さらに、この「法廷」はこれまでの民衆法廷と区別される三つの特徴を持っている。一番目は、起訴された国、日本で開かれたことである。二番目は「女性」法廷だったこと、三番目は「法廷」が外国の著名人ではなく、被害を与えられた国々の草の根の人々からなる主催者によって設立されたことである。この「法廷」では、平和協定でいつも決まって無視されてきたので、公式記録から事実上抹消されている性暴力や性奴隷制の罪に焦点があてられた。同じように、これまでの市民社会の先駆的な試みの数々もジェンダー暴力には注目しなかったのである。これまでの民衆法廷は「文化的、法的、宗教的な分野[18]」の著名な人々に託されてきたが、女性の声を確保しようというものではなかった（バートランド・ラッセル法廷の裁判官としてシモーヌ・ド・ボーヴォワールが参加したのにもかかわらず[19]）。

九〇年代に、女性のエンパワーメントのための社会運動と、人権のさらなる促進と擁護を目指した社会運動が互いに接近し、さまざまな先駆的試みによって国内的、国際的な法の構造の中で変革が促進された[20]。このような手法の一つは武力紛争時も含む、女性に対する抑圧と暴力の罪に関する公聴会という手法である。例えば、ウィーン世界人権大会や第四回世界女性会議（北京）では、ジェンダー暴力の規模と深刻さの認識が求められた[21]。今回の「法廷」はさらに歩を進め、意識を高めることと、責任の所在を明確にすることを結びつけた。また「法廷」はネットワークづくりや、意識の高揚、連帯の形成といった伝統的な女性の組織化の方法論と、すでに市民社会の中で正当と認められた訴訟手続きにおいてイニシアティブをとることを結びつける戦略を工夫することが重要であることを示している。

「法廷」にはほかにも注目すべき点がある。第一に、国際的な裁判のための国家メカニズムの束縛がないので、主催者はほかに例を見ない形で法廷を構築することができた。国際法上の不法な行為について個人の刑事責任と国家責任を認定することと、そうした不法な行為に対する補償の義務の所在を明らかにすることという二重の目的にかなう形にするためである。残虐行為の被害者の権利と補償の問題は旧ユーゴおよびルワンダ国際刑事法廷や、国際刑事裁判所設置交渉で浮上した。旧ユーゴおよびルワンダ国際刑事法廷審議および証拠規定第一〇六項に基づく損害賠償命令はまだ出されたことがないが、この規定はいずれにせよ個人の補償救済に限られている。国内で必ず教育することや記念碑設立など、ほかの形での補償は想定されていない。国家がこのような暴虐に責任がある場合は、個人の刑事責任がどのような罪で認められるかに関わらず、適切な補償を行なう義務を果たすべきである。

第二には、歴史記録の蒐集と編纂の重要性である。ここ数十年、人権侵害について、それまでの政府の説明を塗り替えることができるような資料の収集が爆発的に増えた。日本軍によって性的奉仕をさせられた女性に関する記録はさまざまな国でさまざまな形をとって現れ始めた。個人の証言[22]、「主流の」NGOの報告[23]、国連特別報告者や国連機関の報告[24]である。「法廷」はこうした記録を歴史資料や鑑定証言で補充した。例えば、吉見教授は広範な調査を通して、何カ所もの日本の省庁からそれまでに知られていなかった文書を数多く発見した。アジアやその他の地域の研究者は各国の検事が利用できる文書をさらに発見した。軍の駐屯地に女性を送るよう求める要請書、海上輸送の命令書、輸送の詳細、医師などによる検診や切符制度、時間割といった慰安所の運営の詳細についての文書から、加害者の視点が浮きあがり、日本の戦時体制に欠かせないものとしての「慰安婦」制度の規模と制度化のさらに完全な姿がわかるようになった。慰安所で行なわれた強かんは戦争の必然的な結果でもなく、戦争の一手段ですらない。女性の性奴隷化が、軍事目的を遂行するため自国の軍隊に必要なものとみなされていたという意味において、「慰安所」における強かんとは、当時の日本の、まさに戦争推進体制の一部だったのである。「女性法廷」は過去の調査の多く集められた証拠を上まわるすぐれた証拠を多数選んだ。「法廷」の結論は、この歴史的文脈の中でこれまでに可能だったよりも遙かに十全な形で適用法の検討がなされた後に下されるであろう。この非公式な「法廷」が、これほど徹底的な形で行なわれたことが、この「法廷」の実施を、より通常に認められる形で行なわれてきた告発の数々に比して、少なくとも同じように重要な、あるいはより重みのあるものとしているのである。

第二の点の結果として、「法廷」は、ジェンダー関係に軍国主義や軍事目的がどのような影響を及ぼすかについて検討したことである。「法廷」の分析は、個々の（男性の）兵士の意志や人格を、日本の戦時体制に完全に服従し、忠節を尽くすよう従属させることの本質がいかなる影響を持つものであるかを示した。日本軍のこうした風土は、兵士から人権を奪い、自己のアイデンティティを否定し、個性を抑圧し、男性の性的欲求に奉仕するための存在とされている女性の扱いにおいても、絶対的な服従を要求した。日本軍性奴隷制の状況や背景は独特であるが、私たちはここから、性暴力につながる、軍国主義と性差別的な姿勢の関連について重要なことを学ぶことができるのである。この関係は、軍事基地との関連で起きる強かんやセクシュアル・ハラスメントとか、紛争直後の社会で家庭内暴力が増加するといった形で、今日も続いているのである。

第四に、「法廷」は、過去の法をふりかえり、同時に前を向いて現在の理解を明らかにし、その双方をふまえた法的分析を提示する場となった。一九四五年当時の法では性暴力を明示する表現は最低限にとどまっていた[25]。しかし、女性が全く関与しなかった政策が女性を従属させ、虐待するさまざまな形態は、当時から法の禁止条項に含まれていた。つまり、奴隷化、強制労働、人身売買はこの「慰安婦」の事件の頃までに国際法で禁止されていたのである。強かんも同じである[26]。軍人の要求により、女性を性的奉仕の目的だけのために監禁することは、自己の身体の所有権を女性たちから奪うことである。つまり奴隷制の体現である。そのうえ、誰も奴隷にされることに同意を与えることはできないので、性的な行為に対して同意したとかしないとかはそもそも問題とならない、全く意味のないものであることが明らかにされた。

最後に、審理を通じて証言が示したことは、性暴力から生きのびた女性たちが、故郷に帰った時に人々から拒否されたことで女性たちの苦痛がいっそうひどくなったことである。悲劇の責任が彼女たち自身にあると見なす性差別的な態度が支配的であったために、女性たちは恥辱に苦しみ、沈黙を強いられた。この「法廷」が責任を正当な場所に帰することに貢献し、今日いまだに世界中で支配的な性の固定観念を変えるのに役立つことが望まれる。

＊本稿は、Christine Chinkin , *Women's International Tribunal on Japanese Military Sexual Slavery* , 95 AJIL 335(2001) の訳出である。(Reproduced with permission from 95 AJIL 335(2001), The American Sciety of International Law.)

［注］

（1）Ustinia Dolgopol & Snehal Paranjape, Comfort Women: An Unfinished Ordeal-Report of A Mission (International Commission of Jurists 1993) pp.11-14.［邦訳・国際法律家委員会（ＩＣＪ）／自由人権協会・日本の戦争責任資料センター訳『国際法から見た「従軍慰安婦」問題』明石書店、一九九五年］

（2）例えばＢＢＣニュース『日本、性奴隷制の裁定を覆す』（二〇〇一年五月二九日）（広島高等裁判所が唯一勝訴した損害賠償請求を覆す）。http://news.bbc.co.uk/hi/english/world/asia-pacific/newsid_1249000/1249236.stm 参照。

（3）Radhika Coomaraswamy, Alternative Approaches and Ways and Means Within the United Nations System for Improving the Effective Enjoyment of Human Rights and Fundamental Freedoms, UN Doc. E/CN.4/1998/54, at 12 (report of the specialrapporteur on violence against women)

（4）Yayori Matsui, WOMEN IN THE NEW ASIA (Noriko Toyokawa & Carolyn Francis trans., 1999) 1996.［松井やより『女たちがつくるアジア』岩波新書、一九九六年］。

（5）「検事団およびアジア太平洋地域の人々　対　天皇裕仁：検事団およびアジア太平洋地域の人々　対　日本政府認定の概要および予備判決」第5項（日本軍性奴隷制を裁く女性戦犯法廷、二〇〇〇年一二月一二日）。

（6）ここではあえて「国」という言葉を使う。訳注・東ティモールはまだ独立国ではなく、台湾の国際的な法律上の地位については議論されている。

（7）旧ユーゴ国際刑事法廷検察局法律顧問。

（8）南オーストラリア州、フリンダース大学国際法助教授。

（9）認定の概要および予備判決、前掲（注5）、第2項。

（10）一九九二年にはじめて、日本歴史研究者、吉見義明教授は、自ら発見した、慰安所での日本政府の役割を示す史料に関する書籍を出版した。国際法律家委員会前掲書（注1）。彼が発見したものはすべて、今英語で読むことができる。Yoshimi Yoshiaki , COMFORT WOMEN : SEXUAL SLAVERY IN THE JAPANESE MILITARY DURING WORLD WAR II (Suzanne O' Brien trans., 2000)［吉見義明『従軍慰安婦』岩波新書、一九九五年］

(11) Ken Hijino, " Court Rejects 'Comfort Women' Claim : Tokyo Reparations Rejection Likely to Fuel Criticism of Government Handling of Wartime Brutality, " FIN. TIMES (London) " , Dec.7,2000, at 10; " High Court Says Ex-Sex Slaves Not Entitled to Compensation " , MAINICH DAILY NEWS, Dec.7, 2000, at 1

(12) 前掲書（注5）

(13) AGAINST THE CRIME OF SILENCE : PROCEEDINGS OF THE INTERNATIONAL WAR CRIMES TRIBUNAL (John Duffet ed.,1970). 法廷は一九六六年から六七年にかけて三回開廷され、ヴェトナムでの戦争犯罪とジェノサイドに対するアメリカ合衆国の責任が検討された。

(14) Richard Falk," The Rights of Peoples (In Particular Indigenous Peoples)" , THE RIGHTS OF PEOPLES(James Crawford ed.,1988) pp.17, 28.

(15) 前掲書、二八〜二九頁。

(16) 前掲書、二九頁。

(17) Naomi Roht-Arriaza, " The Need for Moral Reconstruction in the Wake of Past Human Rights Violations: An Interview with Jose Zalaquett", HUMAN RIGHTS IN POLITICAL TRANSITIONS: GETTYSBURG TO BOSNIA (Carla Hesse & Robert Post eds., 1999) pp.195, 197.

(18) Falk, 前掲書（注14）二八頁

(19) Hilary Charlesworth & Christine Chinkin, THE BOUNDARIES OF INTERNATIONAL LAW : A FEMINIST ANALYSIS (2000) pp90-93 参照。

(20) Christine Chinkin," Human Rights and the Politics of Representation:Is There a Role for International Law?", THE ROLE OF LAW IN INTERNATIONAL POLITICS (Michael Byers ed.,2000) p.131.

(21) 以前の例に関しては、CRIMES AGAINST WOMEN: THE PROCEEDINGS OF THE INTERNATIONAL TRIBUNAL (Diana Russell ed., reprint 1984)1976 参照。

(22) Jan Ruff, 50 YEARS OF SILENCE (Sydney 1994)

(23) 例えば、国際法律家委員会前掲書（注1）。

(24) 例えば、Gay J. McDougall, Report of the Special Rapporteur on Systematic Rape, Sexual Slavery and Slavery-like Practices, UN Doc. E/CN.4/Sub.2/1998/13 ［ゲイ・J・マクドゥーガル「武力紛争下の組織的強かん、性奴隷制及び奴隷制類似慣行に関する最終報告書」（国連文書番号 E/CN.4/Sub.2/1998/13）。邦訳・VAWW－NETジャパン編訳『戦時・性暴力をどう裁くか』（凱風社、二〇〇〇年）所収］

(25) 第二次世界大戦後に開かれた戦犯裁判のうち、インドネシアのバタビアで開かれたバタビア臨時軍法会議では、軍の法務官対一二人の被告（氏名不詳）の裁判が行なわれ、慰安所に売春目的でオランダ人の女性を強制的に連行したことについて取りあげられた。NO.72/1947,8 United Nations War Crimes Commission, LAW REPORTS OF TRIALS OF WAR CRIMINALS (1949) P.122. この法廷がヨーロッパ女性のみの悲運を検討したという事実は、その根底に当時支配的だった性差別と人種差別があったことをも物語っている。

(26) Patricia Viseur Sellers, " The Context of Sexual Violence: Sexual Violence as Violations of International Humanitarian Law ", 1 SUBSTANTIVE AND PROCEDURAL ASPECTS OF INTERNATIONAL CRIMINAL LAW: THE EXPERIENCE OF INTERNATIONAL AND NATIONAL COURTS:COMMENTARY（Gabrielle Kirk McDonld & Olivia Swaak-Goldman eds., 2000) p.263.

# 第4章　「法廷」にみる日本軍性奴隷制下の加害と被害

林　博史

この「法廷」を準備するにあたって、各国の調査グループが資料調査、被害者からの聞き取り、現地調査などをおこなった。そのなかでも文書資料については日本にあるものが多いこともあり、日本の調査チームの貢献は大きかった。収集された資料は、公文書や戦記・回想録、研究書・論文などの文書資料、被害者ならびに加害者の証言、被害者の証言や慰安所跡などについての映像資料（ビデオや写真）、などさまざまな形態がある。これらは一九九〇年代に進展した研究や裁判闘争、被害者への支援運動によって蓄積されてきた成果が集約されたものともいえる。いうまでもなく集められた資料のすべてが「法廷」に提出されたわけではない。現在生存し、かつ「法廷」に出廷できる被害者について、その加害事実を明らかにするという方針で臨んだので、「法廷」に提出された資料はほんの一部でしかない。ここでは、「法廷」を準備する過程での調査・研究を含めて「法廷」の成果を実証的な歴史学の観点から整理してみたい[1]。

## 1　被害事実と加害事実のつきあわせ

これまで、加害者である日本軍の資料と元将兵の戦記や証言を基にして日本軍「慰安婦」制度について解明されると同時に、元「慰安婦」の女性たちの証言によってその被害の深刻さ、しかもそれは戦争中だけにとどまらず戦後もずっと続いていることが明らかにされてきた。ただ加害者と被害者との関連を特定することは不十分であった。

この「法廷」にあたって取り組まれたのは、個々の被害者に被害を与えた加害者を特定するという作業であった。これは戦争犯罪をおこなった加害者を裁くために必要な作業であった。日本軍全般あるいは日本全般が加害者であるというレベルにとどまらず、具体的にどの組織の誰に責任があるのかを問う作業でもある。

たとえば朝鮮から中国・漢口に連れて行かれ、いまなお故郷に戻れずに武漢にとどまっている河床淑《ハ・サンスク》さんのケースについていえば[2]、朝鮮総督府とその傘下の警察の関与・協力の下で女性人身売買ネットワークが利用されたこと、朝鮮から中国への渡航が、身分証明書の発給を含めて朝鮮総督府の統制下でおこなわれたこと、第一一軍によって漢口の慰安所が開設され、特に第一一軍兵站司令部が管理したこと（後に第六方面軍に交代）、河さんが収容された慰安所は「三成楼」であり慰安所係であった元兵士の証言によって「三成楼」の存在が裏付けられること、を順次実証していった。それにより第一一軍司令官岡村寧次と第六方面軍司令官岡部直三郎が重要な責任者であることを示した。

朴永心《バク・ヨンシム》さんは、(3) 南京の慰安所からビルマのラシオに送られた。さらに中国・雲南に入った拉孟《ラモウ》の慰安所で連合軍の攻撃の前に日本軍は全滅、彼女は他の三人の朝鮮人「慰安婦」とともに捕虜になった。連合軍が拉孟で撮った写真に、当時「若春」と呼ばれていた朴さんが写っていることを朴さん本人や彼女を知る元兵士たちから確認した。ビルマでは彼女は第五六師団の担当する慰安所にいれられており、そのときの師団長は松山祐三だった。

被害者の裁判を支援する取組みのなかでの成果が「法廷」に生かされた例としては、中国山西省やフィリピンのケースがある。山西省については、(4) 北支那方面軍第一軍独立混成第四旅団の独立歩兵第一四大隊に所属する部隊が、住民殺害などの一連の残虐行為とともに女性の拉致、監禁強かんをおこなったことが見事に立証されている。

フィリピンでは部隊の移動が激しいので、加害部隊の特定は容易ではなかったがレイテ島とパナイ島で拉致され監禁強かんされた被害者のケースについて、(5) 防衛庁図書館に残されている日本軍の陣中日誌や戦闘詳報などの資料を徹底的に調査し、加害部隊を特定している。

## 2　明らかにされた新事実

この「法廷」の準備過程で多くのことが明らかにされたが、そのなかで、いくつかを紹介しておきたい。

一九四四年一一月におこなわれたフィリピンのマパニケ村への討伐のなかで、住民虐殺にとどまらず集団強かんがおこなわれたことが明らかにされた[6]。討伐にあたった日本軍の命令書が防衛庁図書館で発見され加害者が特定された。すなわち戦車第二師団の師団命令により討伐隊が編成され実行したことがわかった。さらに現地調査により被害状況も明らかにされた。この被害者たちは「法廷」にも参加し、フィリピン起訴状ではこのマパニケでの集団強かん事件が取り上げられた。

東ティモールにも日本軍慰安所が設置され、現地の女性たちが「慰安婦」にさせられるなどの性暴力の被害をうけていたことが「法廷」ではじめて明らかにされた。インドネシアからの東ティモールの独立という大変な状況のなかで調査がおこなわれ、被害者も「法廷」に出席し、この島での被害が日本でもはじめて紹介された[7]。

これまであまり知られていなかったが、この「法廷」で活用されたのが台湾に所蔵されている台湾拓殖会社の資料である。この資料は一九九九年に朱徳欄《シュテラン》氏によって台湾で資料集として出されていたが私家版でありほとんど利用されていなかった[8]。日本軍が海南島を占領した直後に、陸軍・海軍・外務省が協議し台湾拓殖に慰安所の建物の建設、業者の手配などをやらせていたことを示す資料群である。これには当然のことながら台湾総督府も関わっていた。慰安所業者への資金も台湾拓殖から出されていたが、台湾拓殖は自らがこうした事業に関与していることを隠すために事実上の子会社である福大公司を使っていたこともわかった。この資料を見ると、外見的には業者が慰安所経営をおこなっていたように見えるが、実は陸海軍、外務省から台湾総督府が事業の計画、実施を裏で統括し、国策会社も使って資金を出させていたことがわかる。また台湾から海南島へ送り出した「慰安婦」の名簿も残されており、多くの日本人女性も「慰安婦」として送り込まれたことが明確に示されている資料である。この資料は日本や台湾の起訴状でも取り上げられ、台湾総督や陸軍の責任者である第二一軍司令官、海軍の責任者である第五艦隊司令長官、外務大臣らの責任を裏付ける資料となった。

最も多くの慰安所が設置されていたとみられる中国の実態は断片的にしかわかっていなかった。しかしさきに紹介した山西省の調査の進展や一九九九年に設立された上海師範大学中国慰安婦研究センターなどの調査により、中国各地の慰安所の状況がわかってきた[9]。さらに当時の天津特別市政府の警察資料が公開され、都市部において日本軍がかいらい政権を利用して女性を徴集していたシステムが解明された。また南京大虐殺のなかでおこなわれた強かんなどの性暴力についても被害者ならびに日本兵の証言の収集、ラーベやミニー・ボートリンの日記の翻訳刊行など加害者と被害者、第三者のそれぞれの証言・体験からその実態を明らかにする努力もおこなわれてきている。中国における日本軍慰安所をはじめさまざまな性暴力の実態がこの数年で急速に明らかにされてきている。

現地を歩いてたんねんに慰安所を確認し、その実態を紹介したビルマのケース[10]、台湾での「現住民族」を含めた女性の性暴力被害[11]、をはじめ、ここではすべてを紹介することはできないが、各地での性暴力の実態が急速に明らかにされてきた。

## 3　被害者の被害の深刻さ――今日にいたる被害

各国から提出された起訴状において、さらに「法廷」での各国検察官による陳述において圧倒的だったのは、日本軍による性暴力の被害者の証言だった。彼女たちの被害が、その当時において深刻であっただけにとどまらず、性暴力から解放されてからも今日にいたるまで続いているということがあらためて確認された。「法廷」には計六四人の被害者が参加したが（実際に「法廷」で証言できたのはその一部の方だけだが）、あらためてその被害の深刻さを浮き彫りにした。

「法廷」での陳述については「日本軍性奴隷制を裁く　二〇〇〇年女性国際戦犯法廷の記録」シリーズ第5巻（緑風出版）を参照していただきたいが、各国の起訴状においても被害者の声は最も際立っている。南北コリアの起訴状においては、朝鮮における強制的な徴集、強制的な移送、慰安所に連れて行かれて最初になされた強かん、慰安所でなされた拷問や意図的な傷害、奴隷化、殺害、アヘン使用など非人道的な行為、終戦直後になされた犯罪（「慰安婦」の現地放置など）などに分けて、被害者の体験を取り上げてその実態を明らかにしている。

インドネシアの起訴状ではさまざまな方法で強かんされた元「慰安婦」の女性たちの人権状況について、強制中絶、子どもへの差別、医師による強かん、殴打による拷問、武器による脅迫、性病検査などの健康医療ケアの問題、食衣の状況から考察し、さらに解放後も貧困、社会的差別、家族からの差別、セックス恐怖症、独身生活（結婚できない）、離婚、性病、不妊と子宮の病気に苦しめられつづけていることを明らかにしている。

加害者である日本政府の不誠実な対応が、彼女たちの苦しみを継続させていることがより鮮明にされた「法廷」であった。

## 4　日本軍による性暴力の全体像

こうした日本軍の性暴力の実態の解明が進展することにより、「慰安婦」制度をはじめとする日本軍性暴力の全体像がようやく浮かび上がってくるようになってきた。

性暴力の地域的な特徴を強引に整理すると次のようになるだろう。(12) 都市部では日本軍の支配が比較的安定しており、軍の後方部隊により制度化された慰安所が設置された。そこは「治安地区」と呼ばれ、住民の支持を得るために女性への強かんは憲兵によって一定程度取締られた。他方、日本軍の支配が及ばない、あるいは不安定な農村部、つまり「敵性地区」と呼ばれた地域では、抗日ゲリラを討伐するという名目で日本軍による住民虐殺、略奪、放火、強かんが頻繁におこなわれた。前線に配備された日本軍警備隊の拠点では慰安所が設置されないことが多かったので、警備隊は村の幹部に女性を差し出させたり、あるいは討伐の際に女性を拉致してきて、監禁強かんをくりかえした。

このように慰安所と強かんは並存していたのが実態であった。下級兵士にとっては頻繁に慰安所に通う経済的余裕がなく、強かんはただでできるものだった。また前線に配備された警備隊にとっては、上級司令部や後方部隊が都市で慰安所を作って利用しているのに、前線では慰安所を作ってくれないので、自前で慰安所（あるいは慰安所もどきの監禁強かん所）を作ろうと考えたのだった。制度化された慰安所システムが、強かんを防止するどころか、逆に軍末端での性暴力を刺激する役割を果たしていたのである。

そしてこうした表れ方の違いは中国だけでなく東南アジアにも共通に見られる。フィリピンや戦争後期のビルマのように連合軍の反攻と強力な抗日勢力によって、「敵性地区」のようになった地域では、山西省と同じような拉致・監禁強かん型の性暴力が頻発した。他方、最後まで比較的に治安の安定していたシンガポールやマレー半島の都市部では「治安地区」のように制度化された慰安所が最後まで機能していた。

日本軍による性暴力の被害者のタイプを見てみると、一方に「慰安婦」として登録され比較的長期にわたって「慰安婦」にさせられていた女性たち（朝鮮人、日本人と一部の現地女性）、他方に強かんの犠牲者たち（現地女性）、がおり、その間には一定の期間監禁され強かんされつづけた女性たちがいる。その期間はときには数日から、数カ月、一年二年にわたるケースもある。こうした性暴力の被害者のどのタイプを〝慰安婦〟と呼ぶのかについては議論があるが、性暴力がこのような多様なあり方をしていたことは明確になった。

これまで日本軍「慰安婦」制度の全体像を描こうとした著作はいくつかあるが[13]、こうした調査研究の進展により、「慰安婦」制度だけでなくそれを含めた日本軍性暴力の全体像とその構造を描く条件ができつつあると思われる。また戦犯「法廷」に付随して開催された「現代の紛争下の女性に対する犯罪」国際公聴会[14]など各地の戦時性暴力の実態が明らかにされつつあり、日本軍性暴力を世界的な戦時性暴力のなかで位置付けることも可能になってきている。

## 5　詰めきれなかった問題

この「法廷」は東京裁判をはじめとする戦犯裁判で追及されなかった昭和天皇の戦争犯罪について初めて本格的に取り上げた。天皇が陸海軍の大元帥として日本軍による性暴力をやめさせる責任と権限をもっていたこと、天皇は傀儡ではなく実際に権限を行使したこと、南京大虐殺のなかで日本軍が強かんなどの残虐行為を犯していることを認識していたこと、慰安所の大量設置を容易に知りうる立場にあったことなどを実証した。[15] その結果、判決（「認定の概要」）では、天皇は慰安所制度について「知っていた、または知るべきであった」と認定され人道に対する罪について有罪と認定された。

ただ残念ながら天皇が慰安所について明確に知っていたこと、あるいはそれについて何らかの指示、了解などを与えていたことについては資料がなく、それ以上には詰めきれなかった。しかし軍の大元帥としての責任は知らなかったといって逃れられるものではない。

「法廷」が起訴したのは原則として中将以上の地位にあったものだけだった。末端の実行者ではなく、計画・実施の責任者を起訴した。したがって被告は軍司令官や師団長などが多くなっている。ただ日本の侵略戦争を実質的に推進したのは、陸軍省や参謀本部の幕僚たち、派遣軍の参謀クラスであるが、彼らを起訴しなかった。彼らは実質的に軍を動かしていたが、法的には責任者ではなかった。侵略戦争の遂行に付随して慰安所が設置されたのであるから、直接慰安所設置に関わったのが後方担当の者であったとしても、そうした幕僚たちの責任は免れないが、法廷という刑事責任を問う方法の限界があるだろう。したがって刑事責任にとどまらず、政治責任、歴史上の責任を問うことは法廷とは別になされなければならない。

## 6　実証と証言

この「法廷」での起訴とその論証は、資料に基づく実証と被害者の証言との合作であった。[16] 近年の歴史学界では「実証主義」への批判がなされ、「記憶」や「言説」を中心とした議論が流行している。もちろん歴史学における実証のあり方への批判として重要な問題提起として受けとめる必要があるが、ややもすれば歴史とは、立場や考えによってどうにでも解釈、再構成されるという傾向を生んでいるように見える。また戦争責任や戦争犯罪の研究は学問的には一段低く見られる、あるいは学問的ではないと見られる傾向があることも否定できないだろう。歴史学者の多くがこの「法廷」には冷ややかであったこと、元「慰安婦」など被害者への攻撃を繰り返してきた「新しい歴史教科書をつくる会」

にみられるような、ある種の「歴史構成主義」に対して、歴史学界がきわめて鈍感な反応しか見せてこなかったこと（ようやくこの一、二年は反応しているが）などはこうした傾向と無縁ではないだろう。「法廷」で専門家として証言したり意見書を提出し、あるいは起訴状の作成に協力して証拠となる資料を収集、点検するなど陰に陽に「法廷」を支えたのは、学界では「実証主義」と批判されているような研究者が多かったように思う。もちろんその人たち（私自身を含めて）はけっして旧来からの「実証主義」ではなく、元「慰安婦」をはじめとする性暴力被害者の人たちの証言によって自らの方法を真剣に問い直したうえで「実証」を追及する人々であることは言うまでもない。(17)

事実にこだわり実証にこだわる研究こそが、被害者の深刻な体験の証言を支えるものになりえることを証明したのがこの「法廷」であったというのは言いすぎだろうか。

## 7　日本軍の性暴力についての調査研究の課題

アメリカで二〇〇〇年暮に「日本帝国政府情報公開法」が制定された。これはアメリカ政府内でいまだに公開していない、日本との戦争関係の資料を原則としてすべて調査し公開するというもので、すでに作業が進められている。それ以外にもここ数年来、アメリカは戦争中の資料を次々と公開しており、まだ未調査の資料は膨大に存在している。

他方、日本国内の資料について言えば、情報公開法からは歴史資料は除外されている。皇室関係資料を所蔵している宮内庁書陵部も情報公開法の対象外となっている。防衛庁図書館でも依然として非公開の旧日本軍関係資料がかなりあると見られているし、近年はプライバシーの保護を名目にしてこれまで閲覧できた資料が閲覧できなくなっているものが多い。アメリカの資料の調査とともに、この日本政府の秘密主義的な体質を変えることが真相究明のためにぜひとも必要である。

この「法廷」には計六四人の性暴力被害者が出席したが、健康状態などから出席できなかった女性たちも多い。その中の一部はビデオ証言という形で「法廷」に参加した。この間、あちこちから彼女たちの訃報が伝えられている。また慰安所跡などの現場も再開発などによって急速に失われている。そうしたなかでビデオ（映像）で彼女たちの証言と生き様を記録し、次世代に伝えることの重要性があらためて認識された。「法廷」にむけてVAWW－NETジャパンにビデオ・チームが作られ、アジア各地を回ってビデオで記録が撮られ、これらが編集されて一般にも見られるようになりつつある。[18]「法廷」が達成した成果が大きいとともに、残された課題も大きい。

［注］

（1）『日本軍性奴隷制を裁く 二〇〇〇年女性国際戦犯法廷の記録』全6巻、緑風出版、二〇〇〇～二〇〇二年（以下、巻数のみ記す）、はその調査過程を含めた成果を集成している。

（2）金富子「河床淑さんのケースにみる漢口慰安所」第3巻所収。

(3) 金栄「朝鮮・朴永心さんの場合」第3巻所収。
(4) 石田米子・大森典子「中国山西省における日本軍性暴力の実態」第4巻所収。
(5) 横田雄一「フィリピン・パナイ島における性暴力」第4巻所収、上田敏明「フィリピンにおける性暴力と加害部隊（上）（下）」『戦争責任研究』第32―33号、二〇〇一年。
(6) 岡野文彦「フィィリピン・マパニケ村――住民虐殺・集団強かん事件」第4巻所収。
(7) 第5巻の東ティモールの項参照。
(8) 朱徳蘭編集『台湾慰安婦調査と研究資料集』一九九九年。この資料は台湾省文献委員会に所蔵されている。これについては、駒込武「台湾植民地支配と台湾人『慰安婦』」第3巻所収を参照。
(9) 蘇智良『慰安婦研究』上海書店出版社、一九九九年、第4巻の中国編の諸論考、参照。
(10) 森川万智子「ビルマの『慰安婦』・性暴力被害」第4巻。
(11) 第3巻の台湾の部所収の諸論考。
(12) 笠原十九司「中国での日本軍による性暴力の構造」第4巻、同「中国戦線における日本軍の性犯罪」『季刊戦争責任研究』第一三号、一九九六年九月、に負うところが多い。
(13) たとえば、吉見義明『従軍慰安婦』岩波新書、一九九五年、吉見義明・林博史編著『共同研究　日本軍慰安婦』大月書店、一九九五年、など。
(14) VAWW‐NET Japan『現代の紛争下の女性に対する犯罪国際公聴会証言集』二〇〇〇年。占領下の日本や沖縄、朝鮮戦争における米軍の性暴力についても明らかにする努力が進められている。
(15) 山田朗意見書ならびに横田雄一意見書（VAWW‐NET Japan調査・起訴状作成チーム編『日本軍性奴隷制を裁く「女性国際戦犯法廷」　意見書・資料集』VAWW‐NET Japan、二〇〇一年）、参照。
(16) 早川紀代氏の次の指摘を参照。「国際法廷における……現代史研究者の実証に基づく証言と被害女性の体験の証言はみごとにマッチして、歴史の事実を確証しえたと私は思う」（「植民地期女性史研究について」『歴史評論』二〇〇一年四月、七九頁）。

（17）日本の戦争責任資料センター編『ナショナリズムと「慰安婦」問題』青木書店、一九九八年、参照。

（18）「ビデオ塾」制作のビデオが逐次発表され、「私たちは忘れない――追悼・姜徳景ハルモニ」をはじめとして、すでに一〇本を超えている。

# 第Ⅱ部

# ポストコロニアリズム
# と
# ジェンダー

# 第5章　日本人「慰安婦」を不可視にするもの

藤目ゆき

## はじめに

二〇〇〇年一二月八日から開廷された「日本軍性奴隷制を裁く女性国際戦犯法廷」の最終日一二日、判決（「認定の概要」）が公表された。旧日本軍性奴隷制度が「人道に対する罪」にあたるとして昭和天皇裕仁の有罪を宣告し、日本政府が戦後被害者に謝罪と補償を行なうべき責任を怠って今日にいたっている罪科を明確に指摘した内容である。「認定の概要」が朗読されると会場は感動の渦につつまれた。「これ以上は望めないような素晴らしい判決」（日本検事団団長川口和子氏）だったからである。

私自身は日本側検事団が用意した専門家証人の一人であり、法廷で「日本人『慰安婦』」に関する証言をしたのであったが、この判決を聴いて疲労も緊張も心配もふきとんで舞い上がるように嬉しかった。戦争と暴力が支配した二〇世紀に幕を閉じ二一世紀が平和と人権の世紀となるようにとの願いをこめてこの法廷を準備し実現させたすべての人々に、心から敬意と感謝を捧げたい。

その一方、日本検事団の証人として自分自身がどれほど責任を果たすことができたかをふりかえると、まことにいたらぬことが多かった。日本人「慰安婦」は日本軍「慰安婦」史において最も初期から存在していた大集団でありながら、一九九〇年代の「慰安婦」問題をめぐる国際運動の中で最も不可視的だった存在である。「法廷」における日本人「慰安婦」問題の公訴が日本人「慰安婦」に対する正当な社会的認知と問題解決の一歩となるようにとの願いから出廷したのであるが、判事からの質問に対してより簡潔明瞭な証言ができたであろうに、実際には証言すべきことの一部しか発言できなかったように思う。本稿では、「法廷」に起訴された日本人「慰安婦」問題について、本来は法廷で明らかにすべきでありながら十分にできなかった諸要素も補足して提起したい。

## 1　日本人「慰安婦」被害の公訴

日本検事団が告発した諸事実のなかには、日本人「慰安婦」の被害も含まれている。日本人「慰安婦」の被害を昭和天皇――日本政府の戦争犯罪の一部として公訴することは国内でも初めての試みであり、その意義は大きい。

日本人「慰安婦」の存在はある意味では「言うまでもない自明のこと」とされてきた。だが彼女たちは日本軍性奴隷制度の被害者と認知されてきたわけではない。むしろ被害実態がほとんど知られないまま、一般に「金目当てにあさましい商売をしていた公認売春婦」として侮蔑されてきたといえる。「処女か売春婦か」で女を二分化し、売春婦をその背景も問わずに指弾する意識は社会に浸透している。日本人「慰安婦」に対する国民の根深い侮蔑・排斥感情は、「慰安婦なんてどうせ売春婦だ」「昔は公娼制度があったんだから」と、アジア諸地域の日本軍性奴隷制度被害者からの正当な告発に対して国民の意識のなかに厚顔無恥な遮蔽幕をも作ってきた。近年活発に反「慰安婦」キャンペーンを張っている歴史改竄主義者たちが最も常用する言説の一つがこれであり、彼らの「慰安婦＝公娼」論は国民に多大な影響力を行使してきた。こうした憂うべき状況に対してアジア女性からの告発を真摯に受けとめ戦後補償を追求してきた日本人は、これまで「慰安婦と公娼とは全く別だ」と反論することが多かった。他ならぬ日本人が「日本女性は自分から進んで兵士の相手をした売春婦だが、アジアの女性は暴力で強制された無垢な少女たちだ」と戦後補償の必要性を訴える場面はこの十年の間日本各地で見られたことである。[1]「慰安婦」問題がもっぱら日本のアジア侵略の罪責の問題として捉えられるとき、日本国民であり侵略民族の成員たる日本人「慰安婦」は視野から外れがちとなる。日本人「慰安婦」の被害実態に無知なまま、女を二分化する差別的女性観を問わず、あくまで「慰安婦になるよう強制された無垢な非日本人少女の被害」の問題として「慰安婦」問題を強調する態度は、ますます日本人「慰安婦」の被害を不可視化することにつながった。つまり日本人「慰安婦」は日本軍性奴隷制度の非を唱える日本人の間でさえその被害を認知されてこなかったのである。実際、女性国際戦犯法廷を提案したVAWW‐NETジャパンの内部でも、この問題に対する認識が全員一致してきたわけではない。

さらにまたこの問題は国際的にも決して議論しやすい問題ではなかった。日本人「慰安婦」は日本軍「慰安婦」制度が組織される以前から強固に築かれていた日本の公娼制度との関係が密接不可分であるだけに、公娼制度と「慰安婦」制度の関係性に対する見解の相違が議論を困難にしてきたのである。とくに挺身隊問題対策協議会で活躍する韓国の研究者と在日コリアンをふくむ日本の研究者の間の見解の相違は、すでに九〇年代初期から表れていたことであった[2]。女性国際戦犯法廷開催に向けた数回にわたる検事団会議においても、「慰安婦」制度の歴史的背景として植民地支配と公娼制度についての言及が必要であるか削除するべきかをめぐって、日本側と韓国側との間で意見対立があったと聞く。

国際女性戦犯法廷における日本人「慰安婦」の被害の公訴は、このような状況を打開するための試みでもあった。日本人「慰安婦」問題・公娼問題を法廷で正当に位置づけたいと考えたVAWW‐NETジャパン副代表西野瑠美子氏、西野氏とともにVAWW‐NETジャパン調査・起訴状チームを担った金富子氏、運営委員で起訴状作成に協力した朝鮮近現代史研究者の宋連玉氏と沖縄女性史研究者の浦崎成子氏、日本検事団団長をつとめた川口和子氏らの大きな努力の賜であった[3]。私は、この人々の努力に連なりたいと念じて出廷したのである。

日本検事団は日本人「慰安婦」の被害について、被害者と加害者が厳密に特定できる沖縄と海南島の二件について立件した。沖縄については牛島満（第三二軍司令官）・本郷善夫（第六二師団長）らを起訴した。彼らは那覇警察署や那覇市内の辻遊郭管理事務所を動員して女性を徴集し、上田庸子（仮名）ら約五〇〇名を軍隊「慰安所」で性奴隷化したのである。海南島については小林躋三（台湾総督）、近藤信竹（第五艦隊司令長官）、安藤利吉（第二一軍司令官）、加藤恭平（台湾拓殖株式会社）らを起訴した。一九三九年の海南島占領当時、陸・海軍・外務の三省連絡会議で占領政策が立案された。占領政策の一部として「慰安所」が計画され、海軍からの依頼で台湾拓殖株式会社が島内に多数建設された「慰安所」において沢田紀子（仮名）ら多数の女性が性奴隷化されたのである。

日本検事団が日本人「慰安婦」問題についての専門家証言を法廷に申請した目的は、主に三つの領域で問題を明らかにすることであった。第一に、日本軍「慰安婦」の中には日本人女性も存在した事実である。第二に、日本人「慰安婦」の具体的な徴集の実態、日本人「慰安婦」の出身階層などである。第三に、日本人「慰安婦」を問題にする以上ふれずにすますことのできない公娼制度に関する日本検事団の見解である。

## 日本人「慰安婦」を可視化する

第一の領域については「法廷」第一日目に林博史氏からも海南島「慰安所」の日本人「慰安婦」に言及する証言が行なわれていたので[4]、私の証言は沖縄の「慰安所」に焦点を絞った。

日本人「慰安婦」は内地・植民地・占領地の各地に存在したが、特に沖縄には延べ一三〇カ所以上、那覇市だけでも一五カ所の軍隊「慰安所」があり、多数の日本人女性がいたのである。沖縄の「慰安所」については資料が多くある。例えば元那覇警察署署員山川泰邦氏のエッセイ「従軍慰安婦狩りだしの裏話」（沖縄エッセイストクラブ『群星』一九八四年）、「慰安隊員の動員」（『沖縄タイムス』一九八七年五月三〇日）には、もともと沖縄にあった辻遊郭で一九四四年の七月頃から日本軍が我が物顔にふるまうようになってゆく状況と、それでは足りずに軍自ら「慰安所」を設置していった状況が回想されている。「各部隊は競うて慰安所を設置、一カ所十五人、一個連隊で二カ所を設置、全駐屯部隊で五百人の慰安婦を辻遊郭からかりだした」という。また、ある部隊の副官が那覇警察署にやってきて「わしの部隊には慰安所がない。慰安婦も兵力じゃが、これではわが部隊の士気にかかわる。所長でぜひ世話を頼む」と依頼したとの回顧もある。さらに同エッセイには辻遊郭の女性たちが軍隊「慰安婦」に狩りだされるのを忌避して警察署への廃業願いに殺到したこと、それに対して軍隊が警察署に廃業させないように厳しい通達を出したことも書かれている。また「慰安婦」を狩り集めた部隊がわかる資料もある。『辻の華　戦後編　上』（時事出版社、一九八九年）において著者・上原栄子さんは彼女をふくむ十数名の辻遊郭の女性が第三二軍司令部によって給水部隊に「慰安婦」として配置されたこと、牛島満とともにトラックへ乗せられ第三二軍本部へ連行された女性たちに対して牛島満が「兵隊さんたちと一緒に陣地構築の手伝いをしていれば、そのうちに戦争は終わるよ」と言葉をかけたことも書いている。日本検事団の起訴状に仮名で出てくる上田庸子とは、この上原さんである。

これらの事柄は、沖縄の「慰安所」マップや『群星』と『辻の華　戦後編』の表紙をスクリーンに映し出しながら説明された。

## 「慰安婦」とさせられた貧困層の女性たち

第二の、日本人「慰安婦」の徴募に関する領域では、日本人「慰安婦」が出身家庭の経済的窮乏を背負った貧困層の女性たちであることを明らかにしようとした。

日本軍・日本政府の指導者層は、強姦多発による抗日感情激化の防止、性病蔓延による戦闘能力の低下の防止、兵士のストレスを解消して士気を高めること、戦地の地元女性との交流による情報漏洩の防止などの目的のために、軍隊「慰安婦」制度が必要だと考えていた。だが彼らは日本人女性を誰でも「慰安婦」にしたのではない。「良家の子女」は日本軍人が後顧の憂いなく戦地で戦えるように貞淑でなくてはならず、結婚して子を生み、婚家に尽くすと同時に、日本軍兵士予備軍としての男子を育てることによって天皇に忠義を尽くし国家に奉仕しなければならない、と考えられていた。「慰安婦」として軍隊に奉仕するよう求められたのは、日本人女性のなかでも「良家の子女」とみなされない、貧困層・無産階級に属する女性たちだったのである。貧困層の女性たちが軍隊「慰安婦」とさせられたプロセスとしては三つの代表的なケースが指摘できる。第一は公娼制度下に国家管理されていた女性が軍隊「慰安所」へ送られたケース。第二は、従来の公娼制度を媒介することなく直接に、貧しい農山村の女性が口減らしのために女衒や業者に身売りさせられたケース。第三は、同じく貧困層の女性が日本兵の「身の回りの世話」やタイピストの仕事をさせる等と騙されて、軍隊「慰安婦」にさせられたケースである。

私たちは以上のような事実から「慰安婦」問題が民族支配・女性差別と同時に階級抑圧の問題でもあることをはっきりさせたいと考えたのである。

### 「慰安婦」被害は被害者の前歴によって左右されない

第三の領域は、最もセンシティブな論点であり、やや時間を長くとって証言した。その概要は以下の通りである。軍隊「慰安婦」になる以前にすでに公娼であった女性たちもまた確かに軍隊性暴力の被害者である。その理由は第一に、軍隊「慰安婦」として受ける暴力や支配は被害者の前歴に左右されるものではないからである。軍隊の性奴隷にされた事実をもって軍隊性奴隷制の被害者であるといえるわけで、前歴が公娼であったか良家の子女であったかは、本質的な問題ではない。前述の沖縄の例で辻遊郭の女性の多くが「慰安婦」になることを忌避したことにも示されているように、公娼にとっても、戦場に引き出され軍隊に身柄を管理され兵隊の相手をさせられるということは格別の虐待、重大な苦痛を意味した。「公娼だった女なら慰安婦にされても平気だったはずだ」という見方をするとしたら、それは公娼が人間であるということを忘れた見方ではないだろうか。

第二に、そもそも日本の公娼制度それ自体がすぐれて暴力的で、しかも軍国主義的な制度であった。その意味では、公娼にされていたこと自体が、既に日本軍国主義によって女性が長期にわたる反復的な性暴力被害を受けていたことであると認めてもよいと考える。

日本の公娼制度は娘を身売りさせなければ家族が生きてゆけないような貧困層を供給源としており、公娼の多くは借金に縛られた債務奴隷であった。日常生活でも抱主と警察の厳格な監視下に置かれ人身の自由を剥奪されており、名目的には廃業が自由だったが債務のために廃業できない者が多かった。「鞍替え」といって、ある抱主から別の抱主に転売されることもよくあり、軍「慰安所」への鞍替えの場合、辻遊郭の例の通り、軍の命令に逆らうことが許されないといった状況もあった。

日本政府の指導者層は軍隊「慰安婦」制度を組織するはるか以前から、「良家の子女」の貞操防波堤論を唱えて公娼制度を合理化し、貧困層の子女を「良家の子女」の犠牲にして売春を強制することを正当化しており、公娼からの税収を国家の財源として富国強兵政策に利用した。この傾向は、日清・日露戦争期の軍国主義の高まりとともに強まり、公娼制度は著しく拡充されていった。新しい師団や連隊や軍事施設が設けられた地域に続々と軍隊相手の集娼地区・買売春施設が作られ、遊郭や娼妓が量的に増大しただけでなく、質的にも、従来「公娼」に数えられていなかった酌婦や芸妓にも性病検診が強制されるなど、私娼の公娼化（国家管理化）という現象もひろがった。酌婦や芸妓に対する強制性病検診制度は第一次大戦が終わるまでに全国化している。

日本政府の指導者層にとっては、貧困層の女性は、公娼になることはもとより、戦争で軍隊に「慰安婦」が必要な際に「慰安婦」になって国家に奉仕することは当然のことであった。つまり公娼制度自身がある種の軍国主義的性暴力制度であり、戦時下の軍隊「慰安婦」制度はそれが非常に徹底された、戦時性暴力制度なのである。その意味で、交戦国・占領国の女性であれば誰でも日本軍戦時性暴力の被害者になり得たのと同様に、貧困層の日本人女性であれば誰でも、日本軍戦時性暴力の被害者となり得たといえる。

## 2 日本人「慰安婦」の数と女性史研究の課題

### 「公認数＝二」との葛藤

前章のような内容の証言の後、判事から日本人「慰安婦」の数に関する質問があった。それが日本人「慰安婦」総数の推定を求める質問であると理解した私は答えようと試みたのだが、簡潔明瞭な証言ができなかったことについて内心に忸怩たる思いがある。

人数に関する質問は行なわれて当然の質問とはいえ、容易に答えられない難問であり、答えに窮することに日本人「慰安婦」問題に対する調査・研究の立ち遅れが露見するという辛い問いでもあった。日本人「慰安婦」の存在を数量的に示す資料はごく限られたものしか発見されていない。一部地域に関して判明している諸事実があるとはいえ、全体像や総数を明示することは困難である。一部地域の情報から類推するような方法でしか推測できず、数万人の規模であるといってもよいと私は考えるのだが、明快に断言できることではない。日本人「慰安婦」に関しては、そもそも兵士の性の相手をした日本人女性を日本軍性奴隷制度の被害者と認知するのか否か、あるいはどの範囲までを被害者と認知するのかどうか、研究者の間でさえ認識が一致しているといえない段階である。膨大な被害者が存在する日本人「慰安婦」のうち海南島と沖縄の事例しか日本検事団が提起しなかったのも、つまりはその事情に起因している。この二件は軍隊が起案した「慰安所」であり、被害者は最も狭義にも軍「慰安婦」と定義されてしかるべき人々である。すなわち軍が利用した「慰安所」でも民間人主導の事例や一定期間監禁・輪姦された女性の事例など、多少なりとも異論の余地のある事例は起訴事実に含んでいないのである。だがそれは日本人「慰安婦」が海南島と沖縄にしかいなかったという意味では決してない。総数を答える以上、私は日本検事団起訴事実の背後に存在する被害者の膨大さを訴えないわけにいかないと考えた。

後に判事自身から指摘されたことだが、判事の質問の主眼は総数よりもむしろ日本人「慰安婦」として公に確認された人数であったという。が、この趣旨でもこの問いは必ずしも答えやすいものではない。法廷で答えたように、軍隊「慰安婦」であった事実を公にした女性としてよく知られているのは二人である。一人は前述の上原栄子さん、もう一人は城田すず子さんである。だが韓国の金学順さんをはじめとして日本以外の各地で「慰安婦」であったことが公に認知されたのは基本的に一九九〇年代に日本軍性奴隷制度の生き証人として名乗り出た人々だったのに対して、この二人は九〇年代の「慰安婦」に正義を求める闘いとは別の文脈で、それに先だって自身の経験を公表した人々であった。過去約十年間に多くのアジアの元「慰安婦」が日本軍性奴隷制度の告発主体としてカムアウトし、市民集会やマスメディアに登場して証言したり専門家集団の聞き取り調査に答えたり日本政府を相手取って訴訟を起こしてきたが、この二人はそのような場に登場したわけではない。その意味ではカムアウトした日本人女性は皆無なのである。

城田さんの場合、戦後長い歳月を経ても「地獄」の記憶が心を離れず、身を寄せていた女性保護施設のキリスト者に告白し、これが一九七一年に『マリヤの讃歌』（日本基督教団出版局）と題する本となった。また八五年にはラジオ放送で体験を語った。親の借金のために芸者屋へ売られ一五歳から客をとることを暴力で強制され、性病のために子どもを生めない身体になった彼女は、払い切れぬ借金を払うために台湾へ鞍替えし、そして戦争が始まるとサイパン、トラック島、パラオなどの軍「慰安所」を転々とした。戦後、女性保護施設に入所してからも虐待された記憶、身を恥じて故郷に帰れなかったり自殺したり戦禍で亡くなった他の女性たちの記憶に苦しみ続けた。身体的にも性病の結果、下半身が付随になっていた。告白することで救済を求め、「慰安婦」にされた女性たちのことを忘れてしまっている人々にその受難を伝えたいと自身の体験を公にした。すでにこの時、城田さんは「慰安婦」の苛酷な体験と、その体験が戦後をも支配し続けたこと、そして彼女たちがいかに捨てられた存在であったかを告発していたのである。だが西野瑠美子氏が指摘しているように、九〇年代を通して「慰安婦」問題への社会的関心が強まりながら、それは城田さんの存在が再発見され大きく注目されることに結びつかなかった。むしろ「日本軍に強制連行された無垢な非日本人少女」こそが軍隊「慰安婦」だという認識が定着し、城田さんのような芸妓・娼妓出身で日本人の成人女性は軍隊「慰安婦」の範疇から排除されていったように思う。(5) 全身全霊で「慰安婦」問題を告発した先駆的女性がいながら、私たちはその証言を主体的に聞き取り、同様の体験をした日本人女性が続いてカムアウトできるような受け皿を作ることができないできた。「公認数＝二」という極端に少ない数字の背景には、そのような日本の「慰安婦」支援運動の限界もあったのである。

私の内心の葛藤をいえば、法廷が問われたことについてだけ簡潔に返答すべき場であるとはいえ、「二」という数字だけを答えることに対して躊躇と抵抗が少なくなかった。この数字は実際に存在した日本人「慰安婦」の総数からあまりにもかけはなれているからである。加害国国民・侵略民族の成員でありその多くが売春婦の前歴をもっていた日本人「慰安婦」は、これまで正当にその被害を認知されず、理不尽にも歴史改竄主義者にその沈黙を利用されさえしてきた。無産階級の娘であった彼女たちは日本国家に奴隷化され棄民され、日本社会もまた彼女たちに差別的視線を向けてきた。彼女たちの沈黙、一人の日本人「慰安婦」も日本軍性奴隷制度を裁く法廷に立つことができなかった事実は、その被害の軽さを物語るのではなく、逆に複雑にいりくんだ複合的抑圧の特殊な重さを語るのである。日本人「慰安婦」を棄民してきた日本社会の抑圧性を説明しなければ数字だけが一人歩きし、彼女たちの被害がここでも不可視化されてしまうような危惧を私は感じたのである。

### 日本人「慰安婦」の数をめぐって

判事の質問の真意からすると私は不必要に葛藤していたといわねばならないが、推定可能な範囲で人数やその根拠を示すことは問題を公論化するために意味のあることだろう。ここで日本人「慰安婦」の数という問題について今少し考えてみたい。

一九三二年の上海事変で日本軍による強姦が多発したことから岡村寧次上海派遣軍参謀副長は長崎県知事に要請して「慰安婦団」を招いた。この時期が資料から確認される日本軍「慰安所」の成立期と考えられている。三七年に日中戦争勃発以後「慰安所」の設置は本格化し、四一年にアジア太平洋戦争が始まると日本軍は占領した東南アジア、太平洋諸島の各地に次々と「慰安所」を開設する。このように日本軍は戦線拡大に伴い「慰安所」設置と「慰安婦」徴募の規模を拡大していったが、日中戦争初期までの軍「慰安婦」には内地から集められた日本人や在日朝鮮人が中国に送られるケースが多かった。日中戦争の長期化に伴い、内地からの徴集では足りなくなり植民地の女性が「慰安婦」徴募の標的にされていった。この過程で日本人女性の占める比率は下がっていくが、絶対数はむしろ増大したと考えられる。とくに日本人女性の比率の高い内地の「慰安所」の場合、日中戦争が始まった時期には軍は既存の遊郭などを利用することが多かったのに対して、アジア太平洋戦争開始後に軍の起案による「慰安所」の設置がはっきりみられるようになる。沖縄に顕著なように、軍「慰安所」が内地に増加したのはむしろ敗戦が近づいてからである。以上のような三〇年代初頭から四五年の敗戦までの十五年戦争の全過程を通して、はたしてどのくらいの数の日本人女性が軍隊「慰安婦」とされたのであろう。

現時点では総数を尋ねられても「五桁」とか「数万」といった大雑把な推測をするしかないが、推定数を実数に近づけるためのアプローチの一つは日本人「慰安婦」の数量にかかわる文書類を渉猟し、それらの時期と地域の性格を分析して総合的に検討し、部分から全体を推測することであろう。女性国際戦犯法廷に提出された資料の中では、海南島と沖縄に関する資料の他にも、例えば内務省が警務局長あてに出した一九三八年一一月四日付けの文書「支那渡航婦女ニ関スル件伺」がある。南支那派遣軍の慰安所設置に必要な女性の渡航についての南支那派遣軍と陸軍省からの願い出に対して、各地方庁に通牒し秘かに適当な引率者（抱主）を選定して彼らに女性を募集させ現地に向かわせるように と諸府県への割当数まで記して手配を指示した文書である。

だがこのような日本軍関係の文書だけでは限界があり、近代日本人女性の在外売春や日本の買売春制度という女性史研究上早くから関心を抱かれてきた諸問題を軍隊「慰安所」への動員という新しい観点から洗い直すことが重要である。この両方のアプローチから補いあって調査・研究を進めることでようやくいくらか日本人「慰安婦」の像が立体的に結ばれ、総数の推定もふくめて全体像に近づくことができるであろう。十五年戦争開始からの約十年で娼妓の減少数が約二万五千人、芸妓・酌婦の減少数が約四万人。合計約六万五千人の減少は、日本軍「慰安婦」の徴募と無縁ではあるまい。娼妓・芸妓・酌婦から離籍した女性のなかには廃業した者もいたであろうが、多くは借金に縛られて外地の軍「慰安婦」へ「鞍替え」させられたものと考えられる。また軍「慰安所」の供給源として、在外日本人売春婦の存在も看過できない。日本人女性が生家の経済的窮乏を背景に海外に送り出される状況は一九世紀から注目されたが、十五年戦争勃発と共に在外日本人売春婦数は激増し、アジア太平洋戦争開始前後には国家的に把握されている日本人女性数だけでも植民地・占領地をあわせて四万人近い。内外の日本人公娼たちが日本軍が「慰安婦」を徴募し始めたときに最初に目をつけた標的であった。むろん彼女たちすべてが軍「慰安婦」になったわけではなく、戦時下であれ民間人のみを対象とした売春に終始した人もいたであろう。だが内務省警保局長が各庁府県長官あてに出した一九三八年二月二三日付けの「支那渡航婦女ノ取扱ニ関スル件」や同年三月四日の陸軍省副官通牒「軍慰安所従業婦等募集ニ関スル件」をはじめ、軍「慰安婦」確保のために軍だけでなく警察・行政当局・外務省が関与し総ぐるみとなっていたことは公文書からもはっきりと窺い知れる。内地から消えた公娼たちと在外売春婦のかなりの部分が徴募・動員されていったと考えてよいのではないだろうか。

一九九〇年代まで日本の女性史研究では日本軍性奴隷制度への見識が乏しく、三〇年代を廃娼の前進した時代と描くことも多かった。女性史研究のそれまでのパラダイムにあっては公娼制度は特殊日本的・前近代的な封建遺制であり、「公娼」とは「娼妓」だけを意味した。その旧いパラダイムでは娼妓制度さえ廃止されれば「廃娼」の成就のように錯覚されたのである。だが三〇年代が廃娼とは全く逆の時代だったことはもはや明らかである。三〇年代は、日本公娼制度の暴力性が全面開花し、アジア太平洋地域にまで拡大した時期なのである。そのような新たな視点から十五年戦争下に内地から消えた日本人公娼たちの行方、在外売春女性たちの戦時体験について、徹底した調査・研究が始まらねばならない。

今後調査・研究が進み日本人「慰安婦」の受難の全体像が究明され、彼女たちを日本軍性奴隷制度の被害者として正当に位置づける認識が広がり、それが今日なお確かに生きているはずの彼女たちを勇気づけ、カムアウトを支える力にもなることを念願している。

## おわりに

三日間の審理が全て終了した一〇日夜、沖縄の浦崎成子さんと語り合った。日本人「慰安婦」は結局一人も法廷の舞台に出て自分で自分の被害を訴えることができなかったけれども、それでもようやく彼女たちの被害を公訴することはできた、と。「辻遊郭の女たちといっしょに法廷にきたつもりだ」。その浦崎さんの言葉を私は忘れることができない。

確かに「慰安婦」にされた非日本人女性の大部分がそれまで売春と無縁な処女であったことは事実であり、歴史改竄主義者が卑劣にも「金目当ての商売女」と被害者を貶めるのに対して被害者の処女性の事実を事実として主張することはもちろん正当である。また日本人「慰安婦」が非日本人「慰安婦」に比較すればおおむね優遇されていたのも事実である。「慰安所」で占領地の女性が下級兵士、植民地の女性が下士官、日本人女性が将校の相手を求められたり、それぞれ値段に格差がつけられたりしたという。だが、これらのことは前歴が売春婦であった軍隊「慰安婦」・日本人「慰安婦」を日本軍性奴隷制度の被害者の範疇から排除する理由にはならない。これに対する私の見解は法廷で述べたとおりである。そして、たんに排除する理由がないという消極的理由で日本人「慰安婦」を問題にしているわけではない。その多くが公娼の前歴をもつ日本人「慰安婦」の存在を可視化することは、これを不可視化させてきた性・民族・階級の抑圧構造を洗い直すことでもあることを強調したい。女性国際戦犯法廷で公表された「認定の概要」において、貧困層の女性がまずもって「慰安婦」に徴募された事実が認定されていることは感動的である。「公娼制度」や「売春」といった表現こそとられていないが、貧困ゆえに売買された女性たちの集団としての被害が正当に認定されており、無垢な少女か否かで被害者を二分する女性差別的評価基準はそこにはみじんもみられない。

公娼制度は日本の軍国主義・植民地主義・女性差別主義・階級支配の一部であり、歴史改竄主義者の意図とは反対に、日本国家の罪業の深さを物語るものにほかならない。前歴が公娼であった「慰安婦」の被害者としての認知は、日本人「慰安婦」はもとより、侵略と植民地支配の一環として日本が扶植した公娼制度のもとに編入され、そこから日本軍「慰安所」に転売された中国人・朝鮮人の女性たちの名誉回復のためにも必要であろう。また日本民衆が大日本帝国の諸悪を清算してゆこうとする主体的な意識の形成のためには、日本の侵略戦争犯罪・他国女性に対する犯罪の認識とともに、この犯罪のもとで無産階級の日本人女性も日本支配層から抑圧・搾取・暴力を経験したという歴史認識は不可欠であり、それが日本とアジアの民衆連帯の固い土台を築くだろう。

女性が虐げられた経験は国境と無縁であるなどと主張しているのではない。「国民」が均質でなく性と階級による権力関係が「国民」内部にあり、支配層と民衆・女性の間には利益の対立があることを指摘したいのである。敗戦直後天皇主義者たちは日本「国民」に対して天皇に敗戦を懺悔せよと「一億総懺悔」を要求した。こともあろうに旧植民地出身者までもふくめてであった。敗戦五〇周年に女性のためのアジア平和国民基金は発足した。真に責任を負うべき国家の責任を回避するために

「国民」の名において民間から募金を集めているのである。私たちはこのような欺瞞を拒絶する。私たちは責任の所在や軽重をごまかして「国民」一般に責任転嫁するのではなく、加害国民衆の責任において昭和天皇と日本政府の罪責を明確にして被害者に対する正式な謝罪と国家補償を政府に履行させ、平和と人権の尊重される世界を築くためにアジアの民衆と連帯することを望んでいるのである。

アジア民衆の連帯は、軍事的性奴隷制度の過去を清算するだけでなく、現在の軍事的性暴力制度との闘いのためにも希望である。日本軍性奴隷制度とこれに先行した日本公娼制度という二〇世紀前半のアジア女性をまきこんだ性暴力制度を性・民族・階級の抑圧の複合として批判する視点は、二〇世紀後半から二一世紀の始まった今日に続いているアジアの軍事的性暴力に対しても確かな批判的視点を与えるであろう。韓国や沖縄の米軍基地周辺では凶悪犯罪が多発するとともに米兵の買春が蔓延し、女性たちが犠牲にされてきた。女性国際戦犯法廷とともに開催された現代の軍事的性暴力をめぐる公聴会において、韓国からの報告ではユングミ事件に言及がなされ、自由意思で売春に従事しているものとして彼女たちの人権を顧りみない態度を批判し、現代の基地村の女性たちもまた軍隊「慰安婦」であると指摘されている。私たちが韓国の駐韓米軍犯罪根絶運動から学ぶことは多い。

国際連帯の力で獲得した女性国際戦犯法廷の成果を糧として、今後、日本民衆と戦争被害国・地域の民衆の連帯関係がいっそう発展してゆくことを願っている。日本人「慰安婦」問題は公娼制度の評価や公娼制度と日本軍「慰安婦」制度の関係性などの問題と切り離せないだけに、これまで日本国内はもとより、国際的にも議論しやすい話題ではなかった。けれどもこの女性国際戦犯法廷を契機として新たな関心が呼び起こされ、率直な議論が始まることを望みたい。とりわけ韓国と日本の人々が忌憚ない意見を交換し、運動がさらに前進してゆくことを熱望している。

＊［付記］本稿は、「女性国際戦犯法廷に参加して」というタイトルで『当代批評』（14号、二〇〇一年春、韓国）に掲載された論文である。

［注］

（1）歴史改竄主義者の「慰安婦＝公娼」論とこれに対する「慰安婦は公娼ではない」という反論の両方が、歪んだ公娼制度観を共有している。「公娼制度」とは言葉本来の意味において「国家管理売春」であり、歴史改竄主義者が「公娼だから国家に責任がない」と主張するのは矛盾した奇怪な議論である。本来「慰安婦＝公娼」論は「慰安婦」に対する国家責任を白状することのはずである。だが実際には「慰安婦＝公娼」論が国家を免罪し女性を貶める言説として横行している。かかる転倒に日本における公娼制度観・公娼観の歪みが表出している。この問題については拙稿「女性史からみた『慰安婦』問題」（『季刊戦争責任研究』第一八号、一九九七年冬季号）参照。この他、公娼制度については拙著『性の歴史学――公娼制度・堕胎罪体制から売春防止法・優生保護法体制へ』（不二出版、一九九七年）、公娼制度を研究するパラダイムについては「公娼制度・廃娼運動の評価をめぐって」（山川菊栄記念会編『たたかう女性学へ』インパクト出版会、二〇〇〇年）、「女性史研究と性暴力パラダイム」（大越愛子、志水紀代子、持田季未子、井桁碧、藤目ゆき著『フェミニズム的転回――ジェンダー・クリティークの可能性』白澤社、二〇〇一年）参照。

（2）筆者自身が最初に「見解の相違」を強く認識したのは一九九四年三月に米国ボストンで開催された The Association for Asian Studies の大会においてであった。この大会の分科会で日本軍「慰安婦」制度の歴史的背景として公娼制度に関する報告を行なった宋連玉氏に対して、同じく分科会報告者であった鄭鎮星氏から厳しい反対があった。この「見解の相違」については、山下英愛「韓国女性学と民族―日本軍『慰安婦』問題をめぐる〝民族〟議論を中心に―」（日本女性学会学会誌編集委員会編『女性学』一九九六年）が参考になる。

（3）金富子・宋連玉責任編集『日本軍性奴隷制を裁く　二〇〇〇年女性国際戦犯法廷の記録第3巻「慰安婦」・戦時性暴力の実態Ⅰ』（緑風出版、二〇〇〇年）に収録された西野瑠美子「日本人『慰安婦』」、宋連玉「公娼制度から『慰安婦』制度への歴史的展開」、浦崎成子「沖縄戦と軍『慰安婦』」はいずれも日本人「慰安婦」問題の公訴のための拠り所であった。その他、日本人「慰安婦」問題について、宋連玉「日本人『慰安婦』が名乗り出られないわけ」（『部落解放』第四二三号、一九九七年六月）、西野瑠美子「置き去りにされてきた日本人『慰安婦』」（『世界』第六八二号、二〇〇〇年一二月）などでも考察されている。

（4）海南島における日本人「慰安婦」については駒込武「台湾植民地支配と台湾人『慰安婦』」（金富子・宋連玉責任編集）前掲書参照。

（5）前掲西野論文「日本人『慰安婦』」七六頁。

# 第6章 植民地支配の犯罪性と女性国際戦犯法廷

宋《ソン》 連玉《ヨノク》

## 1 植民地支配による被害を象徴する元「慰安婦」の生涯

女性国際戦犯法廷が収めた歴史的成果として、帝国日本による植民地支配を受けた朝鮮民族の側からは、なによりもまず朴永心《バク・ヨンシム》さんと何君子（本名、河床淑《ハ・サンスク》）さんが「法廷」に臨んだこと、南北共同起訴状を作成し「法廷」に提出したことを挙げたい。

まず朴永心さん、河床淑さんの生い立ち、慰安所へ連行されるまでの経緯、一九四五年以降の生活については『日本軍性奴隷性を裁く　二〇〇〇年女性国際戦犯法廷の記録　第3巻』で金栄、金富子によりすでに紹介されているが、同書の表紙に使われているアメリカ公文書館所蔵の写真に写っている妊婦が朴永心さんであるという事実が「法廷」準備過程で判明したのである。

西野瑠美子が写真撮影場所の拉孟からの生還兵士にインタビューし、妊婦の慰安所における「源氏名」を聞いていたこと、西野が調査・収集した資料をもとに在日朝鮮人女性として「慰安婦」問題に関わってきた金栄が分析し、妊婦は北朝鮮に生存する朴永心さんであることを突き止めた。驚くべき歴史的事実の発見をもたらしたのは西野、金栄が長年この問題について努力を傾け、その成果を蓄積してきた結果であるが、その陰にはさらに多くの人びとの女性人権回復への熱い思いが存在する。

写真に写っている四人の「慰安婦」のむくんだ顔から疲労が極限に達していることが伝わってくる。放心した表情、投げやりでかたくなな姿勢に絶望、諦めと限りない不安がうかがえる。

日本軍に「慰安婦」として連行された町、武漢にいまもなお暮らす河床淑さんは慰安所では君子と呼ばれていたため、中国での民籍名は何君子とされている。しかし直接会って本人に確認すると本名の床淑で呼ばれたいという希望をもっていた。人並みのつつましい幸せを求めることを絶たれ、家族と故郷への記憶につらなる朝鮮名も奪われてきたのである。

河さんは故郷への断ちがたい思いから朝鮮籍を固守し中国籍を取得しなかったが、一九九二年まで中国が北朝鮮としか国交がなかったために、自動的に北朝鮮に帰属する国籍となってしまった。「法廷」開廷の瀬戸際まで河さんの来日、出廷が可能かどうかわからず気を揉んだのは、彼女が日本と国交をもたない北朝鮮国籍であったこと、しかも中国に在住していることがビザ取得を困難にしていたからである。河さんが日本政府へ強く原状復帰を訴えるのも、故郷訪問すら許されない法的不自由さにいまなお置かれているからである。

軍事占領を軸にした植民地支配と戦後処理に見る帝国日本の犯罪は朴永心さん、河床淑さんの人生に集約的に現れている。植民地朝鮮で底辺におかれ、人生を全面的に否定された女性たちは、その後朝鮮半島が冷戦構造に組み込まれる中で、南北朝鮮、日本軍の戦地、宗主国日本へと生きる場を分断された。「法廷」で南北朝鮮と在日朝鮮人との合同の起訴状が実現したことは主体的に帝国の分断の鎖を断ち切り、冷戦により引き裂かれた生を回復させるためのものである。

民族、階級、ジェンダーをともにする朝鮮女性が帝国日本から受けたトラウマを主体的に克服するために、分断半世紀の空白を超えて「法廷」に参加したのである。南北朝鮮の女性が南北分断後に再会し始めたのは一九九一年からである。しかしそれは指導的な位置にある知識人女性によるものであった。「法廷」での出会いは、植民地支配の痛みを最も蒙った女性たちによるもので、しかも分断以前の民族共通の記憶を携え、尊厳回復を実現する場をともに創り出そうとするものである。共同起訴状作成の過程で分断による不信、誤解を克服し、認識の溝を埋め、信頼関係を築いていく。それはもはや修復でなく、かつてなかった関係性の創造となった。

## 2 「法廷」で残された課題

南北朝鮮の共同起訴状実現を「法廷」の成果として挙げたが、それではどのような課題が積み残されただろうか。

## 公娼制度と「慰安婦」制度をめぐって

二〇〇〇年七月末にマニラで開催された「法廷」準備会議では公娼制への歴史的見解の相違が顕わになった。「慰安婦」制度と公娼制とはまったく違うものだという韓国側の主張は、「慰安婦」は「売春婦」ではないという一点につきる。「慰安婦」の存在を否定する人びとが「慰安婦」は「売春婦」だと侮蔑的に言い募り、無化しようとすることへの対抗でもあるが、かねてから強い反発を示してきた韓国に加え、北朝鮮、フィリピン、日本の出席者からもそれに同調する声が聞かれた。

そもそも朝鮮人「慰安婦」は性的未経験者で、日本人「慰安婦」は「売春婦」出身だというステレオタイプの「慰安婦」像は、この問題を戦後広く知らしめた千田夏光に始まり、金一勉[1]を経て韓国の挺身隊問題対策協議会に受け継がれた。男性に寛大で女性に抑圧的な性的ダブル・スタンダードが根強く存在する韓国においては、ナショナリズムに訴え「慰安婦」問題を公論化する上でむしろこのステレオタイプは有効であった。旧来の儒教的なジェンダー秩序があまり疑問視されない北朝鮮においてもこの「慰安婦」像は歓迎されたため、この枠組みでの南北共同起訴状はスムーズに進展したと言える。

もちろん南北分断後初の南北共同起訴状が実現したことは前述したように画期的なことであり高く評価しながらも、南北朝鮮が共有するジェンダー視点に不安は残った。モデルケース——性的未経験女性の強制連行——からはみだし、はみだすがために私たちの前にはいまだその姿を見せない被害者にも尊厳の回復は保障されなければならない。

一九三四年は日本の東北地方が大凶作に見舞われ、東北・北海道をあわせて売られた子女が五万人を突破したということは誰もが手にしうるシリーズものの日本史教養書にも書かれている事実である。このうち半数近くが芸妓・娼妓・酌婦となったということだ。

農村の荒廃が原因で娘が身売りされるのは、植民地朝鮮においてはいっそう深刻であった。彼女たちの雇い主が戦時統制下で接客業不振の日本「内地」や朝鮮を見限り戦地に移転するということは十分ありえたことである。業者が軍隊によって徴用され戦地に赴くこともあった（三八年一一月四日「支那渡航婦女ニ関スル件伺」）。

九二年に中国東北部の東寧在住の元「慰安婦」金順玉さんに会ったとき、熊井啓監督の映画『望郷』（山崎朋子『サンダカン八番娼館』原作）を見て慰められた、と言っていたのが印象的だった。当事者は「からゆきさん」、「慰安婦」、「売春婦」は連帯できる存在として捉えているのである。

このように「慰安婦」制度と公娼制の隔絶、あるいは「慰安婦」と「売春婦」の明確な線引きは不可能であるし、線引きによって貧民出身の女性たちが女性の人権回復を願う女性によって分断される皮肉な結果になりかねない。

民族、性、階級が集約的に表れた「慰安婦」問題の本質を見誤らないために、複合的視点を育てていかなければならない。フェミニズム、階級的な視点を欠落させたナショナリズムには組織や社会の弱者を抑圧する側面が伴い、当事者の証言を国家の物語に回収する陥穽が生じるが、ナショナリズムを欠落させると、近現代史における帝国と植民地の構造的関係性を見落とし、女性間の差別性を見落とす。帝国日本の歴史学はおうおうにして植民地支配の歴史を欠落させてきたが、それは同時に日本の底辺に生きた人びとの棄民の歴史でもあった。日本人「慰安婦」は帝国日本の被害者でありながら、アジアの被害者の陰に隠れ、見えにくい存在であった。

南北朝鮮女性の連帯が複合的視点を獲得しながら、アジア女性の連帯に発展する可能性を開くためにも、最初に帝国日本の階級的被害者となった日本人「慰安婦」を「法廷」に位置づける必要が訴えられた。VAWW-NETジャパンでは「法廷」第三日目に日本人「慰安婦」に関する専門家証言をプログラムに組むことにし、証言する専門家として『性の歴史学』（不二出版、九六年）を著述した藤目ゆきが担当することになった。

当日（一二月一〇日）藤目ゆきは沖縄の「慰安婦」被害と加害の立証をし、女性の前歴がいかなるものであっても、慰安所における被害の内容に差異はなく、軍隊による性暴力を告発するにおいても排除されてはならないと証言した。「法廷」で日本人「慰安婦」についての専門家証言を設けたことは、四五年の後にも強大国による世界戦略のもとで連続する性暴力を見据えるのに、「売春婦」をめぐる言説の解体とパラダイム転換が必要だということを確認するものであった。と同時に日本人にとって「慰安婦」問題がアジアへの加害の歴史を贖罪するものに終わるのでなく、自己の問題として具体的に検証し、加害と被害の複雑に入り組んだ連続性を明らかにするための手がかりになるからである。

たとえば四五年八月にソ連兵から性暴力を受けた日本女性の被害が日本男性により語られ、それが日本軍性奴隷を無化したり反ソ連（反ロシア）のキャンペーンに利用されてきた。日本女性の「貞操」

を守るために「売春婦」(日本人・朝鮮人含む)を盾に使ったことも報告されている。しかし当事者の女性たちは沈黙したままだ。「貞操」と「売春婦」のあいだに男性の暴力的なまなざしがどのように介在したかは明らかにされていない。

### 軍隊犯罪の連続性を断ち切るために

敗戦後、日本政府が「国連軍」のためにRAAという占領軍慰安所を設置するが、そこに集められた日本人女性は戦争による国内難民であった。だまされてRAAに行った女性もいるだろうが、選択の余地すらなかった女性にはRAA閉鎖後も売春するしか生きる途はなかった。

朝鮮半島においても四五年の帝国日本からの解放はアメリカ・ソ連の南北分断占領にとって替わり、続く朝鮮戦争で経済的にも打撃を蒙ったために、帰国した「慰安婦」の生活がいかに困難を極めたか、容易に推察できよう。南においては米軍基地地域で売春という選択肢しか残されなかった人もいた。沖縄で亡くなった朝鮮人「慰安婦」、ペ・ポンギさんの生涯[2]は「慰安婦」の苦痛と悲しみが四五年に終わったのではないということを物語る。

韓国では反共軍事独裁政権下で最もタブーとされたアメリカ批判が、民主化の進展とともに高まっている。京畿道華城郡梅香里《メヒャンニ》の住民は八九年から米空軍射撃場の移転と被害補償を求めて立ち上がった。九二年に起こった米兵による韓国人女性惨殺事件をきっかけに「駐韓米軍犯罪根絶のための運動本部」が結成されるが、九四年から同本部主催による龍山米軍基地前での金曜日デモが開始される。

日本軍「慰安婦」ハルモニたちの水曜日デモに励まされたものである。そして九九年には朝鮮戦争時の米軍による老斤里《ノグンニ》（忠清北道）住民虐殺事件が明らかになり、真相究明と謝罪・補償を求める運動が展開されている。

このような運動の高まりと蓄積がもとになり、韓国における半世紀以上にわたる米軍犯罪を裁くための「コリア国際戦犯法廷」が二〇〇一年六月二三日にニューヨークで開催された。これは六七年のラッセル法廷をヒントにし、女性国際戦犯法廷に学んで実現したものだそうだ。

旧日本軍「慰安婦」が受けた人権侵害は、日本各地、韓国の一〇〇カ所近くに駐屯する米軍、自衛隊という現代の日本軍が生み出す性暴力、環境汚染、騒音、訓練被害などに繋がっている。米軍統治下に二七年間置かれ、現在も米軍基地が駐屯する沖縄でも性暴力被害は後を絶たない。

「法廷」後に期待される課題は、軍隊によって女性に加えられた人権侵害が歴史的、構造的に連続することを明らかにし、生活する足下の地域から軍隊犯罪を根絶していく国際連帯の実現ではないだろうか。

［注］

（1）千田夏光『従軍慰安婦』双葉社、一九七三年。金一勉『天皇の軍隊と朝鮮人慰安婦』三一書房、一九七六年。

（2）川田文子『赤瓦の家』筑摩書房、一九九四年。

# 第7章 女性国際戦犯法廷の成果と残された課題

金《キム》允玉《・ユノク》（韓国挺身隊問題対策協議会常任代表）
山下英愛・訳

「やっと正義が生きていることがわかったよ」。

涙を拭きながら金銀禮《キム・ウンレ》ハルモニが言った。「法廷」の最終判決の日、天皇裕仁は有罪だとマクドナルド判事が言い渡した時の興奮が、ようやく冷めて落ちついた時のことばである。金ハルモニは、法廷二日目に旧日本軍軍人二人が出廷して懺悔し罪過を告白した時も、「もうあの人たちを許してやりたい」と私につぶやいた。ハルモニは実のところ、「正義」ということばも最近になって馴染んだのだが、「法廷」の経験によってそれを体得したようだった。

二〇〇〇年一二月七日、韓国挺身隊問題対策協議会（以下、挺対協）が主催した開会式で、惜しくも命を失った「慰安婦」たちを追悼する八カ国六四人の被害者たちの行列に始まり、「法廷」判決の日まで、ハルモニたちは初めて多くの外国人「慰安婦」たちと出会った。このような経験は、日本政府との、まるで石塀に向かっているかのようなこれまでの苦しい闘いからにわかに抜け出して、広々とした展望のきく、すがすがしい境地を思わせるものだった。

それは八カ国六〇余人にのぼる「慰安婦」被害者たち同士の緊密さと連帯感によって、姉妹的な共感の輪が生まれ、国籍を超えた女性運動家たちの連帯の力が働いていることを彼女たちが目の当たりにしたからである。「法廷」という空間で、ハルモニたちは自分たちが主役であり、法服をまとった判事たちが法的に自分たちの問題を扱っていて、最後には最高責任者である天皇裕仁と日本政府を有罪と判決するのを聞いたのである。女性たちが集まって、自分たちの名誉を回復させ正義を貫く過程で、ハルモニたちは胸の中のしこりが解けてゆくような治癒を経験した。

## 「法廷」までの過程と成果

他方、ハルモニたちのみならず、「法廷」を準備した挺対協側でも肯定的な成果が多かった。九八年の第五回アジア連帯会議（ソウル）で、松井やよりさんの提案を受け入れて、私たちが「法廷」を行なうことを決議した後、私たちは「法廷」準備のための国際実行委員会に引き続き、ただちに韓国委員会を組織した。委員長は尹貞玉《ユン・ジョンオク》先生、副委員長は私が担い、真相究明、法律、広報・出版、財政の小委員会をつくって活動を始めた。

「法廷」を知らせるための国内キャンペーンは、各大学で開いた学生法廷と、「慰安婦」問題を芸術的に絵画、演劇、歌などに昇華させた文化的イベントによって成功した。ドイツとアメリカでのキャンペーンも大きな役割を果たした。私はドイツでのキャンペーンのためにドイツの七つの都市を巡り、シンポジウム、記者会見、インタビューなどの活動を行なった。シンポジウムで私は、ドイツの戦時性暴力問題の運動家や著述家たちに会い、彼女たちが「慰安婦」問題を自分たちの経験と重ね合わせながらドイツ女性の問題提起につなげていることを知るようになった。九一年八月の金学順《キム・ハクスン》ハルモニの第一声が、十年後の今、世界の被害女性たちの口を開かせたという実感と感動が私の胸をふるわせた。

このように、運動的な意味で「法廷」は国際的に広がり、各地の運動に対する刺激剤としての役割を大きく果たしたのである。「慰安婦」問題がアジアを超えて旧ユーゴスラビア法廷やルワンダ法廷などと関連する女性人権運動の拡散にも寄与し、ひいてはアジアの被害国女性たちの連帯力が濃縮された法的な運動になったという点でも大きな成果だといえる。これまでアジアの五つの被害国が連帯して努力してきたが、「法廷」を通して一〇カ国に強化されたことで、「慰安婦」問題によってアジア全体が組織化されたように感じた。

さらに、「法廷」国際実行委員会が成し遂げた成果は、「法廷」のために国際的人脈をうまく活かし、社会的な信用と影響力のあるものにしたことによって、世界的な衆目を集めることができたことと言えるだろう。ただ国際実行委員会の運営は、挺対協側の事情からいえば、財政的な問題と言語の問題で充分な役割を果たせなかった点が惜しまれる。

また、私たちは「法廷」の成果を語る際、南北共同起訴状のことを省くことはできない。「法廷」でのプレゼンテーションが法廷第一日目の最初だったため多少緊張したこと、「慰安婦」問題が抽象化、理論化され、証言が他の被害国に比べて弱かった点などはあるが、分断された南北が共同で起訴状を作成し、準備した過程は、この法廷運動での私たちの重要な成果だった。北側の「従軍慰安婦」・太平洋戦争被害者補償対策委員会と南側の挺対協との関係は、九二年九月の「アジアの平和と女性の役割」平壌討論会での南北女性たちの合意から始まったといえる。南と北の女性たちが共に担う課題として「慰安婦」運動を選び、その後、唯一の南北民間女性交流の成功事例になったように、私たちはしばしば会い、共同の声明書を国連に送るなど、日本政府に対して共に闘ってきた。

「法廷」をとおして、再び南北は一つの検事団を組織し、不便な通信条件にもかかわらず、互いに譲歩し合意しながら一つの起訴状を完成させたことは、忘れがたい「法廷」運動の成果である。北の洪善玉《ホン・ソンオク》団長と南の尹貞玉代表、そして私は、まさに「アジアの平和と女性の役割」の実行委員だったので、こうした連続性の確認は本当に嬉しかった。

## 残された問題と今後の課題

しかし、「法廷」を終えてみると、問題点も残った。歴史上初めての女性国際戦犯法廷を、前知識なく実行に移したため、そもそも完全ということはあり得ず、欲を言えばのことである。韓国委員会の評価会で挙がった点をいくつか紹介すると次の通りである。

第一は、準備過程での各国の検事団会議が上海、マニラ、台湾、ハーグなどで開かれたが、法廷の前に東京で一度も集まれなかったのは残念だった。被害国の検事団が集まって、経験と問題点を共有し、比較研究をする必要があったが、これも財政問題のために不可能だった。

第二に、「現代の紛争下の女性に対する犯罪国際公聴会」（以下、公聴会）は、「慰安婦」ハルモニたちには自分たちの問題が今日まで続いているという認識を与え、「慰安婦」問題を今日の性暴力問題とつなげることができた点で成果である。しかし、性暴力問題のみが浮き彫りにされ、植民地問題の扱いが小さくなったという批判があった。九八年の東京でのシンポジウムの時も、挺対協は植民地における人種差別その他、政治的・社会的諸問題を軍「慰安婦」問題の特性として要求した。しかし、国際法では植民地支配の犯罪性を問う規定はないため、その問題は公聴会で反映させようということになったが、結果的には取りあげられなかった。また、挺対協が共同開催団体に入らなかった経緯についての問題提起もあった。

第三に、「法廷」全体の流れのなかでも、挺対協が主張してきた日本軍「慰安婦」問題の特性、すなわち、民族差別（植民地性）問題の扱いについて、各国の歴史的社会的状況によって被害の性格が異なるのに、この違いをジェンダーの問題、すなわち女性に対する暴力という枠で薄めてしまった点が韓国では強く指摘された。恐らくそれは、日本により植民地化されていないところを含む被害各国が結集した「法廷」であったからであろう。挺対協の場合、最も中心的な被害国であり植民地問題という特殊性を持っている。「法廷」が被害国中心に運営されたならば、そのような考えが「法廷」運営全体を貫き、判決文にも反映されたのではないだろうか。私たちは、植民地主義犯罪であることが、最終判決で指摘されるように要求している。

植民地主義の犯罪性への取り組みがなされないことは、西欧的フェミニズムに内在する人種差別問題ともいえ、アジアの女性問題は西欧的フェミニズムの視点だけでは解決の糸口をつかめないことで意見が一致した。

第四は、被害国検事団間のネットワーク形成の問題である。各国の比較研究のために電子メールなどで情報交換をする必要があったのに、それが組織的にできなかった。今後も「法廷」を共に行なってきた人々の集まりとアジアのネットワークをつくっていく必要がある。また、最終判決の後には、被害各国が「法廷」の全文書をそれぞれ保管し、お互いの資料を研究することも課題であろう。

最後に、以上のような自己反省にもかかわらず、結論的にいうならば、「法廷」は「慰安婦」運動をしてきた人々の夢、新しい世界秩序を築こうとする夢をかなえた。象徴的に二〇世紀の戦争の年を「法廷」で締めくくり、二一世紀を迎える女性たちの法的運動は、世界の言論を通して人々に希望を与え、正義の光に対する確信を与えた。特にVAWW‐NETジャパン、そして加害国女性である日本女性たちの誠実なボランティア精神と真摯な参与は、被害国女性たちに大きな感動を与えた。「法廷」で、被害国女性と加害国女性はすでに和解と正義と平和を先取りしたと言っても過言ではないだろう。

「法廷」を終えて数カ月後、日本の歴史教科書の歪曲問題が再燃した。VAWW-NETジャパンと挺対協はこの問題で再びアジア連帯を組み、強力に対処してきた。終わりのない闘いの連続ではあるが、おそらくこうした女性たちの国際的連帯の中で二一世紀の平和が芽吹いていくのだろう。そして「法廷」運動によって刺激を受けた国際法の領域で、私たちは紛争時の女性に対する性暴力を人道に対する罪、戦争犯罪、植民地化の罪過として処罰する条項を整備し、不処罰を終息させる未来を夢見ることができるだろう。

# 第8章　アジアにおける戦争と賠償と和解について

マーク・セルデン／野崎与志子　訳

小柄な証言者が、おぼつかない足を踏みしめるようにして立ち上がった。そして、彼女は、記憶に焼き付けられた六〇年前の出来事について話し始めた。女性は万愛花さん。一一歳の時、中国北部にある彼女の村を日本の兵士たちが襲い、万さんの両親を殺し、彼女をレイプし、そして「慰安婦」として日本軍の性奴隷にしたのであった。[1] 検事は若い中国人。万さんに、はっきりと思い出すように、何度も、厳しく催促した。そのため、話は、感情のクライマックスに向けて高まり、万さんは壇上で倒れ、緊急に病院に運ばれなくてはならなかった。万さんの証言は、日本軍性奴隷に関する女性国際戦犯法廷に参加した、六四人の元「慰安婦」の証言のうちの一つである。女性国際戦犯法廷は、日本のＮＧＯの「戦争と女性への暴力」日本ネットワーク（ＶＡＷＷ‐ＮＥＴジャパン）を含む七カ国の代表からなる国際実行委員会が主催し、二〇〇〇年一二月八日から一二日にかけて開かれ、出席者は、日本人と海外からの聴衆あわせて延べ五千人近く以上にのぼった。女性国際戦犯法廷は、日本の戦争犯罪に関するものであったが、日本のみならず、他の国々が犯した戦争犯罪に関する諸問題を提起する上で、ユニークな視点を提供すると考える。

## 植民地国に対する犯罪を問う

女性国際戦犯法廷に係属する事件のリストには、人道に対する犯罪への個人的責任を問われる人々として、天皇裕仁をはじめ、総理大臣東条英機および日本の戦争中の代表的な戦争指揮官たちが載せられていた。たぶん、それ以上に重要なことは、女性国際戦犯法廷が、日本が植民地国に対して犯した人道に対する犯罪を問責したことである。首席検事として、検事団を率いたのは、パトリシア・ビサー・セラーズ（旧ユーゴスラビアならびにルワンダ国際刑事法廷におけるジェンダー犯罪法律顧問）およびウスティニア・ドルゴポル（オーストラリアの国際法学者）で、南北コリア（合同）、中国、台湾、フィリピン、インドネシア、東ティモール、マレーシア、オランダ、日本の各国からの検事たちが、検事団に加わった。首席判事はガブリエル・カーク・マクドナルドで、旧ユーゴスラビア国際刑事法廷での所長を務めたアメリカ人であった。他に、判事として席に座ったのは、カルメン・マリア・アルヒバイ（国際女性法律家連盟会長、アルゼンチン）、クリスチーヌ・チンキン（ロンドン大学、ジェンダー・国際法の専門家）、およびウィリー・ムトゥンガ（ケニア人権委員会委員長）であった。

ホブスボームやその他の人々がすでに述べたように、二〇世紀は、おそらく、何にもまして、戦争による破壊によって記憶される可能性が高い。[2] 戦争の範囲を制限する世界共通の条約を創り出し、国際法を通して個々人に人道に対する犯罪の責任を負わせしめるという努力がはかられた世紀において、現実には、先例の無いほどの女性に対する性的暴力を含め、戦争の攻撃目標が非戦闘員を巻き込む方向に限りなく拡大してきたのである。女性国際戦犯法廷の憲章が述べるように、二〇世紀は「（植民地支配下ならびに軍事占領下での日本軍性奴隷制の）被害女性たちが正義を得られないまま」終わることになったのである。[3] おそらく一〇万人から二〇万人におよぶアジア人「慰安婦」の奴隷化と軍による集団レイプを含め、これらの犯罪が遂行されて半世紀以上たつにもかかわらず、「生存者たちは、加害者から罪を認める言葉も受けられず、犯罪の責任者たちは真の謝罪も行なわず補償を提供することもなく、その一方で、被害女性たちは何の補償救済措置もないままに次々と亡くなってい」るのである。[4]

アジアにおける極めて残忍な戦争は、合衆国のフィリピン植民地化戦争に始まり、日本の半世紀にわたる侵略、植民地化、戦争が続き、合衆国の日米太平洋戦争、朝鮮戦争、ベトナム戦争と続き、多数の反植民地戦争および革命に引き継がれた。アジアの戦争は、二〇〇〇年に、インドネシアの二五年にわたる植民地統治に終止符をうつ東ティモールの独立で、一つの終わりを迎えることとなった。これらの全ての戦争は、非戦闘員を戦争攻撃目標とするという一般的特徴を持ち、特に、女性への暴力という点に、著しい特徴がある。

南アフリカ共和国によって試みられている「真実をとおしての和解」（reconciliation through truth）に

ついて、ベイヤーズ・ナウデが「和解なしに回復できる可能性はなく、正義なしに和解できる可能性はなく、何らかの形での被害弁償なしに正義をもたらすことができる可能性はない」というように述べている。東京での女性国際戦犯法廷は、戦争における女性に対する暴力という顕著な事実を、個人の犯罪有責と国家の責任を確定させる基礎として提示し、日本政府に、曖昧さの無い公式な謝罪をおこない、日本とアジアの戦争に対し被害者に賠償するようにせまった。女性国際戦犯法廷は、天皇裕仁に、日本軍の最高司令官および戦争遂行に積極的にかかわった指導者として、「人道に対する犯罪の刑事上の責任」があるとし、特に、「慰安婦」制度、南京虐殺、その他の戦時残虐行為において、女性に対して暴力がふるわれたことに言及した。

## 国際的フェミニズムの出現

女性国際戦犯法廷は、性奴隷制や南京虐殺に関する諸問題の再吟味と並んで、アジアにおける国際的フェミニズムの出現と冷戦終了の産物である。国際的フェミニズムの出現と冷戦終了という状況は、韓国の元「慰安婦」が一九九〇年代に初めに名乗り出、自分たちの体験を公けに話すという環境を提供し、その後、フィリピン、中国、インドネシア、その他の国々の元「慰安婦」たちが名乗り出ることとなった。日本政府の責任否定は、正義のための国際的な運動の引き金となり、日本政府によるほとんどの公式文書の破壊によって生み出された不明瞭さのベールを破るために、研究努力がなされるきっかけとなった。最近の国際的運動の学問的基礎となっているものには、本多勝一の『南京大虐殺』（*The Nanjing Massacre : A Japanese Journalist Confronts Japan's National Shame*）および吉見義明の『従軍慰安婦』（*Comfort Women : Sexual Slavery in the Japanese Military During World War II*）などの著作があり、両著作とも日本語での出版から数年（あるいはそれ以上）を経て、最近、英語訳が出版されたものである。[5]

一般世論（パブリック）は、日本政府が過去の戦争残虐行為を否定することをやめ、被害者に謝罪と補償をすることを求めており、日本政府はこの圧力に直面して、慰安所設置とアジア人「慰安婦」の奴隷化に国家が関与したことに対し、道徳的な責任は暗黙に認めるが、法的な責任は無いとする立場をとっている。日本政府は、第二次世界大戦に関する全ての問題はアジア各国との交渉によって何十年も前に解決済みと主張し、「民間基金」を設立し、個々の日本人市民から寄付金を募って「慰安婦」に補償しようとした。しかし、この戦略は逆効果となった。ほとんどの「慰安婦」が、日本政府の責任逃れに怒り、拒否したからである。そして、それが、第二次世界大戦における残虐行為に関して（幽霊のようによみがえってくる）諸問題を、解決できない日本の失敗を顕著にする、女性国際戦犯法廷や他の行動への道を固めたのである。

## ドイツ、日本そしてアメリカの戦後責任の取り方

ローラ・ハインと私が、最近、『歴史の検閲――日本・ドイツ・合衆国における市民性と記憶』（"Censoring History : Citizenship and Memory in Japan, Germany and the United States"）という著書の中で議論したように、苦い戦争の後に、ドイツとアメリカが和解のためにどのような経験をしたのかを、日本の経験と比較してみることは、実りあるものである。[6] 日本は、合衆国による戦争終了以後、戦争犯罪人を一人も起訴していないばかりか、自国の全ての戦死者を祀り、補償し続けている。これに対して、ドイツは二〇〇〇年に至るまで、ナチの謀殺者たちを起訴し続けており、また、国家と大企業が責任を認め、被害者に多額の賠償を支払った。念のために言っておくと、これは、単なる愛他主義のあらわれではない。ドイツが責任を認め賠償を支払うことは、ドイツを核とするヨーロッパ共同体の基礎となってきたのである。言い換えれば、和解と正義が、新しい形の経済・政治・社会共同体を築くための道を固めたのである。反対に、日本は、歴代の総理大臣たちがお詫びの言葉（謝罪になっていないと批判されるお詫びの言葉）をくり返しているにもかかわらず、アジアの人々に対する犯罪への責任を明確に認めず、公式の被害弁償をしていないために、日本内部から、また、アジアからも、世論の批判をあい変わらず浴び続けているのである。

対照的に、合衆国は、アジアやその他の地域における諸戦争で行なった主要な残虐行為に対して、謝罪と被害弁償をせよという、類似の要求に直面してはこなかった。実際、合衆国は、主要な国際戦争犯罪法廷の仲裁者および首席検事として、一段上の立場に立ち続けており、それは合衆国のヘゲモニー支配の象徴である。例えば、合衆国に対しては、第二次世界大戦におけるドイツおよび日本の諸都市への空襲、広島と長崎への原爆投下、さらに、さまざまな戦争残虐行為（最も有名なのは、朝鮮戦争でのノグンリ〔老斤里〕およびベトナム戦争でのミライ〔ソンミ村〕における非戦闘員殺戮）、エージェント・オレンジおよび生命を脅かす他の枯れ葉剤の使用等に関して、多くの人々から（一時的、断片的であるにせよ）批判されてきたにもかかわらず、現在のところ、合衆国の戦争犯罪に的をしぼり、被害者に対する謝罪や被害弁償を要求する重要な国際運動は存在しない。確かに、強力な反戦運動が合衆国および世界におこり、一九七〇年代におけるベトナムからの軍撤退に貢献したが、それは、二〇〇万から三〇〇万のベトナムの人々が死んだ後のことである。さらに、残念なことに、ベトナム戦争の終結とともに、反戦運動は事実上消滅し、そして、補償と和解を求める国際的な呼びかけも消滅してしまったのである。

合衆国とアメリカ国民は、アジアにおいて行なった数々の大きな戦争で、自国が引き起こした被害に向き合い、事実を受け入れることができないでおり、また、被害者に弁償することができないでいるのである（顕著な例は、朝鮮戦争とベトナム戦争での被害者である）。この点において、合衆国と日本政府は非常によく似ているといえる。両者とも、アジアにおける戦争被害者が、苦悶の叫びをあげることや正義を要求することの正当性を、認めることができないでいるからである。にもかかわらず、アメリカ人たちに対して、戦争責任を認め被害者に補償せよと働きかける国際運動は、存在していないし、また、自国がアジアの諸民族に間違ったことをしたのだという認識は、日本人の間での方が、アメリカ人の間でよりも、大きな広がりを持ち、多くの人々によって認識されているように見える。

合衆国とは対照的に、日本国家は戦争中の残虐行為に対する責任を認めよという、強い圧力に直面している。二〇〇〇年一一月二九日の東京高裁で成立した和解は、今後の同種の裁判の先例となると思われるが、この和解によって、鹿島建設は、強制連行された中国人の花岡での待遇、即ち、四一八人の死亡（このうちの多くは、一九四四年に起った劣悪な状況に抗議する蜂起で死亡した）を償うため、生存者およびその子孫に、約四六〇万ドルを支払うこととなった。[7] 強制連行された人々や他の被害者によって起こされた訴訟は、日本、合衆国、その他の国々で係争中である。さらに、二つの重要な国連人権報告書が、日本政府に対し、元「慰安婦」に対する責任を認め、補償をするように求めている。しかし、日本政府への圧力を最も如実に示しているのは、戦時の残虐行為を葬りさろうとする日本の試みに対し、批判的焦点をあてる女性国際戦犯法廷や他の活動の例にみられるような、アジア全体にわたる社会勢力の連帯の強さである。そのうちに、合衆国に対しても、その戦争犯罪への償いをするよう求められる日がくるであろうか。[8]

＊本稿は、Mark Selden,"Reflections on Asian Wars, Reparations, Reconciliation." Asian Studies Newsletter, vol.46, no.1 (2001), pp.9-10.の訳出であり、『季刊　戦争責任』32号（日本の戦争責任資料センター発行、二〇〇一年）に掲載された論文に適宜見出しを入れ一部修正したものである。

## [訳注]

[1] 本稿では、アジア太平洋戦争期に、日本軍の性奴隷とされた女性たちをさす言葉として「慰安婦」という語を用いる。

[2] 例えば、E.J.Hobsbawm, The Age of Extremes : A History of the World 1914-1991 (New York : Pantheon, 1994) 参照。

[3] 『日本軍性奴隷制を裁く「二〇〇〇年女性国際戦犯法廷」憲章』（以下、『女性国際戦犯法廷憲章』）前文。『女性国際戦犯法廷憲章』は、二〇〇〇年七月三一日マニラで開かれた国際実行委員会によって採択された（一〇月二七日に一部修正）。VAWW-NETジャパンのウェッブサイト http://www.jca.apc.org/vaww-net-japan 参照。

[4] 『女性国際戦犯法廷憲章』前文。

[5] Honda Katsuichi, The Nanjing Massacre : A Japanese Journalist Confronts Japan's National Shame (Armonk : M.E.Sharpe, 1999).及び、Yoshimi Yoshiaki, Comfort Women : Sexual Slavery in the Japanese Military During World War II (New York : Columbia University Press, 2000). 本多の英語著作は、主に、『南京への道』（朝日新聞社、一九八七）を翻訳したもので、『中国の旅』（朝日新聞社、一九七二）および『南京大虐殺』（朝日新聞社、一九九七）の一部が、巻末に付け加えられている。吉見の英語著作は、『従軍慰安婦』（岩波書店、一九九五）の翻訳である。

[6] Laura Hein and Mark Selden,"The Lessons of War, Global Power, and Social Change." In Hein and Selden (eds.), Censoring History : Citizenship and Memory in Japan, Germany, and the United States (Armonk : M.E.Sharpe, 2000), pp.3-50.

[7] 鹿島建設は、東京高裁の和解勧告を受け入れ、被害者への慰霊、被害者とその家族の育英、およびその他の救済措置への資金として、信託基金を設立することに同意した。しかしながら、鹿島建設は、信託基金の設立は補償や賠償の性格を含むものではないと主張している。

[8] 本稿執筆後に、朝鮮戦争下での韓国側被害者への米軍の責任を問う動きが出ているが、今後それが国内及び国際的にどれぐらいの広がりを持つかは未知数である。

# 第Ⅲ部

# 司法からみた
# 女性国際戦犯法廷

# 第9章 民事裁判からみた「法廷」判決

横田雄一

## 1　共感共苦（compassion）に発する「法廷」判決

女性国際戦犯法廷で一二月一二日に出された判決＝「認定の概要」（Summary of Findings. 巻末資料に掲載の訳文参照）は、サバイバー女性ら（元「慰安婦」被害者、以下同）の補償請求事件を審理した日本の裁判官らの限界を鮮明に突き出した。

すなわち、著名な国際法の専門家らからなる判事団が、判決冒頭の「沈黙の歴史を破って」の二項ほかにおいて、サバイバー女性らの悲痛な生の訴えを次々に連ねていったことは、新鮮な驚きと感動であった。

「法廷」の判事らは、「人間がどうしてこれほど非人間的になり得るのかという疑問を抱かずにはいられなかった」ような「想像を絶する最も残酷な仕打ちの証言例」について、サバイバー女性らの心身の痛みに共感共苦（compassion）しつつ、その真実性を認めた（「認定の概要」〔以下同〕一四項）。のみならず、日本軍からの解放後もそれぞれの社会における性差別意識を内面化して、自己評価（self-esteem）を極限まで押し下げ、自らを恥じて沈黙してきたサバイバー女性らの五十年以上続いてきた苦痛、現在も続く苦痛についても、見逃すことなくこれに強い光をあてている。

「認定の概要」は、日本政府が戦後サバイバー女性らを放置してきたばかりか、被害女性が沈黙を破り問題が国際社会全体に顕在化した九〇年代を通して全く法的責任を認めず、これによりサバイバーらに言い尽くせぬ苦悩を強要し続けてきたことについて、厳しい批判を繰り返し、サバイバーらに対し補償を行なうべきである旨を強調している。「認定の概要」には、サバイバー女性らの受けた心身の苦痛に対し、敏感に共感共苦し得る能力に優れた国際的法律家らの正義の回復と女性の尊厳回復への崇高な熱情が込められている。

実は、およそこうした熱情、こうした正義感とこれに基づく法律家としての法原則の適用こそ、残念ながら、下関判決などごく一部を除き、日本の戦後補償裁判の諸判決には、まさにすっぽりと欠落している当のものである。

性奴隷化された三人を含む元韓国女子勤労挺身隊サバイバー女性らが起した補償請求事件の山口地裁下関支部判決は、サバイバー女性らにつき慰謝料支払義務を認めた唯一の例外である。上記判決が、日本軍性奴隷制は「徹底した女性差別、民族差別思想の現れであり、女性の人格の尊厳を根底から侵し、民族の誇りを踏みにじるものであって、しかも、決して過去の問題ではなく、現在においても克服すべき根源的人権問題であることもまた明らかである」と認め、第一次的被害については立法による救済がなされることを前提として、戦後長らく何らの救済措置をとることもなく放置してきたことは、日本国憲法の根幹的価値にかかわる重大な人権侵害であり、その救済の高度の必要性が認められるとして、少なくとも河野官房長官談話から三年経過後の国会議員の立法不作為について、これを国家賠償法上違法となったと認め、国に慰謝料支払義務のあることを認めたが、前記判示部分に限って言えば、まさに「認定の概要」のスタンスと響きあう質に達していたのであった。しかし、残念ながら、二〇〇一年三月二九日広島高裁第二部の控訴審判決は、せっかく開かれた救済の途を閉ざした。

以上が、サバイバー女性らの必死の思いで発した請求に対する日本の裁判所の対応の現状である。だからこそ、「法廷」を通じて日本社会が「法廷」判事らの共感共苦し得る優れた感性に直接触れる機会に恵まれたということには絶大な歴史的意義があると言わなければならない（パスカル『パンセ』のなかで人の精神的諸作用のうち感性が最も重んじられていたのが想起される）。

## 2　日本の戦後補償運動の限界をも直撃

しかし、限界が突き出されたのは、日本の裁判官だけではない。「認定の概要」は、旧日本軍の最高司令官であった昭和天皇を日本軍性奴隷制と戦時性暴力について有罪と認定したが、判事たちは、さらに他の責任者らの刑事責任についても審査を続けている。

ところが、日本では女性法廷が実現するまでは、日本の戦争／戦後責任の追及は責任者処罰の視点を欠落させ、それ自身重要ではあっても、全体の一環を構成しているに過ぎない補償責任、つまり民事責任（ときに謝罪を含む）追及に自らを限局してきた。残念なことに二〇〇〇年一二月の「認定の概要」後も日本の戦後補償運動（裁判・立法）は依然として責任者処罰は念頭にない。私自身も含めてこれまで戦後補償裁判に携わってきた関係者らは、日本軍性奴隷制と戦時性暴力について天皇の刑事責任を正面から認めた「認定の概要」が投げかけたものを厳しく受けとめ、この高度の質に対応し得る仕方で、民事責任を追及していくべき責務がある（この点は後記する）。

## 3　個人に国際法上の請求権ありを前提

判事らは、日本政府が「法廷憲章」第四条（巻末資料参照）が述べる意味で「慰安所」制度の設置と運営について国家責任を負うと判定した（「結論」三九項末尾）。

他方において、日本における戦後補償裁判においては、前記国家責任は誰に対して負うのか、すなわち、被害者個人に対して負うのか（弁護団の見解）、彼女の属する本国に対して負うのか（国・裁判所の見解）という問題をめぐって争われてきたと言っても過言ではなかった。「法廷」は、この問題について、オランダの著名な国際法・国際人道法学者であるカルスホーベン博士に鑑定証人として出頭を求め、主任検察官が尋問した。同博士は一九九一年ころ国際法雑誌に発表した論文で、つとに一九〇七年ハーグで開催された第二回世界平和会議におけるハーグ条約第三条の起草過程そのものをたどるなかから、被害者個人が加害軍隊の属する国家に対して同条項に基づき損害賠償を請求し得るということを論証されておられた。

私が前記論文の存在を知ったのはちょうど敗戦五十周年の一九九五年八月一五日東京においてであった（後になって知ったことであるが、その論文を日本の私たちに初めてもたらしたのは、奇しくも後に「法廷」主任検察官をつとめることとなったウスティニア・ドルゴポルさんであった）。翌九六年夏と秋にアムステルダムで同博士と会い、九七年夏に東京地裁法廷での同博士の証言が実現した。

日本軍占領地の被害住民らが訴えた補償請求裁判を担当する私たちは、カルスホーベン博士の論文・証言を切り口とし、主軸として、法理論を打ち鍛え、国や裁判所の論理と闘ってきた。ご承知のとおり敵の城はいまだ抜き得ずにいる。こういう状況の時に、同博士を直接尋問した「法廷」が、個人に国際法上の請求権があることを当然の前提として、日本政府を厳しく批判していることは、原告らの請求の正しさを国際的かつ専門的に支えるものとして、巨大な意義が存する。

「認定の概要」は、その立論の根拠については今のところ直接触れていない。思うに、一方には本来侵害の救済は被害者その人（ないしその承継人）に対しなされるべきとする法原則がある（被害者以外の者［国］に、というのであれば、主張する側に特別の主張立証責任がある）。他方では「認定の概要」も「国家責任」一二五、六項において言及しているとおり国際法上一般的に認められている国家不法行為責任の原則がある。[1]「法廷」の判事らにとっては、個人に請求権が存するという命題はほとんど自明の理なのではなかろうか。

「認定の概要」が民事裁判に対して有する意義としては、ほとんど以上に尽きるであろう。しかしながら、裁判上のほかの争点についても、「認定の概要」は原告側の法的見解と同じ考え方を明確に述べている。以下項を改めて紹介する。

## 4　原告側を支える「認定の概要」の法的見解

### （1）立法不作為の違法に基づく請求権

前記のとおり広島高裁は、立法不作為の違法に基づく請求を認めた山口地裁下関支部の判決部分を取消した。『法廷』の認定では、賠償が遅れたことが、女性たちに恥と、怒りと、悲しみと、孤立と、経済的困窮、健康問題、平安を得られないことなどの苦しみをさらに継続的に強いてきた。こうした深刻な被害もまた、損害賠償の対象である」（「補償」三六項）。最近東京地裁は、中国人被強制連行者について、この法理を認めた。[2]

### （2）日本の奴隷条約違反

中国武漢の地において、数年間性奴隷化されたサバイバー在日韓国人女性宋神道《ソン・シンド》さんの事件について、東京高裁は日本軍性奴隷制が「女性売買禁止条約」違反であり、「強制労働禁止条約」違反であるという点については、原告側主張を認めたものの、一九二六年の奴隷条約違反の主張は退けた。

「認定の概要」は、「日本はまた国際慣習法の規範にも違反しており、一九〇七年のハーグ条約や一九二六年の奴隷条約の中で表現された国際慣習法の規範への違反が含まれる」としている（「国家責任」二七項）。

（3）アジア女性基金の峻拒

下関事件において、被告国は立法不作為の主張に対して、アジア女性基金（正式名称・女性のためのアジア平和国民基金）の設立の事実をもって防御方法とした（逆にアジア太平洋戦争韓国人犠牲者補償請求事件においては、弁護側がアジア女性基金をもって被告国が自ら法的責任を認めた証左であると主張した）。

『法廷』の認定では、アジア女性基金は証言した女性のほとんどによって激しく拒絶されており、そうした基準（物質的な被害、失われた機会、被害者本人や家族、近しい人々が被った苦痛の気持ちなどに適切に見合うものでなければならない＝筆者）を満たすものではない」としている（「補償」三五項）。

（4）条約・協定による請求権消滅はない

下関事件において、国は控訴審の最終段階で、韓国と日本との間の六五年協定によって個人の請求権は消滅したとの主張を持ち出してきた（二〇〇〇年一一月二日付準備書面）。

「認定の概要」は、戦後日本が署名してきた多くの平和条約・協定等について、「この『法廷』は、これらの平和条約は『慰安婦』問題には適用されないと認定する。条約によってであっても、個々の国家が人道に対する罪についての他の国家の責任を免ずることはできないからである」としている（「国家責任」二九項）。

「法廷」の上記判断は、次項において省察されているような、いわゆるジェンダー正義の視点からもなされている。

## 5 ジェンダー偏向に対する断罪

「『法廷』は、諸平和条約には本質的なジェンダー偏向が存在するという主任検察官の主張は、納得できるものだ、と認定する。『法廷』は、個人としてであれ、集団としてであれ、諸平和条約締結時の女性が男性と平等な発言権も地位も持っていなかった点に留意する。まさにこのために、平和条約締結時、軍の性奴隷制と強かんの問題は何の対応もなく放置され、条約の交渉や最終的合意に何らの役割も果たさなかったのである。『法廷』は、国際的な平和交渉過程がこのようにジェンダー認識を欠いたまま行われることは、武力紛争下で女性に対して犯される犯罪が処罰されないという、いまも続く不処罰の文化を助長するものと認識する」（「国家責任」三〇項）。

以上についてのコメントは不要と思われる。

## 6 国際人道法の発展と再確認

「認定の概要」は、「国家責任」二八項において、「日本国家が第二次大戦終結にあたって『慰安婦』をそれぞれの国に帰還させることを怠ったことは、ハーグ規則の直接の違反にあたる」（was in direct violation of the Hague Regulations）としている。

私たちの戦後補償裁判では、被害者が占領地住民である場合は中国事件でもフィリピン事件でもハーグ条約三条を請求の法的根拠とし、「植民地」出身者の事件の場合にはその他の国際条約・国際慣習法を法的根拠とする振り分けを行なってきた。ハーグ規則が条文上は占領地住民の保護規定であるからである。「法廷」が「植民地」出身者の帰還問題を主として念頭に置いていることは明らかである。占領地住民の保護のみならず、占領地へ連行された「植民地」出身者にも法的保護を及ぼし、第二次大戦期におけるハーグ規則の戦争犠牲者一般への普遍的適用（慣習国際法化）を行なっていることは、国際人道法の流れに沿い、これを再確認するものである。

## 7 性差別社会・国家との徹底対決へ

「法廷」以後は民事責任を追求していく場面においても、自覚的にジェンダー認識が貫徹されていくことが期待される。それは構造的な性差別社会・国家との徹底した対決の一翼を担うものとなっていくであろう。いまひとつ既成社会・国家との徹底対決を要請するものは、前記のとおり「認定の概要」が天皇の有罪を認定したことである。

実際のところ、「慰安所」を利用した元兵士らに罪悪感はない。天皇の軍隊が設営したからである。他方、少なからざる被害女性らは「天皇陛下」の名の下で地獄を耐えることを余儀なくされたのであった[3]。要するに双方にとって「慰安所」を究極において支えたのは天皇ないし天皇制であった。その天皇を有罪とした「認定の概要」には天皇免責装置として出発した象徴天皇制を不可欠な支配装置とする戦後国家に対する徹底した対決への要請が含まれている。補償裁判関係者としては、天皇有罪判決に納得しつつ女性基金受領拒否に転じた被害女性のあらたな闘いへの出発に鼓舞されながら、裁判所を含めて国家機関との対決を強化し、その高度の緊張感のなかで、国際法、憲法などの救済法規解釈の発展をはからなければならない。

他方で性暴力被害者の補償請求裁判は、「自由主義史観」的逆流を呼び起したほど戦後補償問題を社会的課題化し得た反面、日本政府には「司法の場における勝利」を与え、サバイバーにはさらなる打撃（二、三次被害）を被らせ続けてきたことも否めない。

日本政府に法的責任を認めさせる手段はもともと裁判に限られていたわけではない。可能かつ有利な国内的・国際的舞台を自由に選定・活用し、文字どおり聖域なき責任追求をなすべき段階に到っているものと思われる。

［注］

（1）なお、「認定の概要」の「補償」三五項では国際法の下では、損害賠償は政府が行なわなくてはならないと端的に表現している。

（2）中国人強制連行（劉連仁《リウリエンレン》さん訴訟）の賠償を求めた裁判で、東京地裁は二〇〇一年七月一二日、原状回復を怠ったとして国に賠償支払いを命じる判決を出した。

（3）例えば、曽根一夫『元下級兵士が体験見聞した従軍慰安婦』（白石書店、一九九三年）には、「戦後に知り合った元従軍慰安婦だったという内地女性は、『あのときはほんとうに天皇陛下の為になることだと思っていた』と言った」などの当時の「慰安婦」女性たちに関する記述がある。

# 第10章 国際人権・人道法と女性国際戦犯法廷

戸塚悦朗

日本軍性奴隷被害者に対する犯罪は、極東国際軍事裁判所も日本国内裁判所も不処罰のまま放置した。[1]加害・被害国諸政府がともに被害者個人補償請求権を放棄するという理不尽な条文を含む一九五一年のサンフランシスコ平和条約体制が五〇年続いた。[2]国連・ILOなどによる勧告にもかかわらず、問題の二〇世紀中の解決は実現しなかった。[3]

筆者は、国際人権・人道法を活用して、一九九二年から日本軍「従軍慰安婦」問題を国連などで提起し続けた。その被害者支援活動の発展の経緯・流れおよび日本政府の対応を振り返ってみたい。それは、二〇〇〇年「女性国際戦犯法廷」が開催された背景を明らかにするであろう。そのうえで、一二月一二日に発表された「認定の概要」と「法廷」の限界、そして今後の展望について概観してみたい。

## 1　「売春から性奴隷へ」の国際的なパラダイム転換

### 国内的救済が実効的でないとき機能する国連人権機構

日本軍性奴隷被害者と日本政府の間の「法理上の争い」は、被害者側にとって絶望的に不利な闘いであった。しかし、それを避ける選択肢はなかった。

日本政府は、この問題に対する適切な対応ができないと予想できた。また、日本の司法府も立法府も早期に実効的な人権救済の道を拓くことができるとは思えなかった。国内的救済が実効的でない場合にそなえて、戦後の国際法が発展させてきたのが国連の人権擁護機能である[4]。日本は、国連のメンバー国であり、このような国際的人権擁護制度の枠内にあるから、日本政府もその機能を拒否できない[5]。

### 国連で起きたパラダイムの転換

筆者は、一九九二年二月国連人権委員会で、朝鮮・韓国人の戦時強制連行問題と「従軍慰安婦」問題をNGO（IED）代表として初めて提起し、日本政府に責任を取るよう求め、国連の対応をも要請した。日本の国会審議で日本政府が無責任な発言をしたこと、韓国で金学順《キム・ハクスン》さんら被害者が名乗り出て、「人道に対する罪」を告発する訴訟を起こしたこと、吉見義明氏による公文書発見で軍の関与が証明されたこと、日本の首相による一定の謝罪があったことからとった行動だった。

当時、韓国の教会女性連合会など諸団体は、この問題を「日本は多くの若い朝鮮人女性たちを騙し強制して、兵士たちの性欲処理の道具にするという非人間的な行ないをして罪を作りました」としてこれを「蛮行」と規定していた[6]。

しかし、それまで「従軍慰安婦」問題に関する国際法上の検討がなされていなかったため、これを法的にどのように評価するか新たに検討せざるをえなかった。結局、筆者は日本帝国軍の「性奴隷」(sex slaves)と規定し、「軍隊売春」からの置き換えを図った。多分に直観的な評価だったが、被害者側の告発が筆者の問題意識にパラダイムの転換を起こしていたのかもしれない[7]。

だが、国連内でこの法的評価が承認され、同様の転換が起きるまでには多くの障害があった。その後筆者らは、数多くの国連人権会議に参加して、この問題を提起し続けた。現代奴隷制作業部会、差別防止少数者保護小委員会[8](人権小委員会)、人権委員会には毎年参加した。そのほか、ウィーン世界人権会議(一九九三年)とその準備会、北京世界女性会議(一九九五年)とその準備会など参加した関係国連会議を数えるだけでも気が遠くなるほどの数になった。その概要のみを要約してみよう[9]。

前記国連での発言は、日本政府ばかりか、日本人記者[10]からさえも強烈な反発を招き、国連活動の前途多難さを改めて思い知らされた。大国日本政府の政治力と法的反論は、その後の国連審議の前進に対して大きな障害となった。

その後の日本政府の答弁は、次の三点に要約できる。①首相が謝罪した。②国連は、創設前の問題には権限がない。③古い過去の問題であり、補償については諸条約で誠実に対応した。[11]国連内には、このような要請をうけても、調査研究するなど対応できる機関がなかった。

筆者は、一九九二年五月、国際連盟の権限を継承していた現代奴隷制作業部会（人権小委員会の下部機関である部会）に参加し、日本帝国がこの「性奴隷」問題で強制労働条約に違反したことを指摘した。同部会は、この情報を補償問題の特別報告者テオ・ファン・ボーベン教授に送付するよう事務総長に要請する勧告を採択したが、これは日本関係の人権問題で国連が公開の行動をとった初めての事例となった。しかし、同部会は、この問題を「戦時売春」に従事することを強制された女性の問題ととらえるにとどまった。

その後、被害者側からも、日本の市民団体からも多くの接触があり、関係団体の継続的国連参加が実現した。数多くの人権NGOの活動はめざましかった。だが、世界中から参加した女性NGO代表、国連関係機関の女性委員、女性職員、諸政府の女性代表の協力と活躍がなければ、国連審議のその後の発展はありえなかったといえる。

ウィーン国連世界人権会議（一九九三年六月）で過去を含む「すべての」戦時対女性暴力に効果的対応を必要とする最終文書が採択されたが、その際一般的な表現ながら、初めて「性奴隷」（sexual slavery）という用語が総会レベルの会議で採用された。

旧ユーゴスラビアでの武力紛争下における組織的強姦の問題に大きな関心がよせられるようになり、「従軍慰安婦」問題が討議された一九九三年八月の人権小委員会は、この問題にも強い関心をはらった。「従軍慰安婦」被害者による国際的告発が起こしたパラダイムの転換が、同様の訴えを誘発したとも考えられる。同人権小委員会は、リンダ・チャベス氏[12]を戦時奴隷制の特別報告者に任命し、武力紛争下の組織的強姦、性奴隷など奴隷様慣行に関する研究を要請するよう提案する決議を採択した。

一九九五年四月の現代奴隷制作業部会は、国連がアジア女性基金（日本政府肝いりの民間基金、正式名称・女性のためのアジア平和国民基金）の設立をこの問題の解決と見るのかどうかの分岐点だったが、「第二次大戦中に性奴隷とされた女性の問題に関して」初めて日本政府を名指しし、行政的審査会設置による解決を勧告した。同年八月人権小委員会はこの勧告を受け入れる決議を採択した。この段階で、「性奴隷」が日本問題であることが国連決議の上でようやく定着した。

その後のクマラスワミ報告書（一九九六年）、マクドゥーガル報告書（一九九八年および二〇〇〇年）が日本の「従軍慰安婦」問題を重要な事例として特に取り上げ、「性奴隷」と評価したことは、周知の事実である。

このような国連審議の流れは、一九九八年七月の国際刑事裁判所条約の成立にも大きな影響を与えた。北京世界女性会議の成果と世界の女性団体の要求は、諸国政府を動かした。同条約は、強かん、性奴隷などの性暴力が戦争犯罪であると明記した。処罰ばかりか被害者への賠償まで同裁判所が命令できることになった[13]。

## 2　女性国際戦犯法廷

これらの国連における厳しい批判にもかかわらず、日本の立法府[14]、行政府、司法府は、軍による重大人権侵害問題を解決できていない。自らが犯した性奴隷のような重大人権侵害行為に対する国際法上の義務を果たさない、このような日本国家の不作為と不正義への対応として、二〇世紀末に女性国際戦犯法廷（国際実行委員会主催＝VAWW－NETジャパン、韓国挺身隊問題対策協議会、女性人権アジアセンター［ASCENT］）が開催された。

この民衆法廷は、二〇〇〇年一二月一二日、昭和天皇を人道に対する罪（強かんと性奴隷制）で「有罪」とし、日本の国家責任を認容する判決（「認定の概要」[15]）を公表した。一九九二年以来継続してきた、日本軍性奴隷に関する筆者の前記主張が「法廷」によって認められたことは喜ばしい。

### 女性国際戦犯法廷の判決について

三日間にわたって、日本軍によって性奴隷とされた被害者（六四人が来日した）の証言を聞くなどの証拠調べの結果、「法廷」は、一二月一二日「認定の概要」を言い渡し、人道に対する罪（強かんと性奴隷制）についての責任で昭和天皇を「有罪」とした。また「法廷」は、性奴隷被害者に対して日本軍が国際法に違反する犯罪を犯したこと及び現在もこれについての日本の国家責任が存在することを認めた。そのうえで「法廷」は、日本政府に対して、完全で誠実な謝罪を行なうこと、被害者に対して許しを請い、法的責任を認めて再発防止の保証をすること、法的な措置をとり、生存者に補償するなどの措置をとることのほか、性の平等性を確立することを命じた。また、「法廷」は、元連合国政府および国連にも行動を求めた。

この判決は要旨であり、全文は二〇〇一年に公表される。簡略ではあるが、注目すべき判断を示している。重要な部分を抜粋しておきたい（巻末資料に全文掲載）。

「予備的事実認定」は、被害者の訴えを真実と認め、以下の三段階の事実を認定した。

① 日本兵のいるあらゆる場所で日本軍に性的「奉仕」を提供することを女性たちに強要するために、その他の複数の性奴隷制施設、また複雑な人身売買ネットワークがつくられていった。

② 女性たちの奴隷化には、反復的強かん、身体損傷その他の拷問が含まれていた。女性たちは、不十分な食糧、水、衛生設備や換気の不足などの非人道的諸環境にも苦しめられた。その状況はすさまじいものであった。

③ 女性たちを弱らせてしまうこのような想像を絶する処遇と、日本政府が自国の行なったこうした犯罪を認め、損害賠償その他の方法で償わずにきた結果、勇気ある女性たちのほとんどを、ごく最近まで、恥と孤立と貧困と残酷な苦痛の生活に追いやってきたのである。

「法的認定」については、特に以下に注目すべきであろう。

① 我々の認定では、人道に対する罪……侵害行為の中でも最もすさまじいものの一つ……は、戦

後の各法廷で訴追されるべきであったものであり、また、現在適切に訴追されるべきであった。さらに我々の認定では、強かんと性奴隷制は、広範囲、組織的、または大規模に行なわれた際には、人道に対する罪を構成する。一九四五年までに、強かんと奴隷化の両方ともが国際法のもとで極悪な犯罪として長く認められていた。

② この「法廷」に提出された証拠の検討に基づき、判事は天皇裕仁を人道に対する罪について刑事責任があると認定する。そもそも天皇裕仁は陸海軍の大元帥であり、自身の配下にある者が国際法に従って性暴力をはたらくことをやめさせる責任と権力を持っていた。天皇裕仁は単なる傀儡ではなく、むしろ戦争の拡大に伴い、最終的に意思決定する権限を行使した。さらに判事の認定では、天皇裕仁は自分の軍隊が「南京大強かん」中に強かんなどの性暴力を含む残虐行為を犯していることを認識していた。この行為が、国際的悪評を招き、また征服された人々を鎮圧するという彼の目的を妨げるものとなっていたからである。強かんを防ぐため必要な、実質的な制裁、捜査や処罰などあらゆる手段をとるのではなく、むしろ「慰安所」制度の継続的拡大を通じて強かんと性奴隷制を永続させ隠匿する膨大な努力を、故意に承認し、または少なくとも不注意に許可したのである。さらに我々の認定するところでは、天皇は、これほどの規模の制度は自然に生じるものではないと知っていた、または知るべきであったのである。

③ 日本が違反した条約上の責務には、一九〇七年の「陸戦ノ法規慣例ニ関スルハーグ条約」、一九二一年の「婦人及児童ノ売買禁止ニ関スル国際條約」、一九三〇年のＩＬＯ「強制労働ニ関ス

ル條約」などがある。日本はまた国際慣習法の規範にも違反しており、一九〇七年のハーグ条約や一九二六年の奴隷条約の中で表現された国際慣習法の規範への違反が含まれる。

④日本国家が第二次大戦終結にあたって「慰安婦」をそれぞれの国に帰還させることを怠ったことは、ハーグ規則の直接の違反にあたる。

⑤第二次大戦後、日本は多くの条約に署名してきた。これにはサンフランシスコ講和条約、日本・オランダ協定、日比賠償協定、「日本国と大韓民国との間の基本関係に関する条約」、「財産及び請求権に関する問題の解決並びに経済協力に関する日本国と大韓民国との間の協定」などがある。この「法廷」は、これらの平和条約は「慰安婦」問題には適用されないと認定する。条約によってであっても、個々の国家が人道に対する罪についての他の国家の責任を免ずることはできないからである。

⑥「法廷」は、諸平和条約には本質的なジェンダー偏向が存在するという首席検事の主張は、納得できるものだ、と認定する。「法廷」は、個人としてであれ集団としてであれ、諸平和条約締結時の女性が男性と平等な発言権も地位も持っていなかった点に留意する。まさにこのために、平和条約締結時、軍の性奴隷制と強姦の問題は何の対応もなく放置され、条約の交渉や最終的合意に何の役割もなかったのである。「法廷」は、国際的な平和交渉過程がこのようにジェンダー認識を欠いたまま行なわれることは、武力紛争下で女性に対して犯される犯罪が処罰されないという、いまも続く不処罰の文化を助長するものと認識する。

⑦　不法行為を不法行為として認める責務があるのと同時に適切な公的歴史記録をつくり、将来の世代にこうした残虐行為が二度と繰り返されないようにする必要がある。「法廷」の認定では、日本政府には現在の日本人や将来の世代を教育しようとする努力が全く見られない。

被害者（サバイバー）と相談しながら積極的な手段をとって、女性たちの尊厳が回復していると社会の目にわかるようにする義務が日本政府にはある。さらに必要なのは、当時の暴力と奴隷化から今にいたる侵害行為の結果生じた物理的・心理的で「経済的に算定可能なあらゆる損害」について、日本政府が損害賠償を行なうことである。国際法の下では、損害賠償は政府が行なわなくてはならず、物質的な被害、失われた機会、被害者本人や家族、近しい人々が被った苦痛の気持ちなどに適切に見合うものでなくてはならない。「法廷」の認定では、アジア女性基金は証言した女性のほとんどによって激しく拒絶されており、そうした基準を満たすものではない。

## 女性国際戦犯法廷の意義

「法廷」は、日本軍性奴隷制の犯罪性を法的に明確にし、国連報告書の見解をさらに強めた。現在の日本政府が、日本帝国が犯した国家犯罪の法的責任（不処罰による補償責任を含む）を継承していることは、ますます明確になった。

それればかりか、「法廷」は、この犯罪に関して昭和天皇に有罪判決を下した。ピノチェト元大統領、ミロシェビッチ元大統領の事例であきらかなように、国家元首が犯した戦争犯罪・人道に対する罪・

拷問のような重大人権侵害行為を不処罰のまま放置することができないことが次第に理解されてきた。昭和天皇の戦争犯罪についてはこれまで法的に十分な解明がなされてこなかったが、今回の「法廷」は、はじめて権威ある法的判断を示した。

「法廷」は、「暗黒裁判」、「人類に対する犯罪」であるとまで極論する反発もある。[16] その背景には、「日本の官憲や軍部がアジアの女性を強制的に慰安婦とした事実はない」、「もちろん、質のよくない慰安所の経営者およびブローカーにだまされるというケースもあっただろうが、基本的に商行為であったことは紛れもない事実である」とする弁解がある。

男性中心社会日本では、性「奴隷」に関するジェンダーの視点からの理解がほとんどない。公娼制は当時の日本国内法上も公序良俗に反するという問題があったが、国際法のもとでは奴隷制にほかならなかった。[17] 日本軍は、公娼制の枠外で、それに輪をかけた犯罪をおかし、性奴隷制をつくった。軍性奴隷も、処罰すべき犯罪であることは大審院も認めていた。しかし、軍人はアンタッチャブルとして事実上の不処罰のままにおかれ、国家により組織的に処罰が阻止されたのである。

「法廷」から汲み取るべきことは、パトリシア・セラーズ首席検事がいうように「性奴隷制とは何なのかを明確に知ること」である。[18]「法廷」は「金を払っているから慰安婦制度は許されるはず」という認識が誤りであることを再確認した。「認定の概要」は、サンフランシスコ平和条約などによって決着済みとする日本政府の「条約の抗弁」をしりぞけ、「この『法廷』は、これらの平和条約は『慰安婦』問題には適用されないと認定する。条約によってであっても、個々の国家が人道に対する罪についての他の国家の責任を免ずることはできないからである」とした点は重要である。「条約の抗弁」に関連して、「『法廷』は、諸平和条約には本質的なジェンダー偏向が存在するという首席検事の主張は、納得できるものだ、と認定する。『法廷』は、個人としてであれ集団としてであれ、諸平和条約締結時の女性が男性と平等な発言権も地位も持っていなかった点に留意する」と、女性を除外して締結された国際法への異議を申し立てた。注目すべき新視点であろう。

## 女性国際戦犯法廷の限界と問題点

「法廷」が持つ限界と問題点も検討しておく必要がある。日本政府の代表が出廷せず、すでに死亡した被告人を起訴したことを「被告人不在」の裁判と批判する向きもあろう。また、弁護人がいないことなど、実際の法廷とは違う点で、批判的な見解もある。[19]

これに対しては、実質的弁護人の役割をはたすアミカス・キュリー（法廷助言者）として、今村嗣夫弁護士が、被告人が述べるであろうと思われる弁論を展開したこと、「法廷」が弁護人の欠如にも配慮して日本政府の主張などに対しても法的検討を加えたことに留意すべきである。「法廷」は、十分な適正手続を保障することを意図していないことを率直に認め、民衆法廷の判断を歴史的文書として残す重要性を強調した。「法廷」を正当化する論理としては、法的拘束力を持たない判決を予定していたこと、極東軍事裁判所に起訴されなかった問題点を民衆法廷の手でいま象徴的に問う必要があったことがある。

「法廷」の判決には、被告人を実際に処罰したり、日本政府に補償措置を強制したりする法的拘束力はない。その点、ニュルンベルク裁判や極東軍事裁判などの国際戦犯法廷のそれとは違う。「法廷」が目指したものは、民衆が持つ道義的な権威による断罪であった。「法廷」を組織した世界的な女性運動と判決を言い渡した専門家の持つ倫理性と権威に意味がある。モデルとしたのは、ベトナム戦争の不法性を裁いたラッセル法廷である。権力を持たない民衆、とりわけ長いあいだ人間として扱われず権力から排除されていた女性運動が持つ倫理的影響力にも注目すべきである。判決が歴史的画期性を持つことを理解できるであろう。

「今回の『判決』に法的拘束力はない[20]」というのは、訴追された昭和天皇ほかの被告人や日本政府に関しては正しい。しかし、判決は、国際法上今後効力を持つ文書となる可能性を秘めている。国際司法裁判所規定三八条一項（d）には、「法則決定の補助手段としての裁判上の判決及び諸国の最も優秀な国際法学者の学説」も裁判の基準として適用するとの定めがある。だから、「法廷」の判決が、今後の国際裁判で重要な先例として引用される可能性はある。

## 3　今後の展望

### 「法廷」と男性中心社会日本

今後は、判決が日本国内の運動にどのような影響を与えるのかに注目すべきであろう。

日本軍性奴隷問題を日本政府が解決できないのには、複合的な理由があるだろう。[21] そのうち最大のものは、前記した国連で起きたパラダイム転換が、天皇制を象徴とする日本男性中心社会ではまだ十分な形をとって起きていないという事実であろう。これまでの、筆者を含む運動自体が、男性中心的であったことをも反省すべきである。

ところが、今回の「法廷」の運動を担ったのは、東アジアの女性運動であった。日本の女性運動も主体的かつ中心的な役割を果たした。日本軍性奴隷問題を巡る運動が画期的な質的転換を見せたのだと思われる。

日本男性中心社会は、このような女性運動の高揚に直面して、「日本が崩壊する」というほどの強い危機感を持っているのではないか。そのために、日本軍性奴隷問題を教科書から抹殺しようとするなど過剰反応も見せる。戦後の日本男性中心社会も、ことあるごとに女性の政治参加・司法参加に抵抗し続けている。それは、相当の成功を収めた。男女平等をうたった憲法施行後半世紀たった現在でも、国会も、司法も未だに男性中心である。しかし、軍性奴隷問題で真の謝罪が実現したら、先進国中でも際立っている日本男性の女性支配が崩れる可能性がでてくるであろう。

だから、「法廷」をきっかけに、日本の大多数の女性・男性の間で日本軍性奴隷問題をめぐってジェンダーの視点からパラダイムの転換が起きるかどうかは、日本軍性奴隷問題の解決の方向性ばかりか、日本の変革可能性を占うために重要なポイントなのである。今後、女性運動は、「法廷」の成果を日本社会に浸透させるために、あらゆる努力を傾注すべきであろう。

## 「法廷」と国際社会

判決が国際社会に強いインパクトを与えることは間違いない。しかし、それがどの程度の速度と強さで波及するのかは、日本を含む世界の女性運動にかかっている。

一気に変革を実現するのは、困難であろう。しかし、国連勧告とそれに呼応する市民・議員立法運動の前進、「女性国際戦犯法廷」の成功などは、ごく一部ではあっても構造的な厚い壁を破ることに成功した。これらの成果に焦点を絞って、以下のような運動を継続すれば、日本男性中心社会の抵抗を打破することも不可能ではないであろう。それは、日本による同様の行為の再発を防止するばかりか、女性に対する戦時性暴力を世界から根絶する運動を発展させるであろう。

① 「法廷」実現の過程でできた国際的女性ネットワークの活性化をはかり、国連人権機関・ＩＬＯを含め広くその判決を知らせ続けること。

② 二〇〇一年三月野党三党が戦時性的強制被害者問題の解決の促進に関する法律案という議員立法法案を参議院に提案し、国連関係者にも注目されているが、この立法解決運動を強めること。

③ 日本軍性奴隷問題に関する国連報告書の成果を踏まえ、現在国連が取り組もうとしている戦時性奴隷被害者に対する対応を推進すること[22]。

④ 日本軍性奴隷問題を批判しつづけているＩＬＯ専門家委員会及びＩＬＯ総会に対するロビーイングに組織的・継続的に取り組むこと。

［注］

（1）例外的処罰事例が発見されており、刑事処罰は可能であった。しかし、オランダ軍事法廷による日本軍関係者の処罰（強制売春等の罪）は、被害者が白人であるオランダ女性「慰安婦」の場合に限られた。日本大審院が「慰安婦」を海外移送した業者の処罰を肯定した事例もあるが、軍関係者の訴追はなかった。これは日本内地からの海外移送事犯で、植民地からの海外移送事件ではない。

（2）拙稿「禁止されていた重大違反行為被害者の個人請求権放棄」『季刊戦争責任研究』第三〇号、一一～一九頁。

（3）拙著『日本が知らない戦争責任』現代人文社、一九九九年。

（4）「従軍慰安婦」問題に関する国連の人権擁護活動は、主として経済社会理事会の下にある人権委員会、差別防止少数者保護小委員会、現代奴隷制作業部会などが担当してきた。

（5）国際人道・人権法は憲法九八条二項（国際法遵守義務）によって国内法体系に取り入れられて、国内的効力がある。

（6）一九九〇年一〇月一七日付公開書簡。

（7）拙稿「シンポジウム「ナショナリズムと「慰安婦」問題」を巡って［2］――「売春から性奴隷へ」のパラダイム転換はどう起こったか」『法学セミナー』一九九九年五月号。

（8）二〇〇一年現在での人権保護促進小委員会。

（9）詳細は、連載「国際人権レポート」（『週刊法律新聞』）と連載「日本が知らない戦争責任」（『法学セミナー』）を参照。

（10）ジュネーブ特派員は男性のみだった。ただし、一時期毎日新聞が女性記者一人を派遣した例外はあったし、二〇〇一年には読売新聞の女性記者一人がいた。

（11）「だから法的責任はない」という趣旨であろう。

(12) 後にゲイ・マクドゥーガル氏に交代した。

(13) もっとも、この条約は、条約成立前の日本軍性奴隷問題への適用はできない。

(14) 市民・議員立法による解決への努力については、拙稿「過去清算による和解・平和への道——野党三党議員立法統一案実現で、前進した「従軍慰安婦」問題解決への歩み」『法学セミナー』二〇〇一年九月号、七一～七五頁。

(15) http://www1.jca.apc.org/vaww-net-japan/ja/Dec2000/procecutors.html。『週刊法律新聞』二〇〇一年二月九日一四四一号及び同年同月一六日一四四二号に全文掲載。

(16) 桑原聡「女性国際戦犯法廷の愚かしさ」『正論』平成一三年二月号、一二〇～一二七頁。

(17) 拙稿「日本が知らない戦争責任」連載63『法学セミナー』一九九九年四月号、七七～八〇頁。同連載35『法学セミナー』一九九六年一二月号、二四～二八頁。

(18) 「法廷の首席検事パトリシア・セラーズ氏に聞く、「慰安所設置」は国策、法的責任追及に大きな意義」『朝鮮新報』、二〇〇〇年一二月一五日。

(19) 本田雅和・小笠原みどり「『女性国際戦犯法廷』が閉幕、慰安婦制度の国家責任立証」『朝日新聞』(二〇〇〇年一二月一四日付)。

(20) 前注。

(21) 拙稿「日本政府は、なぜ国連勧告を無視しつづけるのか——継続的国連活動の必要性」『女たちの21世紀』第二六号、一二三～一二七頁。

(22) UN Doc. E/CN.4/Sub.2/2001/NGO/24.

# 第11章　女性国際戦犯法廷が国際刑事裁判所にもたらすもの

東澤　靖

## 1　「従軍慰安婦」問題が国際刑事裁判所にもたらしたもの

### ICCと性暴力の処罰

国連のアナン事務総長が「将来の世代への希望の贈り物、そして普遍的人権と法の支配の前進のための巨大な一歩」とその感動を語った国際刑事裁判所（以下、ICC）のためのローマ規程（以下、ICCローマ規程）は、一九九八年七月のローマ全権外交会議において圧倒的な支持で採択された。ローマ規定は、その後二〇〇二年七月一日に発効し、ジェノサイド、人道に対する罪、戦争犯罪そして侵略の罪を裁く常設の国際刑事裁判所は、二〇〇三年早々にオランダのハーグに設立される（ICCについては、アムネスティ国際人権法チーム編『入門国際刑事裁判所—紛争下の暴力をどう裁くのか』現代人文社、を参照)。

このICCローマ規程における大きな特徴のひとつは、武力紛争下における性暴力が正面から犯罪として定義され、また、性暴力に関する訴追を確実なものとするための被害者や証人に対する十分な保護の措置がもりこまれたことにある。武力紛争において残虐行為の被害者となるのは立場の弱い子どもや女性であるという事実と、被害者や証人の効果的な参加なしに裁判での正義は実現できないという認識は、ICCローマ規程の基礎となる考え方だ(前文)。

たとえば、「強姦、性奴隷、強制売春、強制妊娠、強制避妊措置、または同等の重大さを持つ他の形態の性暴力」は、ICCが裁く権限を持つ戦争犯罪と人道に対する罪の両方の類型に加えられた(8条2項b22、d6、7条1項g)。また、手続きにおいても、裁判の各種の段階において被害者の意見表明の機会が与えられ、裁判所は刑事判決とあわせて被告人に被害者への賠償を命ずることができ、あるいはICCには被害者・証人部局が設置されて被害者・証人の保護や安全の措置をとるほか、性暴力などによるトラウマについての専門家をおいてカウンセリングなどの援助を与える形で、被害者の参加や被害者や証人の保護の措置を講じている。

しかしながら、二度の世界大戦を経た二〇世紀の歴史の中で、武力紛争下の性暴力は国際犯罪として明確に認識されてきたとはいいがたい。一九〇七年のハーグ陸戦規則や一九四九年のジュネーブ文民保護条約では、武力紛争下の性暴力の問題は、「家の名誉」や「名誉」といったおぼろげな言いまわしで語られていたにすぎない。一九七一年のジュネーブ第一追加議定書にいたって「女子は、特別の尊重の対象とし、かつ特に強姦、強制売いん及び他のあらゆる種類のわいせつ行為から保護するものとする」と性暴力に直接言及した規定ができたものの、それは国家に処罰義務が課される戦争犯罪の類型には含まれていなかった。その意味で、武力紛争下でのさまざまな形態の性暴力が、国際犯罪であることを確認したICCローマ規程は、革命的なものであったが、それは冷戦後の一九九〇年代に進行した二つの重大な要因を抜きには考えられない。

## 性暴力を国際犯罪と認めさせた原動力

武力紛争下の性暴力を国際犯罪として確認させたひとつの大きな原動力は、いうまでもなく九〇年代にあいついで発生した旧ユーゴスラビア紛争とルワンダ紛争だ。民族浄化など戦争の目的を遂行するための手段として用いられた性暴力など、非人道的行為の実態は、全世界に衝撃を与え、安全保障理事会のもとに旧ユーゴスラビア国際刑事法廷（以下、ICTY）やルワンダ国際刑事法廷（以下、ICTR）を設立させた。とりわけ身近にこれらの紛争を体験したヨーロッパやアフリカの国々は、ICCの強力な推進勢力となった。これらの国際刑事法廷は、タジッチ事件判決（ICTY一九九七年五月七日）やアカイエス事件判決（ICTR一九九六年二月一三日判決）を始め、これらの紛争における性暴力の実態を明らかにし、それに適用されるべき戦争犯罪、人道に対する罪、ジェノサイドなどの法を見いだしてきた。他方で、被害者や証人の証言を得るための数々の困難に直面する中で、被害者や証人を保護を拡大するために、規則の改正などを繰り返して、保護の手段を確立させてきた。

他方で、旧ユーゴスラビア紛争とルワンダ紛争とならんで、武力紛争下の性暴力に対する処罰の必要性を確信させたものは、旧日本軍による「従軍慰安婦」問題であった。一九九一年、半世紀近くに及んだ沈黙の歴史を破って被害者らが自らの被害を公にしたとき、それを受け止めた日本の世論、とりわけ司法は、「従軍慰安婦」問題を処罰されるべき犯罪としてとらえることをしなかった。各国の被害者らによる民事訴訟の提起があいつぎ、一九九三年に日本政府が日本軍の関与を認めて「お詫びと反省の気持ち」を表明した後も、事実関係を確定して責任者を処罰することはなされなかった。一九九四年に韓国挺身隊問題対策協議会（以下、挺対協）が東京地方検察庁に告発状を提出したが不受理とされた際にも、処罰に関して世論はおろか、「従軍慰安婦」問題にとりくむ人々も、懐疑的な対応しか見せなかった。とりわけ「法律」をよく知る人々が、証拠収集の困難性や時効などの「法的困難性」を前に、告発に対してはそれが持つ重要な意味を見いださなかった。

しかし責任者の処罰は、国際的な場においてはまったく異なる展開を見せていった。一九九五年の北京世界女性会議で採択された北京行動綱領は、武力紛争下での性暴力や性奴隷制被害について国家に真相の究明と責任者の訴追を求めた（一四五項e）。さらに進んで翌一九九六年、国連人権委員会に提出された女性に対する暴力に関するクマラスワミ報告（E/CN.4/1996/53/Add.1）は、日本政府に対し、「第二次世界大戦中に、慰安所への募集及び収容に関与した犯行者をできる限り特定し、かつ処罰すること」（一三七項f）を勧告した。そして、性奴隷制及び性暴力を国際法のもとで訴追するための法的枠組み、とりわけ日本軍の性奴隷制に対する刑事責任の分析を詳細に行なったのが、一九九八年六月、国連差別防止・少数者保護小委員会に提出されたマクドゥーガル報告であった（E/CN.4/Sub.2/1998/13）。この報告は、「従軍慰安婦」問題に適用されるべきであった奴隷制の禁止、戦争犯罪としての強かん、そして人道に対する罪など、当時成立していた国際慣習法の内容を明らかにした。加えて同報告は、指揮命令者の責任の法理や国際慣習法のもとでの時効の不適用の法理などを明らかにし、一九九四年の挺対協の告発に応えて直ちに行動をとるよう、日本政府に勧告した。この報告が、この問題に対し詳細な報告を行なったのは、「悲しいことに、第二次世界大戦中に犯された大規模な性的犯罪に対処できていないために、似たような犯罪が処罰のないまま今日まで重ねられてきた」（六九項）という、不処罰と繰り返しに対する重大な懸念によるものであった。このように国際世論は、極東軍事裁判で訴追されることなく放置された「従軍慰安婦」問題責任者の刑事責任について、武力紛争下の性暴力に対する不処罰と繰り返しの悪しき先例として位置づけた。そして、戦後半世紀近くにわたって沈黙に追いやられた「従軍慰安婦」問題について、不処罰と繰り返しの連鎖を断つことへの決意こそが、ＩＣＣローマ規程を採択させるいまひとつの原動力となったのである。

## 2　女性国際戦犯法廷を支えたＩＣＣの規程と思想

### 女性国際戦犯法廷「憲章」の作成

ＩＣＣローマ規程が参加諸国の圧倒的な賛成のもとで採択された事実、そしてＩＣＣが訴追すべき国際犯罪として武力紛争下の性暴力が詳細に定義された事実は、「従軍慰安婦」問題についても刑事責任が追及されるべきだという思いを確信に変えることになった。あわせてＩＣＣは、ＩＣＴＹやＩＣＴＲとともに、国際社会が武力紛争下の性暴力をどのように裁くのかというシステムとモデルを提供することとなった。

しかしＩＣＣは、規程発効後の将来の犯罪行為に対してしか裁判管轄権を持たないので、過去の犯罪行為を裁くことはできない。そして、過去にその裁判管轄権を行使するべきであった極東軍事裁判所は、旧日本軍による性暴力とその責任の所在を直視することをあえてしなかった。そのため、ＩＣＣローマ規程の成立と相前後して、一九九八年、女性国際戦犯法廷がアジアの女性たちを中心に準備されることとなった。

女性国際戦犯法廷の思想を体現するものとして、一九九九年四月、「憲章」の作成が日本のＶＡＷＷ‐ＮＥＴジャパンによって提起された。ニュルンベルク軍事法廷や極東軍事法廷の憲章（Charter）、ＩＣＴＹやＩＣＴＲの規程（Statute）、そしてＩＣＣローマ規程を土台に準備された「憲章」草案は、この法廷が何をめざすのかを明らかにすることであった。この「憲章」を確定するための各国代表による会議は、ソウル、東京、上海、マニラ、台北、そしてハーグと繰り返し開催された。その討論の中で、女性国際戦犯法廷の輪郭が次第にはっきりしていった。

第一にこの法廷は、責任者の訴追を行なおうとしない日本政府に対する批判や告発を越えて、証拠による事実の究明と刑事責任に関する法を適用する刑事裁判を行なおうとするものであること。第二に、その刑事裁判を支えるのは国家機関ではなく、良心と国際法を基礎とする全世界の市民であること。そして第三に、そのような刑事裁判を追求する以上、事実の究明や法の適用、そして法廷の手続きにおいて、全世界の信頼を勝ち得る質の高いものにするということであった。

## 女性国際戦犯法廷を支える国際法理論

半世紀以上も前の旧日本軍の犯罪について、国際社会が信頼するに足りる訴追と判決とを行なうために、越えなければならない国際法上のハードルはたくさんあった。しかし、すでに採択されたICCローマ規程やICTYやICTRの実務が、そうした問題の克服に大いに役立った。とりわけICCローマ規程は、将来に向かって適用されるものではあるが、その内容はこれまでの国際法理論を集大成したものとして、女性国際戦犯法廷がよって立つべき国際法を与えてくれるものであった。

刑事法には、犯罪を行なった当時に犯罪とされていなければ処罰されないという事後法禁止の原則があり、それは刑事法の根本をなす罪刑法定主義から導かれるものだ。最近になって性奴隷や強かんなどの戦時性暴力が犯罪であることはますます明らかになってきたとはいえ、犯罪が実際に行なわれた第二次世界大戦中にそれは国際法上犯罪であったのか。「憲章」は、

「『法廷』は、女性に対して行なわれた犯罪を、戦争犯罪、人道に対する罪、ジェノサイド(大量

虐殺）の罪として裁きます。強かん、性奴隷制、強制売春、殺人、拷問、身体切断、その他のあらゆる形態の性暴力を含みますが、それらに限定されません。」（憲章2条1項）

という犯罪を裁くこととしたが、それはあくまで「当時の国際法の欠かすことのできない部分であり極東軍事法廷で適用されるべきであった」当時の法の諸原則に照らして裁くということが前提とされていた（憲章前文12項）。そして、結果的に「法廷」の判事たちは、

「さらに我々の認定では、強かんと性奴隷制は、広範囲、組織的、または大規模に行なわれた際には、人道に対する罪を構成する。一九四五年までに、強かんと奴隷化の両方ともが国際法のもとで極悪な犯罪として長く認められていた。」（「認定の概要」23項）

という認定にいたったが、このような認定は、ICCローマ規程に性暴力犯罪を含むためになされてきた準備、あるいはICTYやICTRが性暴力犯罪に適用されるべき国際法を見いだし適用してきた実務の蓄積によって裏付けられたものであった。

その他にも、「憲章」は、戦争犯罪や人道に対する罪への時効の不適用の原則や、上官や指揮命令者の責任に関する法理など、ニュルンベルク裁判や極東軍事裁判ですでに確認されていた法理に依拠するものである。そしてそれらの法原則や法理の内容についてはICCローマ規程に対応する規定が

あったことから（27、28、29条）、「法廷」における法の適用を容易にしてくれた。

さらに、「法廷」の判事や首席検事が、ＩＣＴＹのガブリエル・カーク・マクドナルド前所長やパトリシア・ビザー・セラーズ法律顧問などによって担われたことは、「法廷」における訴追や判決がＩＣＴＹやＩＣＴＲの国際刑事法廷の理論と実務にそって行なわれることを可能とした。

また、ロンダ・カプロン教授をはじめとする「ＩＣＣのためのウィメンズ・コーカス」の主だった人々の参加は、ＩＣＣローマ規程に性暴力の処罰を明記させることを可能にした運動と理論的蓄積を「法廷」に与えてくれた。彼女らの実務的な支持や助言のもと、国際法を適用する前提となる事実、それは被害事実のみではなく、その被害をもたらしあるいは許容した昭和天皇をはじめとする当時の日本政府や日本軍の責任者の関与を、事実や資料の積み重ねによって明らかにしていくことが可能となった。

## 国際市民法廷の権限と性格

もちろん「法廷」と、ＩＣＣやこれまでに存在した数々の国際刑事法廷との間には、ひとつの決定的な違いがある。いうまでもなく後者は、諸国家の連合や国際機関を背景としてその訴追と処罰に実際の権力を行使できる法廷であるが、女性国際戦犯法廷は、国家権力や国際機関を背景にもたず、訴追や処罰を被告人に強制することはできない国際市民法廷であるということだ。その物理的能力や時間的制約から、一般の国際刑事法廷が要求するもう一つの原則である被告人の権利の保障のための手続きは、「法廷」の不可欠の要素とはされなかった。しかしながら、そのような限られた物理的能力や時間的制約のもとにおいても、客観的な歴史資料を基礎として指揮命令系統の事実を特定していった作業や、そのような事実に対して適用されるべき当時の国際法の構成は、責任者と責任の内容を特定するのに十分なものであった。

女性国際戦犯法廷は、武力紛争下における性暴力に対する不処罰の悪循環を断ち切ってその再発を防止するために、極東軍事法廷がなすべきであった訴追を国際市民法廷が代わってなすというものであった（憲章前文9、12項）。不処罰の循環を断ち切って犯罪を防止することは、同じようにICCローマ規程を支える思想だ（規程前文5項）。ICCは、国際社会全体の関心事である犯罪の訴追を基本的には諸国家の義務としつつも、国家がそのような義務を実行する能力や意思がない場合に、ICC自ら訴追を行なう権限を行使し、不処罰の循環を断ち切ろうとする。しかし「法廷」は、同じ思想を共有しながら、国家や国際機関がその訴追の義務を怠る場合、その訴追は「地球的市民社会を構成する一人一人の道義的責任」（憲章8項）とし、市民による法廷を求める点で、ICCを越えてゆくものである。

## 3 「法廷」の判決を国際法の一部としていく試み

「従軍慰安婦」問題は、ICCの設立を促し、ICCが武力紛争下の性暴力に対して果たすべき役割を明らかにした。そして、ＩＣＣローマ規程の採択を可能にした運動と国際法理論は、女性国際戦犯法廷を開催する原動力となってきた。そして、「法廷」の判決と運動は、「従軍慰安婦」問題の解決という重要な目的とあわせて、将来に向けて性奴隷制を防止し訴追していくための大きな先例となる可能性を持っている。

権力を持たない市民の力で半世紀以上も前の事実を掘り起こし、刑事的な訴追に耐えうる真実を明らかにする作業は、まさに沈黙の歴史を破るための画期的な運動であった。同時に、そのような事実関係に法を適用して責任者を明らかにする「法廷」の判決は、将来の武力紛争下の性暴力に適用されるべき先例として、大きな価値を持つべきものだ。しかし、「法廷」の判決がなされたところで、とどまってしまえば、「法廷」は単なるイベントとして終わってしまう危険性を持っている。そうならないために、「法廷」を支えた思想とそこで行なわれた判決は、国内外でその内容が吟味され、確認されていく必要がある。それができて初めて、力を持たない市民の手による「法廷」の運動と判決は、正当性と共感という真の力を得ていくことができる。

すでに、二〇〇一年の国連人権委員会に対するクマラスワミ最終報告（E/CN.4/2001/73　23 January 2001）においては、「法廷」のこころみが以下のように報告された（九六項）。

二〇〇〇年一二月、女性たちのグループが『日本軍性奴隷制を裁く女性国際戦犯法廷（二〇〇〇年東京法廷）』を開催し、日本政府が日本の「慰安婦」制度の被害者に賠償を拒否しつづけていること、およびその実行者に対し続いている不処罰を強調した。南北朝鮮、フィリピン、インドネシア、東ティモール、中国、オランダに住む「慰安婦」に関する証拠は、詳細に収集され、今や最終的に記録として利用できるようにされた。証拠は、国際的検察官によって、著名な国際的裁判官団に提出された。この法廷の裁判官の判断は、日本政府の法的責任、および犯罪の実行者を処罰する手続を設置する必要性を繰り返した。しかしながら、日本政府はこの法廷に代表を送らなかった。

このように国連や他のさまざまな機関において「法廷」の運動と判決を紹介し、確認させていく努力が必要である。

さらに、今後二一世紀の武力紛争下の性暴力の防止と処罰の努力は、ＩＣＣという常設の国際刑事裁判所に収斂していくことになる。そのようなＩＣＣ、そして現在すでに動いているＩＣＴＹとＩＣＴＲにおいて、「法廷」の判決が先例として引用され、確認されていくことが重要だ。そのような確認をへて、第二次世界大戦中の旧日本軍による性奴隷制は、当時の国際法のもとで犯罪であったこと、それゆえに現在においてもその責任者が裁かれるべきものであることが、国際法の一部をつくっていく。

そのときこそ、権力に支えられるものではない市民の良心によって、法がつくりだされていくという偉大なこころみが成し遂げられることとなる。

# 第IV部

# 女性国際戦犯法廷をめぐる言説／映像空間

# 第12章 「法廷」とナショナル・メディアの沈黙

吉見俊哉

## 沈黙する日本のメディア

女性国際戦犯法廷の報道をめぐっては、これまでも日本国内のメディアと海外のメディアの間での関心度の著しい差が指摘されてきた。実際、「法廷」を取材した海外メディアは九五社二〇〇名、日本国内のメディアは四八社一〇五名で、東京都心で催された試みであったにもかかわらず、取材陣の約三分の二は海外からやってきたジャーナリストたちであった。記事を見ても、韓国や中国をはじめ台湾、フィリピン、インドネシアなどアジア諸国、それにドイツ、英国、フランス、米国、オーストラリアなど世界中の新聞が大きな紙面を割いて詳しく「法廷」の意義を報じたのに対し、朝日新聞と一部の地方紙を除き国内の主要全国紙の報道は不自然なほどに貧弱であった。たとえば、韓国ではハンギョレ新聞が三十数回にわたってこの話題を取り上げ、東亜日報、朝鮮日報、中央日報の三紙も開廷の数日前から判決までを詳しく伝えた。ドイツでも一〇紙以上の新聞が「法廷」について報じ、フランスのルモンドや米国のワシントンポストなどの名だたるクオリティペーパーがこの出来事に注目した。それに対して、読売新聞はただの一行も「法廷」を報ぜず、日経新聞も開廷日の小さな記事だけ、毎日新聞さえも判決についてはほとんど目立たない記事しか載せなかった。

こうした日本のメディアの対応は、海外のジャーナリストたちには奇妙な姿に見えたに違いない。英国のガーディアン紙は、日本国内のメディアが「大半の日本人にとっては五五年前と同じく、『裁判』などなかったかのような報道しかしなかったこと」を批判して、「さまざまな意味で新しい地平を拓いたこの催しにニュース価値がないから報道しなかった、などとは言えない」と指摘した。「この『法廷』は歴史的かつ議論をよぶべき感動的な催しであり、多大な国際的注目を集めた」にもかかわらず、「大方の日本人にとって、『法廷』はさざなみを立てることにさえならなかった」のである。

いったいなぜ、このようなねじれた落差が生じたのであろうか。以下の小論で、この問題について若干の考察を加えてみたい。そのためにまず、「法廷」についての日本の新聞報道で、何が語られなかったのかを検証する。その上で、国内各紙の「法廷」報道の間での微妙だが一定の傾向をもった差異について論じる。とくに主要な全国紙、なかでも読売新聞がこの出来事をただの一行も語らず、黙殺に近い態度をとったことの意味について考えたい。というのも、読売の「法廷」黙殺はその後にNHKで起きたETV2001の改竄問題ともつながっているように思えるからである。このような考察を経て、最後にグローバル化のなかで国境を越える市民運動とナショナルなメディアの関係について考えていきたい。

## 何が語られなかったのか

「性奴隷制を女性たちに強要した日本の戦時政策を裁く模擬法廷で、判事団は天皇裕仁に有罪判決を下し、被害者に賠償と謝罪を行うよう日本政府に求めた」。「法廷」の判決（「認定の概要」）が下された翌日、海外から取材に来ていたメディアの多くが、このような書き出しで「法廷」の結論を報じた。もちろん海外一七カ国、八六紙あまりの紙面全体を一つのパターンに集約してしまうことはできない。実際、開廷前や審理中の報道内容はかなり多様である。それにもかかわらず、判決時に「法廷」が天皇裕仁に有罪判決を下したことに言及しなかった海外のメディアはないし、むしろ多くはそのことを前面に掲げていったのである。こうして二〇〇〇年一二月一三日には、「ヒロヒト前天皇　有罪判決」（東亜日報）、「慰安婦動員の天皇は有罪」（中央日報）、「『慰安婦』問題で昭和天皇と日本政府に有罪判決」（人民日報）、「日本、性奴隷制を裁く模擬法廷　裕仁有罪」（インディアン・エクスプレス）、「模擬法廷、性奴隷の件で裕仁に有罪判決」（インターナショナル・ヘラルド・トリビューン）、「日本で有罪宣告を受けた裕仁」（リヴェラシオン）、「天皇は戦犯だった」（ターゲス・アンツァイガー）、「天皇裕仁、レイプの責任で有罪」（シドニー・モーニング・ヘラルド）などの見出しが並んでいった。

たしかに、ここでも多くの新聞が「法廷」を「模擬法廷」としてしかとらえることのできなかった限界は指摘されるべきであろう。「法廷」は、決していわゆる裁判の「模擬」として、つまり人々の関心を集めるための擬態として『法廷』を装ったのではない。むしろ、それ自体もまたグローバル化の一局面として進展する国境を越えた市民の連帯が、国民国家の法によって占有されてきた『法廷』の概念そのものに挑戦するというベクトルを含んでいた。その点からするならば、「法廷」は少なくとも「民間法廷」、あるいは「市民法廷」なり「民衆法廷」としてとらえられるべきである。「模擬法廷」という表現は、今回の「法廷」が、どれほど国際法のグローバルな変化や市民的ネットワークの拡大を背景に生み出されていったものなのかを見えなくさせてしまうからだ。このように、たしかに海外のメディアでも「法廷」を実現させていったのが誰かについての理解が十分ではなかったのだが、少なくとも「法廷」が誰を追及したのかに関しては、それらは明瞭かつ直截に伝えていた。

こうした海外報道とは対照的に、日本国内の（邦字）新聞で、「昭和天皇に有罪判決」が出たことを見出しに掲げたところは一つもなかった。これに最も近い表現まで近づいたのが朝日新聞で、判決翌日の記事で、「『昭和天皇にも責任』指摘」と見出しに掲げ、文中では「認定の概要」が「戦時中の強姦や慰安婦制度は『人道に対する罪』にあたり『究極の意思決定の権限者である昭和天皇は知る立場にあり、やめさせる手段を講じるべきであった』として『有罪』と述べた」ことを伝えた。共同通信の配信を受けた地方紙は、今回の法廷報道で全国紙よりもずっと真剣な取り組みを見せたが、それでも「認定の概要」が「慰安婦」制度を「日本の戦争戦略の一環で、政府の政策で導入し」たことは、

「強制労働条約や国際法上の義務に違反した日本国家は有罪」で、昭和天皇についても「軍の犯罪行為を知っていたか知るべき立場にあり、性暴力をやめさせる手段を講じるべきだったのに怠った」と認定したと書き、天皇有罪判決を示唆しつつも明示はしないぎりぎりの表現を選択した。やや例外的には神戸新聞が、「許すな戦時中の性暴力――旧日本軍に『有罪判決』」という見出しのもとで、「法廷」が「被告とした日本軍と昭和天皇に、『旧日本軍の性奴隷制は女性の人権侵害』と『有罪』判決を下した」ことを踏み込んで伝えたが、これなどは例外的な部類に属する。

多くが「天皇裕仁に有罪判決」を見出しに掲げた海外報道に対し、判決についての国内報道の多くが前面に掲げたのは「慰安婦制度は国際法違反」という見出しであった。概していうなら、「法廷」の進行に応じて海外メディアの視線が被害者から加害者へと向けられていったのに対し、日本のメディアの視線は最後まで被害者だけに向けられ続けた。全体としては良心的な報道をした地方紙でも、「認定の概要」で「日本国家」や「日本軍」が有罪判決を受けたことを見出しに掲げたのは琉球新報や沖縄タイムスなど数紙にとどまる。大多数の記事では、いったい誰が「有罪」だったのかという責任者処罰の問題が曖昧にされた。全国紙ではこの曖昧化はもっと顕著であり、毎日新聞の場合、判決についてたった一三行の記事で、「法廷」が「多くの女性が性暴力の被害に遭ったことについて日本政府に謝罪と補償を求める『判決』要旨を発表」したことを報じ、いったい誰に対して何が判決として出たのかが皆目不明な書き方になっていた。日経新聞も、開廷時には「NGOの『女性国際戦犯法廷』が、元慰安婦が参加して開幕」という見出しの記事を掲げていたが、判決については何も伝えなかった。そして読売新聞が、「法廷」を完全に黙殺したことはすでに述べた通りである。つまり日本の国内紙では、「従軍慰安婦」制度を告発する「法廷」が開かれたことは報道されても、その「法廷」が誰を相手にどんな判決を下したのかがほとんど報道されなかったのである。

この点は、国内と海外のメディアで開廷時と判決時のどちらがより大きなニュースバリューがあると考えたかの認識の違いとも対応している。もちろん、それぞれの新聞でかなりの差があるが、概していうなら国内のメディアは判決時よりも開廷時により大きな紙面を割いたのに対し、海外のメディアは開廷時より以上に判決時に力点を置いて報道したように見える。主催者がまとめた資料集に基づいて概算してみると、日本国内の一般紙（英字紙、政党系・宗教系、および在日紙を除く）では、「法廷」に関する一二月中に出た一二二本の記事のうち、一二月八日から一〇日までの記事は四九本（約四〇％）、一二日から一四日までの記事は四八本（約三九％）でほぼ同数だが、その一つ一つを見るとほとんどの場合、前者の方により大きなスペースが割かれている。それに対し、同じく一二月中の海外一九四本の記事のうち、一二月八日から一〇日までの記事は五七本（二九％）、一二日から一四日までの記事は八〇本（約四一％）で、明らかに判決時の報道の方が大きなウェイトを占めている。精密な検証にはさらなる内容分析が必要だが、大まかな傾向として、海外紙が国内紙より以上に判決に注目したということができるのではないだろうか。

もっとも国内紙といっても、日本国内で発行されていても英字紙では、一三日には「模擬戦犯裁判で昭和天皇『有罪』」（朝日イブニングニュース）、「『慰安婦』模擬裁判、昭和天皇に有罪判決」（ジャパンタイムズ）などというように、ほぼ海外のメディアと同様の報道がなされていたから、判決の報道をめぐる国内外のメディアの顕著な違いは、厳密にはむしろ日本語メディアと非日本語メディアの違いというべきかもしれない。実際、前者のなかでも最も徹底して「法廷」を黙殺したのは読売新聞だが、同社が発行しているデイリー・ヨミウリ紙は、「性奴隷の民間法廷」が開廷したことなどを伝えている。つまり、今回の「法廷」をめぐっては、日本語で発行されている新聞を読む大多数の日本人読者の間で、海外での報道や英語メディアでの報道とは著しく異なる「情報鎖国」（高橋哲哉）ともいえるような仕方で、「法廷」がいったい何を結論づけたのかが曖昧にされていったのである。

## 黙殺の背後にあるものは？

さて、「法廷」に対する日本国内のメディアの対応をもう少し細かく検討していくと、理念型として次の四つのパターンを抽出することができるように思う。第一は、「法廷」が責任者不処罰の歴史を断とうとしたことを積極的に評価し、日本軍の犯罪と国家の責任を明示したものである。これは赤旗、朝鮮新報などの政党系、在日系メディアに顕著だが、琉球新報、沖縄タイムスの二紙も、国内紙では最もはっきり日本の国家責任を追及する姿勢をとった（加害者追及型）。今回の報道では、朝日新聞も天皇有罪判決について微妙な表現を用いつつ、この点に焦点を当てていた。第二は、加害責任者が誰なのかについての言及を曖昧にしながらも、「慰安婦」制度の犯罪性に焦点を当てて「法廷」

の意義を評価したもので、地方紙の多くがこうしたケースに当てはまるし、朝日新聞の場合は第一のタイプと第二のタイプの混合かもしれない（被害者救済型）。第三は、「法廷」の意義を否定する立場から批判的に取り上げたもので、産経新聞が典型的にこのパターンの報道を行なった（「法廷」批判型）。そして第四が、「法廷」の存在そのものを完全に黙殺し、とりわけ判決に関する報道をまったくしなかったケースで、読売新聞が明白にこのケースにあたるのだが、日経新聞、毎日新聞などもややこれに近く、第二のタイプとこの第四のタイプの混合と見ることができる（「法廷」黙殺型）。

このうち最も問題なのは、第四のタイプである。一般には読売よりもさらに「右寄り」とされる産経ですら、一二月一三日付の記事で「慰安婦制度は国際法違反」との見出しで「法廷」が日本国家に有罪判決を出したことを報じ、否定的にではあれ「法廷」にコメントするコラムを掲載したなかで、読売の完全な黙殺姿勢は際立っている。同紙は「法廷」が開かれたという事実すら一行の記事にもせず、「法廷」の存在を完全に黙殺したのである。実際、「法廷」が閉幕してからだいぶ後になって、同紙の「メディア時評」欄に寄稿した徐賢燮氏がこの点に触れ、「朝日新聞など日本の多様なメディアが大きく報じる中で、読売新聞ではほとんど報道されず、この「法廷」の存在自体を無視したように感じられた。……今回の法廷について、読売としての姿勢を明らかにしてもよかったのではないか」と批判しているほどである。産経や読売の日頃の政治的なスタンスからして、「法廷」報道が否定的なものになろうことは予想できる。しかし、否定的にではあれ「法廷」があったことを報道するのと、「法廷」の存在自体を黙殺するのとでは、質的に大きな差がある。

実は、読売新聞に代表される黙殺姿勢の意味するところを考える上で、興味深い参照例がある。今回の「法廷」のちょうど八年前の一九九二年一二月九日、「従軍慰安婦」問題が世論の関心を集め始めた頃、元「従軍慰安婦」六人が証言する国際公聴会が東京で開かれている。この公聴会は東京や大阪の市民団体が企画したもので、国連関係者を招待したことや海外からの報道陣も多く取材に来たことなど、今回の「法廷」につながる最初の試みであったとみることができる。そしてこの国際公聴会を、朝日新聞は九段、毎日新聞は五段、読売新聞は三段の記事で報道した（いずれも写真有）。報道量には差があり、読売は朝日の約三分の一しか紙面を割いていないが、それでも「非道の数々　生々しく」という見出しで、証言された「慰安婦」の日本軍による連行・監禁の模様を報道しているのである。今回の「法廷」は、八年前の公聴会よりもはるかに規模も大きく、歴史的な意味も大きい。当然、海外紙や地方紙、朝日は八年前よりもずっと大きな紙面を今回の報道に割いた。単純にバランスを考えるなら、朝日の三分の一程度の報道が読売や日経でなされても自然だったように見える。ところが今回は、読売などの国内紙は、この「法廷」を全くか、ほとんど伝えなかったのである。

その理由として第一に想定できるのは、多数派の全国紙が、戦争責任や「従軍慰安婦」などの問題を報道することに、かつて以上に消極的になってきたことである。九〇年代を通じ歴史修正主義の動きがあり、ネオ・ナショナリズムの潮流と大手のマス・メディアが手を組んでいく傾向が目についた。そうした流れからするならば、もともと保守的な新聞で、八年前にはできた報道が、今はもうできなくなってきている可能性はある。しかし同時に、第二の要因として、今回の「法廷」が昭和天皇の戦時性暴力に対する責任そのものを審判するという、八年前よりもはるかに先鋭な目的をもった法廷であったことが、国内大手のマス・メディアの警戒心を強くさせた可能性もある。「法廷」を報道しようとするならば、元「慰安婦」の被害の数々を伝えるだけでなく、その責任がいったい誰にあったのかも示していかなければならない。この点をめぐり、海外と国内のメディアではスタンスに大きな差があったこと、すなわち日本国家と昭和天皇の有罪判決をどのような表現で伝えるかでは各メディアで微妙な落差があったことはすでに述べた。「法廷」が掲げた責任者処罰は、それを伝えるマス・メディアにいわば踏み絵のように機能し、はなから天皇有罪を伝えるつもりなどない国内紙は、「法廷」を報道すること自体を放棄してしまったのではないだろうか。

残念ながら、こうした推論をこれ以上深く検証していくだけの材料が手元にない。しかし同時に、読売のようなメディアにあっても、決して全国、全セクションで一元的な情報管理が行なわれているわけではないことにも注意しておく必要がある。二〇〇一年三月二三日の読売の解説紙面では、旧ユーゴスラビア国際刑事法廷がボスニア紛争での集団レイプに対し、「人道に対する罪」の観点から当時のセルビア人勢力の司令官ら三人に重い有罪判決を下したことの意義について詳しく解説している。女性国際戦犯法廷は、当然ながらこうした「解説」の延長線上で論じられるべき対象として浮上してきたはずなのではないだろうか。また、同じ読売新聞でも大阪版や西部版になると、東京版の紙面とは若干異なる傾向を含んでいたことに注意しておきたい。たとえば同紙の二〇〇〇年一二月二七日の西部版には、VAWW‐NETジャパンの運営委員の一人である松岡澄子によって、女性国際戦犯法廷の意義を論ずる文章が寄稿されている。東京版では決して掲載されないような記事が、九州での版ならまだ可能なのである。このことは、今回の「法廷」報道において、東京発のメディアの消極姿勢に比べ、一部の地方メディアが健闘したこととも呼応している。概していうなら、中央のメディアよりも地方のメディアが、新聞社内でも主流よりも傍流の方が今回の「法廷」の意義に敏感で、海外ジャーナリズムとも通じる感覚を保持していた。

## ETV2001番組改竄が映し出したこと

二〇〇一年一月三〇日に放映されたETV2001「戦争をどう裁くか」の第二回「問われる戦時性暴力」の番組改竄問題は、まさにこのような日本国内のメディア状況のなかで、NHK内部の一部の番組制作者たちがあえて海外のメディアの問題意識と呼応するような視点から「法廷」を描く番組を作ろうとしたときに、発生したのである。いわば、上記の第一の視点からの報道が、第四のパターンを基調とする報道体制のなかでどのように排除されてしまうのかを露骨な形で示すこととなった。この問題に関しては、すでに番組での対談出演者であった高橋哲哉（「何が直前に消されたのか」『世界』二〇〇一年五月号）と米山リサ（「メディアの公共性と表象の暴力」同誌、七月号）によって、二〇〇〇年一二月末のスタジオ収録時と放映数日前の一月二七日の修正台本時、そして一月三〇日の放映時で番組の内容がどのように段階的に改変・改竄されていったのかについての詳しい検討がなされている。また、映像表象の面からこの改竄で何が周縁化され、沈黙させられていったのかについての考察も北原恵によってなされているし（「沈黙させられたのは誰か」『インパクション』二〇〇一年四月号、本書第15章参照）、放映版が納品版からかけ離れたものになってしまう過程と背後の政治的な動きについてのリポートも、西野瑠美子（「NHK『女性国際戦犯法廷』番組改変騒動のその後」『創』二〇〇一年五月号、本書第14章参照）や竹内一晴（「『問われる戦時性暴力』改変にみる『編集権』とは何か」『放送レポート』一七一号）によって書かれている。

これらを通じてわれわれは現在、もともと番組の意図がどのようなプロセスを経ていかにねじまげられていったのかについてかなり詳しく知ることができるようになった。そしてそこから、この改竄が単なる偶発的なものではなく、きわめて系統的、構造的なものであり、戦後日本の公共放送、そしてメディアのあり方の根本を問う問題であることも明らかになってきた。実際、放映直前にNHK内部でなされたことが暴かれていくなかで露呈してきたのは、今回の番組＝テクストの改竄が、プロセスの面では混乱に満ち、はなはだ暴力的な仕方でなされたにもかかわらず（あるいは、そうであったからこそ）、消されていった表象の面ではきわめて系統的・徹底的に改竄がなされたという点である。すでに多くの分析があるので詳細は省くが、最終的には放映直前に、それまでの制作プロダクションや担当プロデューサーの調整の努力も押し退けるようにして会長周辺から強圧的に出されたNHK上層部の「業務命令」によって、本来ならば女性国際戦犯法廷が果たした歴史構想的な意味を浮かび上がらせるはずであった番組は、少なくとも次の二つの面で根本的にその趣旨をねじまげられ、番組のメッセージをほぼ完全に空洞化されてしまったのである。

すなわち、改竄によって番組から故意に消去された第一の決定的な要素は、この「法廷」がそもそも訴えた相手、つまり戦時性暴力の主体としての加害者＝被告の姿である。それは強かんと慰安所での暴行を繰り返した日本軍兵士の姿であり、慰安所設置を戦時政策として進めた日本国家の姿であり、そうした政策体系の頂点にあった昭和天皇の姿である。すでに指摘されてきたように、この暴力主体の消去は、①番組タイトルそのものが「問われる日本軍の戦時性暴力」から「問われる戦時性暴力」に変更されたこと、②（修正台本版では残っていた）「法廷」での加害日本軍兵士の証言が放映版では完全に削除されたこと、③（これも修正台本版では残されていた）「法廷」の判決（「認定の概要」）が「日本国家と昭和天皇の責任を認定」した部分の映像が放映版では完全に消去されたこと、④海外のメディア報道の紹介でも「判決」に触れない部分のみが選ばれていたこと、⑤対談のなかの発言でも、「昭和天皇」はもちろん、「日本軍」や「日本政府」の責任に言及した部分がことごとく前後の話の流れをずたずたにする仕方で削除されていったことなどにはっきりと示されている。

番組の改竄はしかし、単に戦時性暴力の主体の姿を消去しただけではなかった。そうした暴力の主体を忘却の歴史の底から召還し、再審しようとしたもう一方の決定的な主体もまた徹底的に消去してしまったのである。この第二の操作によって消されたのは、「法廷」の主催者としてのＶＡＷＷ‐ＮＥＴジャパンであり、元「慰安婦」の女性たちの訴えと権利回復の運動を支えてきたフェミニズムの国際的なネットワークにほかならなかった。このことは、①オープニングで放映されるはずだった

「法廷」の映像が抹消されたこと、②この「法廷」が単なる「模擬法廷」ではなく、市民の力が国際法にも影響を与える九〇年代以降の世界的な流れの一部であることなど、法廷の性格にかかわる言及がことごとく消されたこと、③VAWW-NETジャパン代表の松井やよりのインタビューや彼女の姿までもがすべてカットされたことなどにはっきり示されている。ただし、修正台本版までは残されていた被告=暴力主体の姿が、放映数時間前になされた会長周辺からの改竄によって徹底的に消されたのに対し、第二の告発主体の周縁化は、修正台本版、あるいはもう少し早くから始まっていたように見える。

結果として放映された番組は、素材は女性国際戦犯法廷を取り上げながらも、この「法廷」が誰によって催され、いったい誰を告発したものであったのかが全くわからない仕上がりとなった。つまり、番組は「法廷」を取り上げながらも、『法廷』として描くことを故意にやめてしまったのである。なぜなら、「被告」が誰なのかもわからず、「原告」が被害の証言という形でしか示されず、いかなる「判決」が出たのかもわからないような法廷は、もはや『法廷』とは呼べないからだ。そして、これをさらにだめ押しするかのように、改変過程で挿入された秦郁彦の冗長なインタビューは、ひたすら既存の日本国内での裁判に照らして今回の「法廷」が「裁判」の要件を充たしていないことを強調し、そもそもそれが法廷であること自体を疑わせるものであった。番組の冒頭でも、やはり後から挿入された町永俊雄アナウンサーの「これは法廷と言いましてもあくまで民間のものでありますから、法的拘束力はないこと、さらに被害者の証言については、そのすべてを必ずしも確認できないことなど、様々な争点、問題点のあることは事実」という発言が『法廷』という状況の定義に対する否定的なコメントとなっており、全体として番組改竄は、「法廷」をテーマにしながらも実はそれは「本当の法廷」ではなかったのだというような、番組の前提を否定するニュアンスを含むことになったのである。その結果として生じたのは、元「従軍慰安婦」の女性たちの客体化、ないしは戦時性暴力の被害者一般への横並び的な対象化である。彼女たちの姿は、告発の主体からむしろ観察の対象へと馴化され、今やその憤怒の声は、視聴者たちの心に突き刺さるのではなく、その前を素通りしていくこととなった。

## メディアの語りが成立するのはどこか

以上、女性国際戦犯法廷をめぐる国内外のメディアの報道を、（1）海外の報道と国内の報道の落差、（2）国内の報道のなかでの様々な差異、（3）ＥＴＶ２００１問題で露呈した隠蔽＝捏造の仕組みに焦点を当てながら概略的に論じてきた。以上の考察を通じて明らかとなったのは、さしあたり次の三点である。第一に、国内外のメディアの落差として決定的なのは、報道の量もさることながら、被告の側に立たされた日本軍、日本国家、そして昭和天皇の戦時性暴力に対する責任を、どこまで明示的に伝えるかという点であった。この点で、海外のメディアが直截に「天皇裕仁有罪」を伝えたのに対し、国内のメディアはさまざまな温度差で、一部はさりげなくこの点に触れることを慎重に選択し、一部はこの論点をぼやかしていった。第二に、全体の傾向としてみると、北海道新聞、信濃毎日新聞、神戸新聞、西日本新聞、沖縄タイムス、琉球新報など地方紙が、今回の「法廷」報道で健闘したのに対し、朝日新聞を除く東京の支配的なマス・メディアの反応はきわめて鈍かった。換言するなら、今回の報道では東京の多くのメディアが、地方のメディアと海外のメディアに挟まれながら閉塞的な情報空間を形作っていたのである。第三に、ＥＴＶ２００１の番組改竄問題は、このようなナショナルなメディアの体制のなかで、あえて海外の「法廷」報道にも通じるような視点を持ち込もうとしたとき、どのように支配的なメディアの側のコードが働いてくるのかを露呈させていった。読売新聞の「法廷」黙殺の背後にある編集のコードが、あたかもこのＥＴＶ問題のなかであからさまになったような形になった。

だが、話はここで終わるのだろうか。たしかに今回、読売新聞やＮＨＫ幹部が発動させた記事や番組の編集における抑圧的なコードは、東京を特権的な中心とする日本国内のマス・メディア体制のなかでなお支配的なモードである。米山リサは、前記の論文で、ＮＨＫの番組改竄によって暴力的に消されていったのが、まさしく「法廷」を可能にしていった女性たちの力であり、戦時性暴力の被害にあった女性たちの連帯であったこと、つまり今回の改竄によって元「慰安婦」の女性たちは、日本軍による暴力だけでなく、日本のマス・メディアによる暴力にも二重に晒されることになってしまった皮肉を的確に指摘する。その上で彼女は、「改竄の事実を知らないで番組を見た人々の多くが、放送内容に対してとくに強い違和感を抱いたわけでもなかったという事実」に目を向け、「番組は受け手の自明で自然化された現実認識と齟齬をきたさずに受け止められたのだ」と論じている。もしも、この点が完全に米山の言う通りならば、NHK幹部による暴力的な改竄は見事に功を奏したのであり、おそらく話はもうここで終わりということになるのかもしれない。

しかし、同時にこうは考えられないだろうか。たしかに多くの人々が改竄された番組に強い違和感を抱かなかったとしても、同じくらい多くの人々が、この番組を見て何らかの不可解な違和感を抱いたのではないか。あるいはそもそも多くの人々が改竄された番組に違和感を抱かなかったのなら、それは必ずしも番組の内容が受け手の現実認識と一致したからではなく、人々はそれほど真面目にテレビを見ているわけではないからなのではないか。そもそも放映された番組の視聴率はわずか〇・五％である。この〇・五％は、どのような階層とジェンダー、地域構成を含んでいたのか。一般的なNHKの視聴者とETVの視聴者はどこで重なり、どこでずれているのか。番組は、どのような人々によってどのように生きられたのか。こうしたすべての点を含めて考えるなら、どれほど巧妙に演出された番組でも、送り手の意図通りに受け手が番組を受容していく保証はどこにもない。まして今回、改竄された番組は、いたるところに不自然な切れ目や不統一があり、見る者の価値観にかかわりなく、番組の技術的な完成度に疑問を抱くことも大いにあり得よう。

まさにこの、無残な姿で放映された番組と、具体的な社会的状況のなかでテレビの前に座る人々によって生きられる番組の間にあるずれと断層、亀裂にこそ、今回の番組改竄が決してもう終わってしまった話ではなく、いまだ現在進行形の話であると考えなければならない理論的な根拠がある。実際、このNHKによる番組改竄問題は、「法廷」の主催者であるVAWW-NETジャパンをはじめ、番組出演者の高橋や米山、様々な分野の研究者、ジャーナリストが批判の声を挙げたことにより、現在ではこの番組が放映されたときの視聴者を超えて多くの人々の知るところとなり、問題提起の輪は今も広がりつつある。まさに米山が言うように「抑圧は増殖を生む」のである。たしかにこの問題が、NHKのなかでこれまで最も良心的な番組作りをしてきた教養番組部のETV枠において起きたのは不幸なことであった。しかし、このことはNHKの番組制作を支えるプロダクションまでを含めたシステムが、決して一枚岩ではないことの裏返しでもある。メディアの「受け手」は自然的な態度に充足する従順な視聴者であるのとまったく同時に、国家を背景にした「公共放送」の横暴に反旗を翻す可能性を潜在させた両義的なオーディエンスでもある。そしてメディアの「送り手」たちにも、しばしば企業人としてのアイデンティティと一個のジャーナリストとしてのアイデンティティが混在している。今回の「法廷」報道をめぐる諸々の動きで肝要なのは、われわれすべてが、ここで露呈してきた日本のマス・メディアを支配している深刻な状況を前にして、こうしたアイデンティティの矛盾や亀裂を曖昧に妥協させてしまうのではなく、むしろそれを顕在化させ、さまざまな組織、国家、ジェンダーの壁を内破しながら、メディアの語りのなかに伏在する多声性を奪還していくことなのではないだろうか。女性国際戦犯法廷の主催者たちが、あえて国家の法廷に対抗する市民の法廷を出現させることで〈法〉の公共性を問うたように、〈メディア〉の公共性もまた決して一部の巨大資本や「公共放送」の支配者たちだけのものではあり得ないことが示されていかなければならない。

# 第13章　女性国際戦犯法廷の取材と報道を通して

＊本稿は、「法廷」を取材した記者の方にインタビューした記録である。［編集部］
（聞き手：松井やより、西野瑠美子、金富子）

## メディアの「女性国際戦犯法廷」報道格差から見えるもの

松井やより――今回の「女性国際戦犯法廷」の報道は、新聞社によってずいぶん差がありました。印象としては社の方針によって違いがあると同時に、記者個人の熱意が大きく左右するということです。例えば、かなり取りあげた朝日新聞にしても、当然朝日新聞の記者全員が関心があるわけではなく、記事が多すぎると社内で問題になったようです。そして「法廷」が終わってみると、報道の内外格差があまりにも大きいことがわかりました。

日本で強まっている国家主義が、一つはメディアを、もう一つは教科書問題つまり教育を押さえようとしていると実感しています。戦争中の軍国主義教育と言論統制が、あのような侵略戦争に国民がこぞってついていく状況を生んだのですから、今大変深刻な事態にきていると思います。この間の教科書問題をめぐっても、例えば「新しい歴史教科書をつくる会」（以下、「つくる会」）は、教科書の全面広告を読売新聞、毎日新聞などいくつかの全国紙で出ましたが、朝日新聞は出しませんでした。朝日新聞記者の先輩が『ジャーナリズムの原点』（岩波書店）で書いておられますが、いくつかの新聞が権力に近くなっていく、しかし別の新聞は少し距離を置くという違いが生まれています。実際には産経や読売などが権力の広報機関に近い新聞となり、その結果どちらかといえば自律していこうという新聞もどんどん流されてそちらに近寄らざるをえない状況が、戦前と同じように今まさに起こっています。朝日新聞に私自身いましたのでその限界は知っていますが、社会全体が右傾化するなかで、少しは違いがあったものがだんだんなくなっている状況を私は恐れています。

このようなメディアの危機にどのようにして歯止めをかけていくか、という意味で、「法廷」の報道メディアのあり方を一つの材料として、実際に取材に協力していただいた方々に考えていただければと願っています。

## 「法廷」の印象

――最後の判決（「認定の概要」）に、記者の方でも涙を流しておられた方もいて印象に残っているのですが、四日間の「法廷」の感想はいかがですか。

### サバイバーへの支持の思い

判決も大変よかったのですが、初日の首席検事による論告の格調の高さにまず感動しました。パトリシア・セラーズさんとウスティニア・ドルゴポルさんの行なった論告があまりに格調が高いので、涙腺がゆるんだほどでした。判決の時はメモを取るのに必死で、頭が真っ白になっていました。

六四人もの被害女性の方々が参加され、証言をしました。そういった苦しい体験を語った勇気に対する支持の思いが会場を包んでいた、というのが四日間の印象です。

文献ではなく生の言葉で歴史を拓いたということでしょうか、サバイバーたちの勇気がなければあのような事実は伝わることがなかったでしょう。印象的だったのは、被害女性の方々が原点ということに、「法廷」が徹したということです。一二月九日の記者会見（於：飯田橋）の際、ドルゴポルさん（首席検事）が、「私たちはあなたたちを支持している、ということをこの『法廷』で伝えたいのです」という言葉。また、論告中の「想像を絶する被害を受けた彼女たちが、それでも生きることを選択したことに敬意を表する」という言葉が印象に残っています。

### 「法廷」の公平な審理

また、「法廷」の公平性も印象的でした。もっと強調されてもいいと思うのですが、初めから「有罪ありき」ではなかった、ということです。常に判事と検事は別の行動をしていましたし、判事の通訳の方は判決当日までホテルの一室に隔離されており、判事たちへのインタビューなどで「口を利いてはならないことになっています」「パティ（首席検事パトリシア・ビサー・セラーズさん）と話ができたのは判決の後です」という話でしたので、審理がいかに慎重であったがわかります。

審理にあたって判事たちは慎重な姿勢を貫いていました。クリスチーヌ・チンキンさん（「法廷」判事）が後日、「私たちは判事会議で、ぱっと簡単に判決を出してはならないということを決めました。有罪となるにははっきり証拠で証明される必要がありました」「私たちには証拠不十分という規定、選択肢が必要でした」と話されました。できる限り公平性に配慮した慎重な姿勢が、「法廷」の権威を高めたのではないでしょうか。

## 「法廷」取材／報道をとおして

――今回の報道では、朝日新聞や共同通信の記事がいい証言を引き出しています。

一方メディアの体質として、叩かれる前に自主規制する、防衛的になっているということはないでしょうか。記者たちの「使命感」がいまの時代性の中に組み込まれ構造化されているのではないでしょうか。

**問題の所在を知っていること**

国内の報道は冷淡だったと思います。

この問題を伝えなければという使命感を持った記者やメディアが少なすぎます。戦犯法廷のみならず、戦後補償関連の集会で記者を見かけることが珍しいことを考えると、自主規制以前の問題と思われます。

一方、沖縄の新聞は共同通信の配信記事を大きく扱いましたし、アジアに近い九州などの新聞も扱いは大きかった。また、行数の制約が比較的少なく、掘り下げて書ける文化・生活面では西日本新聞や共同通信が記事を載せました。

私にとっては九州の勤務時代が財産になっています。指紋押捺の強制に苦しむ在日韓国・朝鮮人の方の話や、筑豊の炭坑に強制連行された人の話は教科書にはまったく書かれていないことでした。長崎の原爆についても日本の加害と裏表なものですから、ただ「祈りのナガサキ」だけでいいのかと意識させられました。

## 国際法の進展への興味

また、個人的な興味からいうと、東京地裁で八件の「慰安婦」裁判をはじめ戦後補償の裁判が数多く起されていますが、国際法の解釈をめぐって日本の裁判所はありきたりな判断をしています。その趨勢の中で、女性国際戦犯法廷がカールスホーベンさん（国際法学者）や、国際的に著名な専門家の方が判事あるいは首席検事としてわざわざ来日し、あくまで当時の国際法で裁くということに関心をいだきました。しかも、民事上の共同不法行為というとらえ方で日本国家を追及するならば別ですが、刑事裁判の形を取りましたからよけいにハードルが高いわけです。そこにどうトライしていくかということに興味を持ちました。

取材をつうじて、法律も生き物なんだ、このような取り組みが法に息吹を与えていくんだ、ということを感じました。チンキンさんも、国際法は特に発展途上のもので、どうしたらもっと多くの人に役に立つのか、ということを考えていきたいと話していました。それが「法廷」に参加する大きな動機になったと聞いています。国際法は国家側、そして男性側からみた使われ方が多かったのですが、市民の、女性の視点でアプローチしたという点も、「法廷」に注目した一つです。

国際法の日本の専門家も、この「法廷」はとても参考になるのではないでしょうか。戦後補償裁判にかかわる弁護士の中には、「法廷」に関して冷たい反応もあったとのことですが、推測すると、法律家としての自制心が、刑事弁護人がいないなかで裁くことに対して躊躇したというのも一つの要因かもしれません。表面的には、おばあさんたちがワーッと来て、ああいう判決が出たようにみえるのですが、それにとどまらない、奥が深い「法廷」だったと思います。この民衆法廷が何だったか、あとからじわじわと浸透していくのではないかと感じました。

## 報道の限界

――「慰安婦」裁判はことごとく請求棄却です。国家はもちろんのこと司法にもレイシズムや国家主義を感じざるを得ない。報道の現場で何か影響していると思われますか。

## 記者の関心が薄いこと、東京では情報が埋没するという特殊性

国内での「法廷」報道が消極的だった状況をつくり出したものは、まず、戦犯法廷だったから、記者の興味を引かなかったということではないだろうということです。戦後補償問題に対する関心がそもそも低い。ほとんどの「慰安婦」裁判の審理過程で、傍聴席は埋まらず、記者は一人もいません。東京の裁判担当記者はともかく忙しいので提訴と判決だけしかみないんです。

これが地方だったら違います。時間的な余裕があるので、こういう大きな裁判であれば途中も、終わった後の報告集会も覗くんです。東京の紙面は何となく理性的で記事が溢れかえっていて取捨選択に苦労することもありますが、地方版を埋めるのは大変なことなんです。その関係上、大きな裁判では途中経過、口頭弁論が開かれたとかいう記事も書きます。しかも、地方にいる記者は若いですから感情移入していくんです。それで鍛えられていきます。

中国やフィリピンの裁判にしても地方だったら大きな扱いで、五つぐらいある内の一つになると思うのですが、東京では百、二百、三百というなかで埋没してしまうということです。司法が政府に遠慮する傾向は東京が顕著でしょう。「慰安婦」裁判で唯一、国に賠償を命じたのは下関の裁判所でした。記者も東京にいるとたくさんの情報が入ってきますが、問題の本質は東京からむしろ離れていたほうがわかると思うときがしばしばあります。

### マスコミは忘れやすい

――マスコミ報道を見ていると、戦後補償の扱いは小さい。「メディアの戦争責任」の認識が希薄なように感じられるのですが。

マスコミは忘れやすいですから、一度にわーっと盛り上がり、すぐ忘れてしまいます。「慰安婦」問題については、九〇年代には、金学順さんが名乗りでて史料発見があり、九二、三年には提訴も相次いで盛り上がりました。それが急速にしぼんだのは、「国民基金」（女性のためのアジア平和国民基金）の話が出るなかでマスコミは一区切りという判断もあり、忘れていったのではないかと思います。関心が持続するのはせいぜい数年です。

### 天皇に関する報道規制はあるのか

――国内で法廷報道が少なかったことと、昭和天皇を起訴したということと無関係とは思えないのですが。

天皇報道に関する制約がないとはいえませんし、一部には実際に記者の意向に反して規制がかかったこともあったようです。ただ私の場合は、少なくとも「法廷」報道での制約はありませんでした。判決で海外の報道のように「昭和天皇有罪」を見出しにしたのは、日本では赤旗やアジア系の新聞以外ないでしょう。仮に「有罪ではない」という判決になったとしても、「法廷」の理念やプロセスが何ら揺らぐものではありません。有罪かそうでないかはサバイバー（被害者）の方々や「法廷」を支えた人々にとって最大の関心事だったわけですが、判決はあくまで証拠に基づくものです。判決で、当時の国際法に照らして「慰安婦」制度は違法な犯罪だったとまず認定したことが私にとっては重要でした。

日本の「慰安婦」裁判ではいつも棄却ばかりきかされています。「法廷」直前の二〇〇〇年一二月六日にフィリピンの高裁判決がでましたが、これも棄却されました。花岡事件に和解をもたらした裁判長だったのでどのような判決が出されるか期待されていたんですが、事実認定もありませんでした。そのときトマサ・サリノグさんが、「もうこっちはいいから、もう一つ別の法廷［女性国際戦犯法廷のこと］に行きましょう」って言ったんです（笑）。印象的なセリフでした。

とにかく日本の報道はニュースソースを官に依存しすぎで、NGOを軽視しています。繰り返しになりますが、天皇の責任やメディアの自己規制以前の問題として、そもそも関心を持つ記者が少ない。こうした問題に共感せず、市民の声に耳を傾けようとしないで、メディアがますます市民から遠ざかるのを危惧します。

# 第14章 「法廷」をめぐるNHK番組改変を問う

西野瑠美子

## ついに国会の場で問題に

二〇〇一年一月二九日から四夜連続で放映されたNHKのETV2001シリーズ「戦争をどう裁くか」の二夜、「問われる戦時性暴力」の番組改変の真相究明に関心が高まっている。シリーズの二夜は、昨年一二月に東京の九段会館で開かれた日本軍「慰安婦」制度を裁いた女性国際戦犯法廷を取り上げていた。しかし放送された番組は「見るも無残」という形容が決して大袈裟ではない「壊れた」内容だった。差し替えの痕跡は「法廷隠し」の印象を拭えず、他の三夜とも通常の一〇時四四分に終了したのだが、二夜に限っては四〇分に終了。放送時間が四分短いということだけを見ても、関係者さえ首をひねるものだった。実際、NHKの放送センターでモニターを見ていた局関係者からも「驚きと不審の声があがった」というのだ。

「この番組を巡って、ＮＨＫに何があったのか？」

疑問の声は放送終了直後から日本列島を駆け巡り、放送の危機が叫ばれる事態にまでなっている。

二〇〇一年三月一六日、衆議院総務委員会で民主党の大出彰議員が質問に立ち、この番組の改変報道を取り上げ、ＮＨＫの海老沢勝二会長と松尾武放送総局長に真偽のほどを問いただした。

大出議員は「ＮＨＫの報道の自由、あるいは企画担当者の表現の自由、ＮＨＫの編集権の独立というのが侵害されたのではないか」「一部の政治権力に屈したり、あるいはそれに配慮する形で自主規制したりするというようなことがあってはならないと思う」と疑問を投げかけ、海老沢会長の見解を問いただした。

それに対して海老沢会長は「この番組について制作意図なり、公平性が保たれない、あるいはこういう意見も入れなければいけないのではないかと、いろいろな意見が出たと聞いている。編集に当たった責任者が、そういうなかで公正を期して番組を放送したということだ」と答えた。

おそらくこの「公平性を保つ」というのが、今回の改変劇の核心にある「外力の主張」であろう。

しかし、このシリーズは戦争をどう裁くかというテーマの中で、「慰安婦」制度を裁いた女性国際戦犯法廷を二夜に位置づけたものであり、「公平性を保つ」とは、「法廷」がどう戦時性暴力（「慰安婦」制度）を裁いたかという客観的事実を、外圧に脅かされず提供することではないか。

大出議員はまた、『週刊新潮』で暴かれた「伊東律子番組制作局長が自民の大物議員に呼び出されクギを刺された」という記事（二〇〇一年二月二二日号）を取り上げ、「こういう事実はあったのか？」と質問。松尾放送総局長は「番制局がこの件で呼び出されたという事実はない」と否定し、改変について松尾氏と海老沢氏が指示したのではないかという質問に対しても「そのような事実はない」と否定に終始した。

しかし、これまでのいきさつからすると、これもまた疑問の残る答弁だった。

## 番組が目指していたもの

二夜の目玉になった女性国際戦犯法廷は、日本軍「慰安婦」制度を裁いた民衆法廷で、日本軍の大元帥であった昭和天皇裕仁や日本軍の高官、日本政府を被告とし、昨年一二月八日から九段会館で三日間の審理を経て、一二日に日本青年館で「天皇裕仁有罪」、「日本政府に国家責任」を認める判決（「認定の概要」）が言い渡された。

判事や首席検事、書記官らは国籍・民族・人種・性を越えて構成され、「法廷」は「地球市民社会の声によって作られたピープルズ・トリビュナル」であった。「法廷」の権威はいかなる国家、いかなる政府間組織によって生じるものではなく、またいかなる権力にも支配されない、影響されない、「復讐ではなく正義」を追求した「法廷」だった。

「法廷」を開催するために日本と被害国、国際諮問委員会の三者で国際実行委員会を結成して準備を進めてきたが、日本ではVAWW-NETジャパン（「戦争と女性への暴力」日本ネットワーク、以下VAWW-NETジャパン、代表松井やより）が国際実行委員会の一翼を担った。

NHK（正確にはこの番組の制作会社であるドキュメンタリー・ジャパン）からVAWW-NETジャパンにETVシリーズの企画の相談があったのは昨年一〇月下旬のことだった。この時の話では「戦時性暴力が現在まで抱えてきた問題を浮き彫りにさせる中で、戦時性暴力を裁くためのしくみを明らかにし、問われた罪とどのように向き合っていけばいいのかを徹底考察する」。ついては「女性国際戦犯法廷の過程をつぶさに追い、半世紀前の戦時性暴力が世界の専門家によってどのように裁かれるのかを見届ける」という狙いでシリーズを企画してみたいということだった。とくに「法廷」を取り上げることにより「今、何ができるのかを考えたい」ということだったので、私たちVAWW-NETジャパンはその企画に賛同し、取材協力を了解した。

このような経緯があったからこそ私たちは放映を楽しみにし、全国の会員や「法廷」を傍聴できなかった方たちにもぜひ観てほしいと思い、広く視聴を呼びかけてきたのである。

## 何が消されたのか？

放映された番組は何よりも「法廷」の基本的な情報さえ提供しないものだった。誰が何を目的に「法廷」を開いたのか、被告は誰で、どのような罪で起訴され、どのように審理が進められ、そしてどんな判決が出たのか。それらは放映されなかったのではなく、正しくは「消された」と言っていい。なぜなら、少なくとも放映二日前にはこれら最低情報が入ったビデオが作られており、度重なる改変が行なわれる以前の、制作会社がＮＨＫに「納品」したビデオには基本的情報が盛り込まれていたからだ。

今となっては幻となった「納品」ビデオは、オープニングに「法廷」の会場となった九段会館、「日本軍性奴隷制を裁く女性国際戦犯法廷」という看板が映し出され、書記官の開廷宣言、そこに居並ぶ判事や検事、そして韓国、インドネシア、台湾の証言から始まるものだった。

本来なら司会の町永俊雄アナウンサーは「……今日は昨年の暮れに東京で開かれた女性国際戦犯法廷を見ていきます」と入るはずであったが、放送された番組では「……これは法廷と言いましてもあくまでも民間のものでありますから、法的拘束力はないこと、さらに被害者の証言については、そのすべてを必ずしも確認できないことなど、さまざまな争点、問題点があることは事実と言えます……」と、導入から否定的な発言を展開したのである。

町永アナのこの発言は、放映直前に差し替えられたのだろう。なぜならＮＨＫが広報に出した企画には「この法廷はあくまで民間法廷であり法的拘束力を持たないが、かつてベトナムにおけるアメリカ軍の犯罪を裁いたラッセル法廷のように、国際世論に大きな影響を与えようとしている」と、法的拘束力を持たないことについてむしろ積極的な評価をしている。それが放送では否定的ニュアンスに逆転したのである。

町永アナのこの発言について、中村粲《あきら》氏は「これにはある経緯があった」「（町永アナのこの発言は）当初は放送予定に入っていなかった」が、海老沢会長がビデオを試写して「制作担当者を呼びつけて内容の修正を厳命した。その結果が町永アナの留保発言」という「放送内容の急遽変更といふ仕儀に相成ったのである」（NHKウォッチング『正論』二〇〇一年四月号）というのだ。なぜ、中村氏がこの経過を知っているのかは定かでないが、おそらく町永アナの発言の新撮は放映前日か当日に行なわれたものと見て間違いないだろう。

話を元に戻すが、当初のビデオには「慰安婦」の被害証言として南北朝鮮、中国、東ティモールの女性などが証言している場面があり、中国の万愛花さんが証言中に気を失って倒れたようすも収められていた。また、二人の元日本軍兵士の赤裸々な加害証言、そして判事が判決（「認定の概要」）を読み上げている場面、総立ちになって拍手を送りつづける会場のようす……。

消されたのは明らかに「日本軍」という犯罪主体の固有性を示す文言・場面であり、「慰安婦」制度が犯罪であることを立証する場面であり、天皇裕仁に有罪判決が下された場面である。これらはまさに「法廷」そのものであり、番組は「法廷」を取り上げておきながら「法廷」を消すという摩訶不思議な内容となった。

こうしたカットは、コメンテーターである高橋哲哉氏と米山リサ氏のスタジオ発言にもおよんだ。米山氏に至っては何をコメントしているのか分からないような辻褄の合わないカット発言が流されてしまった（これについて米山氏はもともとの発言メモを公表し、NHKに対する抗議文を世界の学者・研究者三六〇名の署名と共にNHKに送付した）。

他にも放映二日前に急きょ、秦郁彦氏のインタビューを撮影してはめ込んだが、このインタビューについては秦氏が二つの発言をカットしないことを条件に撮影に応じたというから、条件に応じたこの時点で、NHKの、あるいは番組制作者の自主性、自律性は損なわれたと言っていいだろう。

改変劇のクライマックスは、秦氏のインタビュー撮影が行なわれた二八日の夜中から放映直前にかけてだった。オンエアの四時間前に音入れが終了したというから、本来ならそれが完成ビデオであったはずだが、その後も放映までの間に手が加えられたというのだ。そんな乱暴なことを指示できる人物は、NHK広しといえどもそう何人もいるわけではない。中村氏の記事から推察するとそれは海老沢会長と読めなくもない。

こうしたどたばた改変の結果、日本軍「慰安婦」制度がこのシリーズのテーマであった「人道に対する罪」として裁かれた戦時性暴力であることが隠蔽され、「法廷」主催者だけでなく「慰安婦」被害女性、そして「法廷」そのものを侮辱するものになった。

## 公開質問状に対するNHKの回答

VAWW‐NETジャパンは二〇〇一年二月六日付けでNHKの海老沢勝二会長宛てに一一項目の公開質問状を送付した。二月一三日付けのNHKからの回答（教養番組部部長吉岡民夫名）は質問の核心部分には答えず、「シリーズ全体の企画意図・編集方針は昨年一一月にＮＨＫが番組シリーズの制作を決定した時から先般の放送までの間、一貫して変わっていない」「編集方針について正確にお伝えできなかったとすれば誠に遺憾だ」というもので、これは後日、吉岡民夫教養番組部部長と遠藤絢一番組制作局主幹の二人に会い話を聞いた時にも同様の回答であった。この説明ではまるで放送された番組はもともとの企画通りに作られたもので、当初の企画を私たちに正確に伝えなかった制作会社が悪いと言わんばかりの抗弁であり、とても納得できるものではなかった。

話し合いのなかでＮＨＫが認めたことは、番組の放送中止を求める右翼の頻繁な「抗議」があったこと、放送直前まで手を加えたという事実であった。

右翼の「抗議」が始まったのは二〇〇〇年一二月九日のＮＨＫニュース、「おはよう日本」などで「法廷」が始まったことを報じたことに端を発していた。その後、ＥＴＶシリーズで放送されることが分かると、今度は放送中止を求める電話やファックスが続き、翌年一月二七日、二八日には動員をかけてＮＨＫ放送センターに乗りこむという事態にまでエスカレートしていった。

この両日についてはホームページや「国民新聞」などで「ＮＨＫ教育テレビは……松井やよりの女性国際戦犯法廷の番組を放映する。これに抗議するため二七日と二八日の午前十時、ＪＲ原宿駅・渋谷駅寄り出口に集合」と呼びかけていた。

二七日は大雪が降ったために出足は鈍ったようだが、それでもＮＨＫ放送センターの四階正面玄関には「ＮＨＫの反日・偏向を是正する国民会議」を名乗るメンバー三〇人ほどが押しかけ、七時間にわたり視聴者ふれあいセンターの担当者らに「放送中止」を求めたという。それに並行して午後三時には「大日本愛国党」の街宣車六、七台が西口ゲートを突破して玄関に乗りつけ、「制服」姿の二〇人ほどが西口廊下まで侵入し、約一時間にわたってNHKの担当者に「抗議」したというのだ。翌日もまた「NHKの反日・偏向を是正する国民会議」のメンバーが二〇人ほど現れ、「放送中止」の要望書を出していく騒ぎがあった。

日にちは定かではないが、NHKの担当責任者やトップクラスの自宅にも警察が警備についていたという。三月一六日の衆議院総務委員会で大出彰議員から、一月二〇日に「放送するな」という団体からの抗議のファックスが教養番組部部長宛てに送られ、その際にプロデューサーの自宅にも抗議や脅迫の電話がかかっていたという話が公表されたが、これらから見ても番組担当者・関係者の周りではかなり緊迫した事態があったようである。

NHKはVAWW‐NETジャパンに対して並々ならぬ右翼の「抗議」があったことを認めた。さらに放映直前まで手を加えていた事実も認めた。しかし、右翼のすさまじい抗議があったから内容に手を入れたのではないと、両者の因果関係はきっぱりと否定している。右翼の抗議が改変の理由でないとしたら、それほどまでに現場担当者を追い詰め振り回した改変劇の理由は、別にあるということではないか。

## ＮＨＫに何が起こったか？

ＮＨＫのこの「異変」に最も早く反応し報道したのは『週刊新潮』だった。記事（二月二二日号）は一月二七日と二八日に右翼団体「維新政党・新風」や「日本世論の会」などの有志三〇人余がＮＨＫに押しかけたことや、大出議員が引用した「伊東律子番組制作局長が自民の大物議員に呼び出されてクギを刺されたという噂が局内で囁かれている」といった、改変劇の裏に政治的外圧があったことを窺わせるものだった。

三月二日、朝日新聞は「ＮＨＫ、直前に大改変」という大見出しで改変の内幕に迫る記事を掲載した。特に「二九日ごろ、会長側近の局長や放送総局長のための〝異例の試写〟があった」「放送直前の数時間、いったんＯＫが出ていた作品の改変指示が局長以上から出た」といった、ＮＨＫの上層部トップが改変の直接指示に動いたという、まさに「異様」な事態があったことを匂わすものであった。ちなみに「局長以上」とは松尾放送総局長か海老沢会長しか考えられない。これに関連して同日発売の『週刊金曜日』で竹内一晴氏が「カットを指示した人物とは、ＮＨＫにおける放送の最高責任者であり、海老沢勝二会長に次ぐポストにいる松尾武放送総局長」であり、当日四三分バージョンになったものをさらに「三分カットした数か所は松尾氏が見て直接指示をした」と、放送総局長の関与にも踏み込んだ。

これらの記事が出た日、私たちは国際実行委員会の抗議声明とVAWW‐NETジャパンの抗議声明、事実経過の確認を持ってNHKに行き、前回同様、教養番組部部長の吉岡氏と番組制作局主幹の遠藤氏に会った。そこで局長試写について尋ねると、驚くような答えが返ってきた。「朝日新聞に局長試写は異例とあるが、決して異例ではない。必要に応じて局長が試写することはよくあることだ」と言い、今回の番組においても局長試写は無かったとは言えないと、実質、局長試写があったことを認めるような発言をしたのである。事態の進展に伴いトーンは確かに変わっている。

放送時間が四分短かった点について、総務委員会の答弁で松尾放送総局長は「いろいろな事情で内部がそれだけのものを持っていないとか、場合によっては伸びてしまうというのは日常茶飯事で起こっている」「今回、現場からは短いという情報を得たので編成はそれでいい、どうぞその範囲で結構だという返事をしたということが事実だ」と述べた。また、タイトルが「日本軍による戦時性暴力」から「問われる戦時性暴力」に変わり、「日本軍」という特定がぼやかされた点について、松尾氏は「毎朝編集会議をしている。その都度、やはりこれは内容をよく伝えていない等のことがあれば、絶えず放送ぎりぎりまで変えることは多々ある」と答えた。とはいえ、総務委員会においても私たちとの会見においても、具体的なカット部分やそのプロセスについては「編集権」を盾にその真相は依然闇の中である。

## 公平・中立とは何か？

海老沢会長は、答弁の最後に「公共放送であるのでできるだけ公平を期し、我々の自主性、自律性を守りながら質のいいものを出していくその精神にはいささかも変わりないし、今後とも公正公平、不偏不党の立場に立った番組作りに努力するというのは当然だ」と締め括った。しかし、今回の改変劇はどう見ても「公正公平」「不偏不党」を貫いたとは思えない。

公平とは何か？　中立とは何か？

「中立」というのは右だの左だのから「公平」「中立」であることを言うのではない。いかなる政治にも財界にも支配されない、干渉されない、影響されないという自主自律の確保ではないか。今回の企画は「人道に対する罪」という国際的な潮流の中で日本で開催された女性国際戦犯法廷が、日本軍の「慰安婦」制度を「人道に対する罪」で裁いたからこそ番組は注目し、「戦争をどう裁くか」という四本シリーズの中に位置づけたのだ。女性国際戦犯法廷を取り上げた以上、最低限の基本的・客観的情報を提供することは、「公正公平」の立場を貫くことであったと思う。あったことはあったまま客観的事実として提供することを（おそらく巨大な外圧の結果）ためらったこと自体が、公正公平を踏み外す行為になったのではないか。

衆議院総務委員会では社民党の横光克彦議員もこの件について質問したが、そこで横光議員は「E

ＴＶ２００１シリーズ、これは非常にいい。ＮＨＫでなければできないような、いわゆる挑戦的な意欲が感じられる企画だと思っている」「こういった問題が浮上したために、こういったテーマにアプローチすることに現場が委縮するようなことがあってはならない」と、今回の騒動が放送界に自主規制という形で波及しないよう訴えた。

まさにその通りではあるが、そのためにも、今回の「改変事件」は徹底的に真相が究明されなければならないと思う。曖昧な解決で終わらせていくとしたら、報道の自由に「力」がものをいう先例を作り、ひいては報道規制に繋がらないとも限らないからである。

＊本稿は、「ＮＨＫ「女性国際戦犯法廷」番組改変騒動のその後」（『創』二〇〇一年五月号）に修正を加えたものである。

# 第15章　沈黙を強いられたのは誰か

## ――NHK番組改変問題・テレビ映像における捏造

北原　恵

恐ろしいのは、映像が嘘をつくことではない。映像が真実だと思い込み疑おうとしないことである。今年（二〇〇一年）一月三〇日にNHKで放映された「ETV2001シリーズ　戦争をどう裁くか」特集の第二回「問われる戦時性暴力」が、右翼や政治権力の介入によって、スタジオ収録時とは全く異なった形で放映された問題をめぐって、放映直後から出演者からの抗議・申し入れや国会での答弁が行なわれた。さらに半年後には、VAWW‐NETジャパンがNHKなどを相手取り東京地裁に提訴し、また、女性国際戦犯法廷（以下、「法廷」）の国際実行委員会が、BRO（放送と人権等権利に関する委員会機構）へ申し立てをするなど、さまざまな議論が起こっているのは周知の通りである。[1]

「改竄」の内容をめぐっては、①他の回より放送時間が四分短縮、②タイトルが「問われる日本軍の戦時性暴力」から変更、「日本軍」の文字が削除された、③日本軍の戦時性暴力の扱いが縮小、④日本国家の責任を認め天皇ヒロヒトに対して出された有罪判決の削除、⑤放映直前に急きょ追加された秦郁彦のインタビュー、⑥加害兵士の証言や、「法廷」の主催団体、VAWW‐NETジャパン代表・松井やよりのインタビューの削除など、番組全体を通して、「法廷」について誤解と偏見をもたらす番組であることが指摘されてきた。番組の内容に対する批判は、VAWW‐NETジャパンのメンバー西野留美子によって報告[2]されているのでくり返さないが、ここでは映像の観点から改竄の痕跡を分析することによって、それらの歪曲がどのように起こっているかを考えてみたい。わたしは、今回の問題は単なる「改竄」には留まらず、編集による「捏造」であると考えている。生放送でもない限り、スタジオ収録後に編集が行なわれるのは通常のことであるが、その「編集」が、要領を得ない発言を削るなどしてより明快に要旨を伝えるための編集なのか、そうでないのかは、映像に則してひとつずつ検証されなくてはならないだろう。

## 1　フィクショナルな〝時間〟と〝空間〟

まず、番組の冒頭のスタジオ部分を見てみよう。

番組はオープニングのVTRから始まり、タイトル表示（場面1）のあと、スタジオでの町永アナウンサーのワンショット（場面2）におりる。アナウンサーが出演者を紹介するあいだ、映像は出演者

（場面1）

（場面2）

三人全員を写したロングショット（場面3）のあと、高橋哲哉のワンショット（場面4）に変わり、そのまま向かって右にパンで移動しながら米山リサのワンショットに移る（場面5）。そして再びカットで町永アナウンサーのワンショット（場面6）に切り替わり、カットつなぎで高橋のワンショット（場面7）になる。

なぜ、こんなにクドクドと説明したかというと、編集によってどのように時間と空間の捏造ができるかを明らかにしたかったからである。この冒頭のスタジオ部分を見た視聴者は、当然のことながら、米山リサも含めた三人がその場に、同時に存在すると思うにちがいない。

だが、画面をよく見ると、人道の罪について説明を始めた高橋（場面7）は、出演者紹介時の高橋（場面4）とは異なっている。上着もシャツも同じものを着ているが、彼の髪の毛が、突然、伸びるのである。（場面4）では完全に見えていた向かって左の耳たぶが、（場面7）になると半分以上髪の毛に覆われている。出演者紹介のときの高橋と米山のワンショットはカットでつながれたのではなく、パンで移動して映されていることから、二人がスタジオに揃って収録されたときの映像であることが確実である。そして、高橋の髪の毛が一センチほど伸びていることを考

（場面3）

（場面4）

えると、一二月のスタジオ収録から約一カ月後に、再びスタジオでの撮り直しが行なわれたと推測できよう。

事実、この推測は、高橋自身が『週刊金曜日』で述べているコメントと一致している（竹内一晴「消えゆくNHKのジャーナリズム」三月三〇日、三五七号）。それによると、急きょ送られてきた新しい台本でも「女性国際戦犯法廷の紹介部分は残っており、番組本来のメッセージは視聴者に伝わると判断して、私は［一月］二八日午前中に、二カ所のコメント新

（場面5）

（場面6）

（場面7）

撮に応じた」ということである。だが実際に放映された番組では、「VTR部分にあるはずの加害兵士の証言、日本軍性奴隷制を人道に対する罪として、軍最高司令官であった昭和天皇の責任、日本政府の国家責任を認定した判決のシーンなどがなくなって」いたという。

二八日に行なわれた高橋の新撮コメントがどの部分であったかについては、彼の髪の毛が番組中、伸びたり短くなったりするので、その長さに注目すればかなり正確に特定することができる。画面から推測できるのは、人道に対する罪について説明した冒頭のコメントと、海外メディアの反応に関するVTRのあとの、最後のスタジオ部分のコメントが二回目の収録によって付け加えられた部分だということである。このように冒頭とシメという番組の性格と構成を決定づける最も重要な部分に新撮が使われたのである。

もちろん、スタジオ収録を撮り直すということ自体が間違いなのではない。収録時の発言の訂正や企画意図の変更によって再収録・再編集が行なわれることは珍しくなく、出演者の了解があれば、彼らのあいだに問題はないだろう。だが、VTRがはさまれる場合、スタジオ収録後のVTR内容の削除・追加など主旨に関わる大きな変更は、スタジオ出演者に告げ了解を得るべきである。なぜなら、スタジオでのそれぞれの発言は、出演者が放映されたVTRを見た上でなされているという前提のもとに、番組が制作されているからである。秦郁彦のインタビューがVTRで流れたあと、スタジオの出演者がこれについて反論やコメントを何もしないままであるならば、視聴者には、出演者が秦郁彦の発言を肯定したと映るだろう。

事実、秦郁彦のインタビューで締めくくられたVTR部分を町永アナウンサーがスタジオで引き取り、二人の歴史家の評価を聞いたことを述べているにも関わらず（この部分は新撮）、高橋はいきなりラッセル法廷について話を始め、秦の発言には一切コメントしていない。スタジオ出演者のコメントは、秦のインタビュー前に撮られたものであり、しかもその時点では秦のインタビューは存在せず予定もなかったのであるから、反論しようにも反論できるはずがない。つまり、高橋と米山の、コメントあるいは反論する権利と機会が一切奪われているのである。

スタジオ収録時にVTR部分が間に合わず、「見た」という仮定の上でスタジオ出演者が発言することもあるが、それは、出演者の了解のもとになされるのが通常である。今回のように、実際に見たVTRが、了解もなく削除され、先にVTRに基づいて行なった発言が、そのまま別の文脈で使われることは、「改竄」ではなく「捏造」と言えるのではないか。また、もし仮に米山が第二回目の改変を知らされずに、新たに収録された町田アナウンサーと高橋との発言部分に、存在しないはずの彼女の映像がインサートされているとすれば、これも、通常の編集作業におけるインサートとはまったく性格の異なる「捏造」だと言えるのではないだろうか。

## 2　周縁化された〈女〉

では、もうひとりの出演者であった米山リサはどのように番組で表象されているのか。

第一に、米山の発言時間と回数が高橋に比べて異常に少なく、不自然なつなぎ方がされていることに気づく。米山自身、先述の『週刊金曜日』（三五七号）のなかで、VAWW-NETジャパンの主催した「法廷」がフェミニズム思想から見てもすばらしいものだと評価するコメントや、責任者処罰についての発言が削られたことを証言している。「前段の『日本軍あるいは日本政府が、かつて過去に犯した行為が、犯罪であったかどうか、その判断ですね。それを下す手段も経ないまま、したがって処罰されず免責されたまま、その上で、』という部分がカットされ、『許されることを前提とした謝罪を行なってきた、そういう風に見られているからではないかと思うんですね』の科白だけが残されたのも不自然極まりなかった」。

このように、前半の主旨を削り最後のコメントだけを唐突に出したために、米山の発言は意味を正しく伝えないどころか、意味不明にされている。

また、米山が口を開くのは、冒頭での出演者紹介での「よろしくお願いします」という挨拶を除くと、番組開始後一八分四三秒あたりから始まるコメントが、最初である。つまり、番組中盤まで、彼女は沈黙させられているのである。しかも、米山に発言を求める町永アナウンサーの「米山さんはこの意味合いはどんな風にお考えでしょうか」という科白と、口の動きが合っていない。別の文脈で求めた発言を無理やり一八分あたりに入れるために、科白と口が合わないなどという恥ずかしい編集にならざるをえなかったのではないだろうか。

米山は、この発言のなかで、二〇世紀後半のフェミニズム思想が、植民地主義、経済侵略、レイシズム、民族差別などの歴史を踏まえて、加害／支配側の女たちと、受けた側の女たちがどのような関係を結んでいけるのかということが大きな問題となっていること、そして「法廷」を支えてきた思想が、加害側の女性がどのように応えるのかというひとつの姿勢を示した、と述べ評価している。だが、スリーショット（三人が映っているロングの場面）のインサートを被せられた部分では、突然科白が曖昧になることから、おそらく、彼女の発言をズタズタに切った音編集がこの場面で行なわれたものと考えられる。これらの無残な編集からは、放映が迫り慌しい時間のなかでの、制作担当者の切羽詰った状況が伝わってくる。

第二の特徴は、放映された番組ではスタジオの空間が、本人の意図に関係なく町永アナウンサーと高橋哲哉という二人の男性によって徹底して独占され、ジェンダー化されていることである。向かって左から、「町永―高橋―米山」の順に座っている三人の映像は、基本的に高橋を中心化するように構成されている。だが、それは、単に三人が並んだ位置のみが原因なのではなく、町永は高橋を見る、高橋は町永か正面を見る、米山は町永か高橋の方向を見ているという三人の視線の方向によってもさらに強調されている。

（場面 8）

この視線の意味については、ニュース番組における男女のキャスターの視線を考えてみればよく分かるだろう。たいていの場合、女性よりも年老いた男性キャスターは、女性がニュースを読んだりコメントをしているとき、いちいち相手を見ながら頷いて賛同を示すことはせず、カメラを真っ直ぐに見据えることによって、場の支配権を確立しようとすることが多い。

さらに、新しく収録されたスタジオには、町永と高橋の二人しか居ないのであるから、カメラの動きも、町永と高橋の二人のあいだを移動するだけに終わらざるをえない。町永から右にパンしたカメラは、高橋をワンショットでとらえるとそこで動きをピタッと止める。その結果、スタジオの空間はこれらの男性二人によって完結してしまうのである（場面9）。

（場面9）

第三に、秦郁彦と内海愛子に対するインタビューの映像の問題がある。番組では「二人の歴史家の意見を聞いた」と、あたかも対等に二人を扱っているように紹介しながら、実際には、発言時間やカメラアングルなどの違いによって、内海が周縁化されるように作られている（場面10、11、12）。

①秦の映像が二回合わせて三分三〇秒流れたのに対して、内海の映像は一分十五秒だけであり、発言時間の格差が大きすぎること（しかし、問題は時間の長さだけではなく、発言内容の選択、構成のされ方、映像の作られ方である）。②「秦—内海—秦」の順序でインタビューが構成されているため、秦の発言に一層説得力が増すこと、③秦が、静かな室内で書棚（＝知のメタファー）を背景に映されているのに対して、内海は、人々の行き交うざわめいた会場で撮られているため、結果として秦の発言が強調され

ること、④秦を映したカメラアングルが、向かって左手下方からアオリで見上げるように撮られているために、秦に権威が生じるのに対して、内海の場合は、右手上方から見下げるように撮られて、秦と対照化されているために、彼女の発言の力が弱められている（もっとも、カメラが俯瞰で人物をとらえた時、常に「弱さ」を感じさせるというわけではない。米山は、十二月のスタジオ収録時には、内海のインタビューは最後のＶＴＲ部分で締めくくりとして使われていたと述べているが、もしそうであったならば、法廷が終わったあとの会場のざわめきは、「慰安婦」制度について日本国家の責任を認め、昭和天皇に有罪判決を導き出した今回の大きな仕事を終えた後の、緊張と充実感を表現した美しい映像であっただろうと想像できるし、上方から撮られた内海の姿も「弱さ」を印象付けるものではなかったはずだ）。

（場面 10）

（場面 11）

（場面 12）

注）画像はいずれも、2001 年 1 月 30 日放映のＮＨＫ「ＥＴＶ 2001 シリーズ　戦争をどう裁くか」第二回「問われる戦時性暴力」より

（場面13）

放映された番組におけるこのような米山と内海の周縁化は、「法廷」の主催者ＶＡＷＷ‐ＮＥＴジャパンや松井やよりの抹消、天皇の有罪判決の削除と見事に一致している。だが、番組の「公正さ」をアッピールするためには、完全に〈女〉の姿を消すわけにはいかない。その結果、徴《トゥン》として利用された彼女たちの映像があのようになったのだろう。

だが、以上の分析は、あくまで一月三〇日に放映された映像の主にスタジオ部分に留まっている。おそらく、出演者たちがすでに公表しているように、ＶＴＲの内容や番組の流れ・構成にも大幅な変更があったものと考えられるが、十二月末と一月二八日段階での台本が明らかにされれば、実際に放映された番組の改竄・捏造個所や歪曲が一層明らかになるにちがいない。[3]

さらに今回の場合、ジェンダーの差異は、番組の中だけでなく、番組制作の構造にも表われているように思う。ＮＨＫで働く女性の数は、全体の九・一％であり（二〇〇〇年度）、まだまだ送り手としての女性の数が少ないことが分かる。[4] 私自身が民間の制作プロダクションで番組やＣＭの制作に携わっていた一九八〇年代半ば頃を思い返してみると、当時、民間放送局では三〇代から四〇代にかけての中堅の女性正社員の制作者はほとんどいなかった。（女性社員の平均年齢が五〇代という放送局もあった）。テレビ草創期に入社した年配の女性が少数いたが、その後女性の採用が長く途絶えたために、放送局に女性は正社員として採用されることがほとんどなかったからである。そのかわり、賃金が放送局の何分の一という労働条件の制作プロダクションでは、まだ女性が活躍する場があった。今回、第二回目を担当したドキュメンタリージャパンの制作者たちと、NHKの担当者たちとの関係には、受注者／発注者のヒエラルキーに、ジェンダー化された構造がかぶさって見えてくる。問題の生じそうな番組は外部のプロダクションに発注し、事が起これば切り捨てて、内部を守ろうとする構造。

沈黙させられた番組制作担当者たち、沈黙させられ周縁化された米山リサと内海愛子、完全に抹消された松井やよりとVAWW‐NETジャパン、消された日本国家の責任と天皇の有罪判決シーン、日本軍の性奴隷制が人道の罪としての戦時性暴力であることの隠蔽――、まさに、「女性国際戦犯法廷」が明らかにし責任をただそうとした同じ構造が、今回の番組改変のなかで、またしてもくり返されたのである。

［付記］天皇の有罪判決のVTRやコメントは番組から消されたが、海外メディアの報道を伝えるVTRのなかで、韓国KBSニュースが数秒間紹介されている（場面13）。そこに「日　天皇有罪判決」の文字がはっきりと映っていることを友人が教えてくれた。消そうとしても消しきれなかった問題の根幹が、ハングルを通してのみ伝えられた。

＊本稿は、「アート・アクティヴィズム33――沈黙させられたのは誰か」『インパクション』124号（二〇〇一年四月、インパクト出版会）に、修正・注を加えたものです。

［注］

（1）ＮＨＫの番組改変に対する講義は国内外で広く展開されてきた。ＶＡＷＷ－ＮＥＴジャパンによる公開質問状と抗議声明、女性国際戦犯法廷国際実行委員会による抗議声明、番組出演者による申入書がある。署名活動としては、米山リサによる海外学者たち三六〇人の署名抗議や、国内を中心とする三千人の署名があげられるが、それらはのちに発展して「メディアの危機を訴える市民ネットワーク」（略称、メキキ・ネット）として活動を続けている。詳しくはメキキ・ネットのホームページ（http://www.jca.apc.org/˜lee/mekiki/index.html）を参照。

（2）『インパクション』124号、『創』二〇〇一年五月号（本書第14章参照）。

（3）拙稿を執筆後、高橋哲哉氏の「何が直前に消されたか――ＮＨＫ「問われる戦時性暴力」改変を考える」（『世界』二〇〇一年五月号）が発表された。一月二四日段階での新撮のための新しい台本が一部公表され、実際に放映された内容との違いが明らかにされた。さらに米山リサ氏は、論考「メディアの公共性と表象の暴力」（『世界』二〇〇一年七月号）のなかで、一二月スタジオ収録とドキュメンタリージャパンが納品したバージョン、一・二七「修正台本」、三〇日の放送内容を比較することによって、「何が段階的に周縁化され、ついには削除されていったのか」を明らかにしている。

（4）参考：ＮＨＫホームページ、「ＤＡＴＡ　新聞・通信社、ＮＨＫ、民法の女性たち」『総合ジャーナリズム研究』春季号（二〇〇一年四月）一七六号、総合ジャーナリズム研究所。

# 第V部

# 思想的事件としての女性国際戦犯法廷

# 第16章 女性国際戦犯法廷が乗り越えたものと乗り越えなかったもの

金 富子

## はじめに

二〇世紀最後の年の、最後の月二〇〇〇年一二月八日～一二日にかけて、「日本軍性奴隷制を裁く女性国際戦犯法廷」（以下、「法廷」[1]）が東京で開かれた。「法廷」の目的は、第一に、「慰安婦」制度という名の日本軍性奴隷制が〝どのような点で戦争犯罪なのか〟〝誰にその責任があったのか〟について証拠に基づいて審理し、〝処罰されるべき戦争犯罪〟であったことを明らかにすること、第二に、それによって世界各地で現在もつづく武力紛争下の性暴力の〝不処罰の連鎖を断つ[2]〟というものであった。「法廷」には、八カ国（韓国、北朝鮮、中国、台湾、フィリピン、オランダ、インドネシア、東ティモール）から参加した被害女性六四名をはじめとして各国検事団、海外からの傍聴者約四〇〇名、そして日本国内傍聴者六〇〇名、日本・海外のマスコミ三〇五名（合わせて延べ約五千人）で、連日満席であった。

「法廷」の審理（八〜一〇日）は、まず首席検事[3]が共通起訴状を朗読したあと、各国ごとの検事団のプレゼンテーションに移った。このなかで被害者（サバイバー）本人・ビデオによる証言、証拠提示、判事による質問が行なわれ、各国の合間に専門家証人、日本軍元兵士証言が盛り込まれた。招請に応じなかった日本政府の見解は、アミカス・キュリー（法廷助言者[4]）が代わりに陳述した。判決日（一二日）、国際法の世界的権威によって構成された判事団[5]は、当時の国際法に拠って、「昭和天皇の有罪」「日本政府に国家責任」という歴史的判決（「認定の概要」）を下した（他の被告人たちへの判決は二〇〇一年に出される）。「法廷」は「これ以上は望めないようなすばらしい判決」（日本検事団長・川口和子氏）を得て、結果的に成功したといえる。

しかし、「法廷」が提案された当初から順風満帆だったわけではない。「法廷」とその準備プロセスは、国家の司法権の枠組みを越えることや天皇を裁くことのタブー、ナショナリズムの越境の難しさがつきまとった。

筆者は、「法廷」国際実行委員会の構成団体であるVAWW‐NETジャパン[6]で調査・起訴状作成チームの一人として当初から関わった立場から、「法廷」が何を乗り越え、何を乗り越えなかったのかを民衆法廷、国際連帯、公娼出身の日本人「慰安婦」の三点から考えてみたい。

## 1 国家による裁判を越えて――民衆法廷としての実践

もっとも重要なことは、第一に、国境を越えた女性たちを主体とする「民衆法廷」として設置された「法廷」が、朝鮮・台湾の植民地出身者を含む日本軍性奴隷制・戦時性暴力に対して、東京裁判当時の国際法を使って「昭和天皇裕仁有罪、日本国家に責任」という判決＝判断を下したことである。「法廷」が設置されたのは、東京裁判での性奴隷制への不処罰、戦後の日本政府の処罰・補償義務や救済措置などへの怠慢が示すように、「国家が正義を行なう責任を果たすことを怠ってきた」（「認定の概要」4）からであった。「法廷」は、「国家」がなさなかった責任を果たすために、どの政治・宗教組織にも属さず、「法廷」の趣旨に賛同する国境をこえた女性たち（男性も含むが）――法律家・研究者・フェミニスト・運動家・学生を含む――の献身・献金・協力によって「民衆法廷」として構成されたのである。ここで問題になるのは、「民衆法廷」という性格と、それが下した「天皇有罪」という判断＝判決である。

### 公正な審理によって判決は出された

まず、後者から述べると、この判決を「はじめから結論ありき」と評した日本のマスコミがあるが、そうではなかったことを強調しておきたい。起訴状は各国検事による起訴状と首席検事による共通起訴状から構成されている。各国検事が起訴状で取り上げた被告人は、恣意的に起訴したのではなく、「法廷」当日にサバイバー本人またはビデオ証言が行なわれる被害各国の個別被害ケースに対応する加害事実と、公文書資料などの確実な証拠がある中将以上の加害責任者であった。首席検事は、各国の起訴状をふまえて軍の指揮命令系統上および「慰安婦」制度の設置・運用・統制に関して証拠が確かな日本軍および政府機構（総督府を含む）の最上層部に属する加害責任者を起訴した（その多くは東京裁判・BC級裁判の被告人である）。首席および各国検事たちは「法廷」前の一〇月末にハーグで開かれた判事団会議で判事から「証拠がなければ"non-guilty"（有罪ではない）という判決がでることもありえる」と釘を刺されていた。

「法廷」での審理過程をもう少し詳しくみてみよう。

「法廷」初日（八日）の冒頭、二人の首席検事は、「人道に対する罪」で天皇を含めた十人の軍上層部[7]・日本政府を起訴したうえで、審理では専門家証人から日本政府・日本軍の指揮命令系統や、軍が慰安所制度の主体であったことを立証する公文書資料、慰安所の組織性・広範囲性を示す慰安所マップ、天皇の南京事件への認識可能性を示す資料――ただし、天皇の「慰安婦」制度への直接的関与を立証する公文書は発見されていない――、日本国家の無作為・怠慢などを示す具体的な証拠資料の提示や証言を引き出した。被害各国の検事たちも、被害者本人・ビデオによる証言、証拠資料、現地派遣軍の慰安所設置状況などを具体的に提示した。それ以外にも、膨大な証拠資料が「法廷」前および「法廷」の最中に英訳されて提出された。その上で出された「認定の概要」では、日本陸海軍の大元帥であった昭和天皇が、単なる傀儡ではなく意志決定する権限を行使しており、南京事件での強かんなどを含む残虐行為を認識しながら、これを防ぐための捜査・処罰などの手段をとらなかったこと、むしろ慰安所制度の継続的拡大を通じて強かんと性奴隷制を持続化・隠匿する努力を「故意に承認、少なくとも不注意に許可」し、組織的かつ広範囲な慰安所の設置・管理などについて、①知っていたか、②知るべきであったにもかかわらず、慰安所の設営・管理を阻止すべき義務を怠ったことによって膨大な女性たちの被害が生じたことを認定したのである。

実は、これと類似の論理構成は、東京裁判でも天皇を戦争犯罪人リストに入れることに関してオーストラリア政府から主張され、かつオーストラリアから東京裁判に派遣された検察官からも天皇訴追が主張された――性暴力に関してではないが――が、アメリカ等による政治的な判断と介入によって採用されなかったという経緯がある。[8] その後、日本社会には「戦争は軍部の独走であり、天皇はそれを押さえようとした平和主義者」「天皇の聖断で終戦になった」という神話と、天皇の戦争責任を追及することのタブーがセットで浸透することとなった。しかし、一九八九年の昭和天皇の死と冷戦の崩壊は、この封印を解くこととなる。一五年戦争における昭和天皇の軍事的行動を詳細に分析した山田朗氏の実証的研究によれば、日本陸海軍の最高統帥者＝大元帥であった昭和天皇は、けっして軍部の傀儡ではなく、軍部が提供する軍事情報と自らの戦略判断に基づき、「御下問」「御言葉」を通じて国家意思形成（戦争指導・作戦指導）に主体的に関与し、時には作戦計画・内容を左右する影響力を行使した。[9] また、天皇の侍従によって天皇が南京事件を認識していた可能性や、皇族ルートで天皇が日本軍の残虐行為を認識していたことを示す証言も公にされた[10]。さらに、天皇が戦犯としての訴追を免がれたのは、アメリカの占領政策だけでなく、冷戦を巧みに利用した天皇自身と天皇側近からのGHQへの働きかけという、「日米合作」によるものであったことも明らかになっている[11]。故金学順さんをはじめとする被害者自身の証言と公文書資料等の発掘により、吉見義明氏や林博史氏らを中心に「慰安婦」問題の真相究明がこの時期に格段にすすんだのは[12]、周知のとおりである。

「法廷」の審理は、一九九〇年代にはいって精力的に進められたこれらの実証的研究の成果を反映したものであった。「法廷」には、専門家証人[13]として出廷した山田朗氏が「天皇の戦争責任」を、林博史氏が「日本軍の構造」を、吉見義明氏が「慰安婦制度」に関する証言と証拠提示を行ない、天皇の戦争責任や「慰安婦」制度への軍及び天皇の関与に関する立証に貢献した。その上で、「民衆法廷」の判断=判決として、昭和天皇の神話とタブーを明確に否定したのである[14]。

## 「民衆法廷」でこそなしうること

次に「民衆法廷」としての性格である。この判決には、法的拘束力はない[15]。そのうえ、「法廷」は、個人の刑事責任と国家責任を結びつけるという、国民国家による司法の枠組みにはなじまない試みさえ実践した。あまつさえ、昭和天皇をはじめとして被告はすべて死者であり、個人被告人には弁護人がついていない（日本政府からの予想しうる反論は、「慰安婦」裁判での国側の立論を参照して、アミカス・キュリーを担った今村弁護士が代弁した）。これらのことをもって、「法廷」が無意味であるかのような声が事前に聞こえてきたりもした。確かに、従来の司法の枠組みからいえば、「法廷」はおよそ〝非常識〟な法実践の場であったといえるかもしれない。しかし、このような〝常識〟に基づく「法廷」批判は、わたしたちの思考が国民国家の枠組みからいかに自由でなかったかを逆に示しているのではないだろうか。むしろ、そのような批判を読み込んだうえでの「法廷」の実践は、「裁き」を国家権力だけが独占してよいのか、国家権力が犯罪の主体であった場合誰が裁くのか、という核心的な問いを逆照射する。国家権力による司法が一見中立性・客観性を装いながら、一定の〝政治的〟価値を体現してきたことを歴史は示してきた。連合国による「裁き」である東京裁判では、「日米合作」によって昭和天皇が免罪になり、審理の過程で慰安所への言及がありながら戦争犯罪とは見なされなかった。朝鮮人は日本国籍保有者とみなされ、被害者として取りあげられることはなかった（その一方、BC級戦犯裁判では加害者として裁かれた）。また、日本という国民国家の司法権による裁判所が被害者救済や正義の実現という点でほとんど無力であったことは、これまでの「慰安婦」裁判の「原告敗訴」という数々の判決が示すとおりである。

死者への裁き、弁護人不在への批判に関してはどうか。この「法廷」が刑の執行を予定していないことを見落としてはならない。川口検事の教示によれば、日本の刑事訴訟法にも「死者を起訴してはいけない」という明文規定はないのであり、本「法廷」の判決は〝Guilty〟（有罪）か〝Non-guilty〟（有罪ではない）の宣告しかないのである。また、弁護人問題についても、刑の執行は予定されないので「法廷」に提出された証拠によって十分に合理的な疑いをいれない程度には有罪を認定しうるのではないか。そもそも「法廷」の目的は、刑の執行・処罰の有無を離れて、国民国家の司法の〝常識〟的な枠組みではその実現がおよそ絶望的な被害女性の正義回復のために、公の場で「裁くこと」自体にあるからである。「法廷」で東ティモールの被害者エルメラルダ・ボエさんとマルタ・ベレさんは「日本に見物しに来たのではない。真実を語るために来た」と証言した。日本人元兵士の二人の加害証言のあと、オランダからきたルフ＝オヘルネさんは「日本兵を許す気持ちになれた。これでようやく私は私の人生を生きられる」と語った。判決（「認定の概要」）が出た瞬間、被害者たちは涙を流し肩をだきあって喜びをあらわにした。「法廷」で具体的な顔と名前をもった被害者たちが被害事実の認定をうけること、そして被害者に塗炭の苦しみを強いた戦争犯罪に責任をもつのが、抽象的な日本軍という組織ではなく、そのなかの具体的な顔と名前をもった個々人であったことを判決という形で公にすることが、被害者にとってのトラウマの軽減やエンパワメントにもなりうるのではないか。

また、「法廷」は東京裁判当時の国際法に依拠した審理と判決を行なうことによって、東京裁判当時、「慰安婦」制度を裁くべき戦争犯罪とみなす視点と裁く主体があれば、天皇を含めて裁くことが可能であったことを示した。東京裁判では、強かんに関しては、判事団・検事団を構成していた中国・フィリピンで行なわれた「数え切れないほどの集団強かんの報告」が出され日本軍による組織的犯罪として裁かれた(16)。この場合、強かんは殺人や掠奪などとともに取り上げられることが多く単独には審議されていない。また、判決では「通例の戦争犯罪」と認定されたが、「人道に対する罪」と認定されたわけではない。強かんは取り上げられたが、その背後に多数存在した朝鮮人や台湾人の植民地出身の「慰安婦」の性被害は、まったく無視された。しかし、連合国による対日戦争裁判で慰安所制度がとりあげられなかったわけではない。ＢＣ級戦犯裁判でオランダ人女性が「慰安婦」にされた事件が裁かれた（スマラン慰安所事件等）ように、欧米女性の場合は処罰されたのである。それは、裁判国である連合国側が植民地問題を無視して旧植民地出身者を「日本人」とみなしたこと、また判事らが男性だけで構成されていたことが深く関わっている。つまり、裁判国側の視点と主体が、植民地問題への視点を欠落させた欧米強大国が中心であり、検事・弁護人・判事に女性の姿はほとんどなくアジア女性の「慰安婦」制度を性被害とみなす視点が欠落しており、天皇免罪等に関して日米の国家的利害が優先されたためと考えられる。「法廷」の判決では、半世紀前の東京裁判当時に遡って、強かん及び「慰安婦」制度という名の性奴隷制について天皇に「人道に対する罪」を適用し、有罪と認定した。「法廷」は、そのことを通じて、「国家」中心・「男性」中心・「欧米」中心的な国際法を市民化・女性化し、その「現在」中心主義をも克服して、国際法の発展にも寄与（阿部浩己氏）したともいえる。一九九〇年代に、旧ユーゴやルワンダでの国際刑事法廷で性暴力が裁かれたこと、一九九八年に戦時・性暴力が処罰されるべき国際犯罪であることが明記され被害者の権利や証人の保護等が体系的にシステム化された国際刑事裁判所規定がローマで調印されたことが示すように、国際法のジェンダー偏在を見直す視点と主体が形成されたことを反映するものである。

その場合、次に問われるのは「誰がどのような資格と権限で裁くのか」ということであろう。「法廷」がもっとも留意した点である。「法廷」の準備段階で法廷国際実行委員会と検事団は、判事の資格や裁判管轄権がおよぶ範囲をめぐって恣意的にならないように、一年間以上にわたって論議をかさねてきた。その結実が「法廷憲章」である。それに基づき「法廷」国際実行委員会が判事たちに選任したのは、被害国・加害国に属さないことを前提に、出身地域・ジェンダーによるバランスを配慮して依頼した、人道の分野で国際的に信頼されている法律家たちであった。四人の判事（五人だったが直前に一人病欠）の出身は、アフリカ（ケニア）、ヨーロッパ（イギリス）、南アメリカ（アルゼンチン）、北アメリカ（米国）であり、女性三人・男性一人（病欠の一人はアジア出身の男性）という陣容となった。幸運だったのは、戦後はじめて戦時性暴力を裁いたことで知られる旧ユーゴ国際刑事法廷の前所長であるマクドナルド氏が、「法廷」の首席判事として加わってくれたことである（だからといって、有罪が最初から保証されていたわけではないことは前述のとおりである）。もちろん、それだけでは「裁く資格と権限」への回答としては不十分かもしれない。しかし、この問いは、本法廷だけでなく、行政府の一機関と化した現行の日本の裁判所のあり方にも向けられるべきではないか。「民衆法廷」としての「法廷」は、国家による司法権の独占や国際法のもつ国家中心・男性中心・強者中心的な「裁き」の枠組みを乗り越えようとする問題提起でもあった。だからこそ、日米両政府の合作による「天皇の免責」、そして日本国家の司法権が設置する裁判所による「国家無答責」という〝政治的な〟判決＝判断の歴史を書き換えることができたのである。重要なのは、女性を含む市民が、国家の裁判権や国際法の〝常識〟を批判するだけにとどまらず、法を実現する主体として脱国家主義的に再構築する実践にあると思う。

## 2　「国境をこえるフェミニズム」の実験

### ナショナリズムをのり越える可能性

第二に重要なのは、「法廷」が加害国女性の提案と被害国女性たちとの連携、世界の第一線で活躍する国際法学者・歴史学者の協力（男性を含む）という「グローバルな市民社会の声」によって、加害国日本で――しかも旧日本軍人をまつった靖国神社の隣にある旧軍人会館（現九段会館）というアイロニカルな場所で――加害国軍隊の戦争犯罪を裁く「法廷」を開いた事実とそのプロセスにある。そのプロセス自体がナショナリズムをのり越える可能性と困難性の双方を〝実験〟する場となった。

わたしは、かつて日本の女性運動はナショナリズムを越えた歴史をもたなかったと批判したことがある。(17) 植民地支配への協力、戦争協力にもかかわらず、戦後もそれに向き合うこともなくアジア民衆への加害責任に口をつぐんでしまった日本の著名なフェミニストたち。世代が代わってもその思想的系譜は連綿と続いていった。また、加害責任を問う場合でも侵略戦争に対してであり、植民地支配責任は問われてこなかった。それが本格的な転換を迎えたのは、冷戦が崩壊し一九九〇年代に韓国をはじめとするアジア各国から「慰安婦」問題などの戦後補償、責任追及をもとめる声が顕著になってからである。しかし、それらへの応答でもあった日本の市民による真相究明や謝罪・補償を求める運動は、一九九四年の韓国挺対協からの責任者処罰を求める声に対しては消極的であった。また、日本人女性の国際連帯運動も「女性」として共通の性暴力被害を前面に出しがちであった。一方、国際的な女性運動は、戦時・性暴力の加害責任者への処罰を打ち出し始めた。一九九五年九月の北京世界女性会議・行動綱領には、武力紛争下の女性への暴力に関する項目が含まれ、その中で組織的強かんと性奴隷制を女性への戦争犯罪であるとして、真相究明、被害者への補償とともに責任者処罰を求めた。マクドゥーガル国連報告書は、日本政府公表資料と当時の国際法から「慰安婦」制度は「人道に対する罪」にあたると断じ、被害者への国家賠償にとどまらず、「戦時性暴力の不処罰の連鎖を断つ」という視点から責任者処罰に踏み込んだ。「法廷」は、そのような日本の運動の現状と世界の女性運動の課題を結びつけたものだった。

そもそも「法廷」は、「責任者を処罰してほしい」という被害女性の訴えに応えるために、松井やよりVAWW-NETジャパン代表が一九九八年四月に韓国ソウルで開かれた第5回アジア連帯会議で提案したことがきっかけとなった。一九九九年二月に、日本・被害六カ国[18]・国際諮問委員会（武力紛争下の女性への暴力にとりくむ女性人権活動家で構成）の三者で国際実行委員会を結成した。「法廷憲章」を起草して、性奴隷制など日本軍の戦時性暴力についての国家責任と個人の戦後責任を裁き、証拠に基づき判決とその理由を述べる義務を明記した。各国ではそれぞれ、法律家・歴史研究者による検事団を編成し、ソウル（九九年六月）、東京（同年一〇月）、上海（二〇〇〇年四月）、マニラ（同年七月）、台北（同年九月）で検事団会議・準備会議を開き、ハーグ（同年一〇月）では判事団会議を開催するなど、二年半にわたる準備をすすめてきたのである。そのような経緯をへて、「加害国女性の責任」として日本人女性から提起された女性国際戦犯法廷がフェミニズムの視点で植民地支配を含む自国の加害責任とタブーだった天皇の戦争責任追及に挑戦し被害国との連携によって「法廷」の成功を果たしたことは、民間の女性・市民の力で戦時性暴力〝不処罰の連鎖を断つ〟ための戦犯裁判＝民衆法廷を開催したという先例（モデル）になったばかりでなく、これらを加害国―被害国女性の連帯・協力でなしえたことで「国境を越えたフェミニズム」の可能性を理念的に切り開いたのではないだろうか。このことの意義は小さくない。世界各地の女性たちが自国の軍隊の加害行為を黙認しないで具体的に声をあげていくことが、戦時性暴力の連鎖と戦争自体をなくすことにつながるのではないか。アメリカ軍における朝鮮戦争やベトナム戦争、韓国軍におけるベトナム戦争での女性への性暴力を含めた戦争加害、あるいは現在もつづく武力紛争下の性暴力・性犯罪が駐留米軍・平和維持軍も含めて、問い直されるからである。

また、被害国どうしの間でもナショナルな扉を開けようとする試みがあった。「法廷」とその準備過程のなかで、台湾と中国はそれぞれ被害国検事団として席を同じくし、インドネシアから独立したばかりの東ティモールも「法廷」の三カ月前に参加を表明し、インドネシア検事団と同席した。東ティモール検事団は、インドネシア軍の戦争犯罪を裁く「法廷」のモデルとするために参加を表明したのである。

そして、とりわけ（在日であるわたしにとって）意義深かったのは、半世紀以上にわたって分断されていた韓国と北朝鮮が、二〇〇〇年六月の南北首脳会談をきっかけに南北統一起訴状を作成し、「法廷」当日に旧宗主国日本の地で南北コリア検事団として共同発表したことである。この起訴状には、南・北在住の被害ケースだけでなく、海外在住の被害者（中国武漢及び日本在住）のそれも加わることで、植民地支配という構造的犯罪としての「慰安婦」制度被害の広範囲性と甚大さが示されたと思う。個人的にうれしかったのは、南北起訴状の個別ケースにVAWW‐NETジャパン調査チームコリア担当としてわたしや金栄が個別被害ケースの調査を担当し、ささやかでも貢献できたことだった。[19]「法廷」は、朝鮮人「慰安婦」をかくも大量にうみだした背景としての植民地支配——南北コリア検事団は「植民地支配」ではなく「軍事的強占」であると主張したが——を問う場であったにとどまらず、植民地支配に端を発する朝鮮半島の南北分断を「慰安婦」問題という具体的な課題を通じて克服をめざすプロセスにもなったからである。

## ナショナリズムをのり越える困難性

その一方、「法廷」準備過程のなかで「法廷憲章」作成と起訴状作成にめぐって各国運動体のナショナリズムが衝突したのも事実であった。

まず、アジア七カ国（途中から東ティモールが参加）が共同で「法廷憲章」を作成するという作業は困難をきわめ、完成までに一年以上を費やした。また、起訴状作成のために、被害国が提出した個別の被害ケースに即して、加害国側のVAWW‐NETジャパン調査チーム、各国担当者がその加害事実と証拠資料を調査し事実や被告人をしぼりこみ、膨大な証拠資料や事実関係を英訳（翻訳チームが担当）

したうえで、被害国検事団に提供するという諸作業を一年以上かけて行なった。

一方、日本側が力を入れたのはビデオ証言だった。それは、サバイバーたちが病気やパスポート不発給などを理由に訪日できなくなるという不測の事態に備えるとともに、千人以上の傍聴人を前にして証言するというサバイバーの精神的負担を考慮したからである。その中心となったビデオ塾は、朴永心《パク・ヨンシム》さん（北朝鮮在住）、河床淑《ハ・サンスク》さん（中国武漢在住）、ロザリンさん（マレーシア在住）などの証言を現地取材を生かして映像化した（このうち何本かは被害国検事団作成のビデオとともに「法廷」の審理のなかで上映された）。また、「法廷」審理のなかで厳選した公文書等に記載された加害証拠の資料を判事・傍聴者に提示する（冒頭「フォト・ギャラリー」参照）ために、プレゼンテーション用の作業も「法廷」直前まで行なった。つまり、首席検事の共通起訴状や各国起訴状、ビデオ証言や提示物などの当日のプレゼンテーションは、加害国と被害国の特徴をいかした共同作業の産物でもあった。しかし、これらは必ずしも順調だったわけではない。各国の司法制度のあり方の違いやナショナリズムが陰に陽に作用したからである。

また、南北コリア起訴状の作成過程は、韓国がそのナショナリズムをこえる困難性をも示す事例でもあった。わたしは、戦時中に中国への日本派遣軍のなかで最大の規模であった漢口慰安所に連れて行かれ、戦後もそのまま武漢市に在住せざるをえなかった被害者・河床淑さんのケースについて、韓国挺対協からいったんは調査を依頼されながら、のちに彼女が「朝鮮籍」であることを理由に韓国の起訴状に入れることを断られた経緯がある。この時ばかりは、民族を「国籍」・居住地で分別する韓国の韓（朝鮮）半島ナショナリズムを痛感せざるをえなかった（その後、このケースを日本の起訴状に入れるために調査チームメンバーとともに武漢市に訪ねインタビューやビデオ証言をとり加害責任者に関する証拠固めをしたが、南北統一起訴状作成と日本検事団の申し出をきっかけに再び南北起訴状に返り咲いたうえ、河さん自身の来日と「法廷」での証言も実現できたことは望外の喜びであった）。

これらの経緯や事例は、「法廷」に参加した各国の運動団体が「国家」を代表しているわけではないのに、「法廷」が「国家」単位で設定されたことに起因するとみることができる（「法廷」に限らず国際的な催しでの「国家」単位の設定は常態化しているが）。しかし、「法廷」の目的が加害国日本の国家責任や国家元首・大元帥の戦争責任を加害国女性の戦後責任として明らかにすることにある以上、国家の枠やナショナリズムを避けて通ることはできないし、むしろ国家の責任に徹底して向き合うことでしか国家を超えることはできないと思う。「法廷」は国家やナショナリズムに規定されながらも、グローバルな市民による「民衆法廷」としての設定と価値宣言的な判決とを通じてナショナリズムの越境をめざすという壮大な〝実験〟であった。重要なのは、国家やナショナリズムの制約を意識しながら、個別の事例・課題に対する立場や見解の違いをいったん認め合い、対立を避けずに対立点を明らかにし、議論を積みあげることで体験を共有していくプロセスにあると思う。「法廷」がその〝実験〟にすべて成功したわけではないが、そうした試行錯誤の先に脱国家主義的な「普遍的な価値観」をつくりあげていく可能性を見いだすことができるのではないだろうか。

## 3　公娼／「慰安婦」の二分法を越えるために

第三に、「法廷」で日本検事団が公娼出身の日本人「慰安婦」への加害責任者を起訴したことである。これには二重の意味がある。まず日本軍性奴隷制被害者のなかに加害当事国である日本出身の被害者の存在を示したこと、次に公娼出身の「慰安婦」の存在を示したことである。

### 日本出身の「慰安婦」被害者の存在

日本検事団が起訴したのは、台湾の遊郭にいた日本人娼妓たちが海南島に設置された海軍慰安所に送られたケース、沖縄の辻遊郭にいた尾類《ジュリ》（芸娼妓）の女性が第三二軍下の慰安所に入れられたケースであった。もちろん、日本人「慰安婦」といっても、そのすべてが公娼出身とは限らない。西野瑠美子氏によれば、貧しい農山村の娘たちが直接身売りされたケースや、だまされて「慰安婦」にされたケースも多かったのである。(20) しかし、どのケースでも共通なのは経済的貧窮が背景にあった点である。加害国日本出身の被害者の存在は、この制度がもつ性差別と階級差別の側面をいっそう顕在化させたと思う。「人道に対する罪」の適用でいえば、植民地・占領地出身の「慰安婦」に対してはその民族の出身であれば誰でも「慰安婦」にされる可能性があったことになるが、日本人「慰安婦」の場合は貧困階層出身の女性であれば誰でも慰安婦にされる可能性があった点で「人道に対する罪」が適用されると論証したからである。

## 公娼出身「慰安婦」の存在

さらに、公娼出身の「慰安婦」のケースにこだわったのは、日本人「慰安婦」に限らず多数存在したとおもわれる朝鮮人・台湾人・中国人などの「慰安婦」たちも含めて、公娼出身の被害者の存在を可視化したかったからであった。公娼出身の「慰安婦」は、日本人だけではない。日本軍が侵略・支配したアジア太平洋の広大な地域に設置された慰安所の至る所に、多くの朝鮮人「慰安婦」が送り込まれたのは、その歴史的前提として日本の公娼制度の朝鮮移植に端を発した朝鮮人の風俗営業が朝鮮に定着しただけでなく、日本帝国の支配地域である東アジア――台湾・「満州」・サハリン・中国本土の一部――に空間的広がりをもって拡散していった背景があったからであった。[21] 公娼出身の「日本人」慰安婦がそうであったように、朝鮮ないしは現地の朝鮮人娼妓たちが「慰安婦」に「鞍替え」させられたとしても不思議ではない。日本に領有された当初から公娼制度が日本軍とともに導入された台湾でも、台湾人で公娼出身の「慰安婦」は数多く存在した。[22] また、中国人「慰安婦」にしても、娼婦出身の「慰安婦」がいたことは多くの証言がある。それ以外の国・地域でもしかりであろう。にもかかわらず、アジア各国で名乗りをあげた被害者のなかに公娼出身者はほとんどいない。「法廷」では、日本以外の被害国がサバイバー本人の証言があったにもかかわらず、日本の場合にそれがなかったのは、名乗り出ている日本人サバイバーがいないからである（そのため、故人となった被害者の回想録、公文書資料などで加害責任者を立証した）。また、「法廷」での被害国のサバイバー証言のなかでも、「処女」「良家の子女」であったことが強調されたりした。

しかし、そのことは公娼出身「慰安婦」の不在を示すのではなく、性暴力被害者を「前歴」で二分化――処女か／売春か、強制か／自由意志か――する視線と前者だけを被害者とする認識が、戦後の日本を含むアジア各国社会に共通して根強く続いたこと（そして被害者自身がこの視線・認識を内在化したであろうこと）を示すにすぎない。一九九一年韓国ではじめて名乗りをあげた故金学順さんが、右翼学者などから妓生学校出身であるとして、まるで彼女が被害者ではないような攻撃をうけたことは記憶に新しい。やっかいなのは、このような視線や公娼出身者を被害者から切り離す認識が日本を含む研究者や運動関係者のなかにも少なくないことである。そしてそれは、公娼制度を「慰安婦」制度から切り離す認識へと連なっていく。

「法廷」の準備過程で、「慰安婦」制度の歴史的背景の一つとして公娼制度の存在を指摘した日本の起訴状に対し、韓国検事団からクレームがついたのは事実である。ここには、家父長制的に構築された韓国の「民族言説」[23]――韓国だけではないが――が無関係とはいえないと思う。日本の検事団とVAWW‐NETジャパン調査・起訴状作成チームは、「法廷」という場を通じてあえて対立点を明らかにし問題提起をする意味で、公娼出身の日本人「慰安婦」のケースを取り上げたのである。日本人「慰安婦」への加害責任の審理のなかで専門家証人として証言台にたった藤目ゆき証人は、「『公娼だった女性は軍性奴隷制の被害者とは言えない』というのは、『公娼は人間ではない』というのと同じである」と核心をつく証言をし、その期待によく応えてくれたと思う。また、宋連玉氏は、検事団会議での韓国検事団との論争をふまえて、「娼妓」「芸妓」「娘子軍」「慰安婦」など本質は同じであってもその時々の利害、観点によって呼びかえられたにすぎない欺瞞的名称への再検討や、その欺瞞的名称にだまされないためにも一五年戦争史観ではなく、植民地支配開始時からの「五〇年戦争」の視点にたつべきであるという、さらなるパラダイム転換を迫る論文を発表した[24]。「慰安婦」制度の本質が、被害者の「前歴」や連行における物理的強制の有無、商行為か否かにあるのではなく、人格をもった女性の性を「戦争遂行の道具」「性奴隷」とした戦争犯罪であったことにあること、そして公娼制度を含む日本軍性奴隷制度を問う射程が一五年戦争時(一九三一年)からではなく、朝鮮侵略に始まり台湾植民地支配へと帰着した日清戦争時(一八九四~九五年)という時点にまで少なくとも遡るべきであるという認識がひろく確立されなければならないと思う。

「法廷」でも決着をみなかった韓国——もちろん日本も含むが——との公娼制度に関する論争が、歴史的事実とフェミニズム認識、階級的視点をふまえて、今後も継続されることを願ってやまない。

*本稿は、『現代思想』二〇〇一年五月号(青土社)掲載の同タイトルの論文を加筆訂正したものです。

[注]

(1)「法廷」の主催者である国際実行委員会の三人の代表は、松井やより(VAWW-NETジャパン代表)、尹貞玉《ユン・ジョンオク》

（韓国挺身隊問題対策協議会・共同代表＝当時）、インダイ・サホール（国際諮問委員会代表、フィリピン・女性の人権アジアセンター代表＝当時）である。

（2）「法廷」開催期間中の一二月一一日には、ジェンダー正義を求める女性コーカス（在ニューヨーク）主催で「現代の紛争下の女性に対する犯罪」国際公聴会が開かれ、最近の紛争被害について世界各地から一五の証言が主に被害女性本人から発表された。

（3）首席検事は、パトリシア・ビサー・セラーズ（旧ユーゴ国際刑事法廷法律顧問／アメリカ合衆国）、ウスティニア・ドルゴポル（国際法学者／オーストラリア）であり、前者が個人の刑事責任、後者が国家責任を担当した。

（4）アミカス・キュリーを担った今村嗣夫弁護士は、朝鮮人BC級戦犯の補償請求裁判等を担当した戦後補償に詳しい弁護士である。

（5）判事は、ガブリエル・カーク・マクドナルド（旧ユーゴ国際刑事法廷前所長／アメリカ合衆国）、カルメン・マリア・アルヒバイ（国際女性法律家連盟会長／アルゼンチン）、クリスチーヌ・チンキン（ロンドン大学国際法教授／英国）、ウイリー・ムトゥンガ（ケニア人権委員会委員長／ケニア）の四人である。

（6）VAWW－NETジャパンは正式名称を「戦争と女性への暴力」日本ネットワークといい、一九九七年一〇月「戦争と女性への暴力」国際会議をきっかけに、一九九八年六月正式に結成された。詳しくはホームページ（http://www.jca.apc.org/vaww-net-japan）参照。「法廷」の「認定の概要」や法廷憲章（前記二点は、本書巻末に収録）などが英文・日本語訳で掲載されている。

（7）共通起訴状で起訴されたのは、昭和天皇裕仁を筆頭に、松井石根、畑俊六、寺内寿一、板垣征四郎、東条英機、梅津美治郎、小林躋三、安藤利吉、山下奉文の一〇名である。これ以外に各国検事団が起訴した被告は合計二〇名である。

（8）D・C・S・シソンズ・小菅信子訳「オーストラリアによる戦争犯罪調査と裁判：天皇免訴にいたる過程」『近代

日本と植民地8　アジアの冷戦と脱植民地化』岩波書店、一九九三年。

（9）山田朗『大元帥　昭和天皇』新日本出版社、一九九四年、ほか。また、「法廷」前に Herbert P. Bix, Hirohito and the Making of Modern Japan, HarperCollins Publishers,2000. も出版された。

（10）一九三七年の南京事件については、徳川義寛『侍従長の遺言――昭和天皇との五〇年』朝日新聞社、一九九七年。また、一九四三年から一年間南京の総司令部に赴任した天皇の三弟・三笠宮崇仁は、見聞した日本軍の残虐行為を天皇に報告したという発言が報道された（『朝日新聞』二〇〇〇年六月一七日付）。

（11）吉田裕『昭和天皇の終戦史』岩波新書、一九九二年、ほか。

（12）吉見義明・林博史編著『共同研究　日本軍慰安婦』大月書店、一九九五年。吉見義明『従軍慰安婦』岩波新書、一九九五年、など。なお、後者の英訳である"Comfort Women"（Suzanne O' Brien 訳、Colmbia University Press, NewYork. 2000）が「法廷」直前に刊行されたが、吉見氏の厚意により「法廷」の前に判事・首席検事たちに配布することができた。

（13）それ以外の専門家証人としては、国家責任についてフリッツ・カールスホーベン教授（オランダ）、トラウマはレパ・ムラジェノヴィッチ女性自立センター代表（ベオグラード）、日本人「慰安婦」については藤目ゆき助教授が証言した。証言の詳細や「法廷」の全記録はＶＡＷＷ‐ＮＥＴジャパン編〈日本軍性奴隷制を裁く　二〇〇〇年女性国際戦犯法廷の記録〉第5巻『女性国際戦犯法廷の全記録Ⅰ』（緑風出版、二〇〇二）に掲載。

（14）問題は、「天皇有罪」判決をめぐる報道の内外格差にあった。「法廷」には海外メディア九五社二〇〇人、日本国内四八社一〇五人という取材陣が押し寄せた。海外で大々的に報道されたのに比して、日本では最大部数の新聞が一切報道しなかった。また、「法廷」の記録映像を放映するはずのテレビ番組「ＥＴＶ２００１シリーズ　戦争をどう裁くか」（ＮＨＫ）は、主催者や「天皇有罪」判決等に一切触れないばかりか、右翼学者の「慰安婦は商行為」発言をたれ流すなど、歪曲した番組に改竄させられた。日本ばかりが問題なのではない。「天皇有罪」を報道したアメリカのマスコミは、自国が「天皇免罪」に荷担したことは一切報道していないという（一月二七日開催の国際シンポジウム「戦後東アジアとアメリカの存在〈ポストコロニアル状況〉を東アジアで考える」での酒井直樹氏の発言）。
(15) 日本の国際法学者・阿部浩己教授は「『法廷』は、国家権力と結びついていないからこそ、普遍性と正当性を体現できる」との理解が有効であり、「法廷」が国際法に内在してきた政治的価値を踏み越える重大な契機を提供しただけでなく、「国際法の市民化」という国際社会の構造転換を示す法的な潮流の一端を反映していると評価した。『週刊金曜日』二〇〇一年一月一九日号。また、注13にある第5巻に阿部氏の論考を掲載。
(16) 内海愛子「戦時性暴力と東京裁判」VAWW - NETジャパン編、内海愛子・高橋哲哉責任編集『戦犯裁判と性暴力』緑風出版、二〇〇〇年。同前第5巻に内海氏の論考を掲載。
(17) 拙稿「朝鮮人『慰安婦』問題への視座―フェミニズムとナショナリズム」日本の戦争責任資料センター編『ナショナリズムと「慰安婦」問題』青木書店、一九九八年など。
(18) 日本軍の加害はアジア・太平洋地域の広大な地域にまたがっているが、「法廷」に加わったのは支援団体や研究組織などがある国・地域に限られている。アジア諸国の民主化や女性運動の広がりが伴えば、東ティモールのように、新たな被害掘り起こしや告発がでてくる可能性がある。
(19) 詳しくは金富子「河床淑さんのケースにみる漢口慰安所」、金栄「朝鮮・朴永心さんの場合」（VAWW - NETジャパン編、金富子・宋連玉責任編集『「慰安婦」戦時性暴力の実態Ⅲ――日本・台湾・朝鮮編』緑風出版、二〇〇〇年）所収。また、南北分断を反映して韓国在住の韓国人、朝鮮籍・韓国籍の在日朝鮮人が北朝鮮に入国できない状況（二〇〇〇年五月時点）のなかで、VAWW - NETジャパン代表団が訪朝し西野瑠美子氏を中心に朴永心さんへの聞き取り調査を行なったことが朴さんの被害発掘の契機となった。
(20) 西野瑠美子「日本人『慰安婦』」、浦崎成子「沖縄戦と軍『慰安婦』」参照。出典は、注19に同じ。
(21) 藤永壮「朝鮮植民地支配と『慰安婦』制度の成立過程」参照。出典は、注19に同じ。

(22) 駒込武「台湾植民地支配と台湾人『慰安婦』」参照。出典は、注19に同じ。

(23) 韓国の民族言説と女性の経験の表象との関係については、キム・ウンシル(中野宣子訳)「民族言説と女性」『思想』九一四号、岩波書店、二〇〇〇年八月、参照。

(24) 宋連玉「公娼制度から『慰安婦』制度への歴史的展開」参照。出典は、注19に同じ。

# 第17章 「天皇ヒロヒト有罪」がもたらすもの

鈴木裕子

## はじめに

日本軍性奴隷制（いわゆる「従軍慰安婦」）犯罪が、極東国際軍事裁判（東京裁判）はもとより連合国によるBC級戦犯裁判においても、ごくわずかの例を除き、裁かれずにきたのは、いうまでもなくセクシズム（性差別主義）、レイシズム（民族差別・人種差別）、植民地支配の不問に加え、昭和天皇が戦犯訴追から免れたことが大きい。

この度の「日本軍性奴隷制を裁く女性国際戦犯法廷」（以下、「法廷」と略記）は、裁かれずに推移してきた女性への戦時性暴力（性奴隷制を含む）を明確に「戦争犯罪」と認定し、昭和天皇をこの犯罪の「中核」の戦争犯罪人と断定した。このことのもつ歴史的意義ははかり知れない。半世紀余を過ぎて、「女性・地球市民」次元でようやく正当な「審判」がくだされた、というべきであり、まさしく「思想的事件」と呼ぶにふさわしいであろう。

以下、わたくしはこの稿で、「ヒロヒト有罪」がもたらす意義を、戦前・戦後の日本のフェミニズム・女性運動を振り返りつつ、たどってみたい。

## 1　日本のフェミニズムと「慰安婦」問題

### 戦前日本の主流的フェミニズム――「帝国のフェミニズム」

日本軍性奴隷制は、日本が引きおこした侵略戦争と植民地支配・占領地支配が産み出した制度・政策にほかならない。もとよりこの制度が導入される根本的要因の一つとして日本女性の被抑圧的状況も指摘されねばならない。とりわけ社会の底部におかれた貧困階級の女性たちは、二重、三重の抑圧・差別・搾取を受けた。すなわち性的・社会的・階級的なそれである。貧困階級の女たちは、底辺の女性労働者として、あるいはまた「娼婦」として働かざるを得なかったが、それゆえに上・中流・プチブル（小市民）階級に属する同性の女性たちからさえも侮蔑の対象とされた。

近代日本の女性運動は大別すると、女性の政治的・社会的権利の獲得と地位の向上をめざす市民的女性運動（女権拡張運動）と、主に階級的隷属からの解放を志向する無産女性運動（またはプロレタリア女性運動）があった。

市民的女性運動は、男並み平等を求め、まず狙いを女性参政権獲得に絞り、階級差別や民族差別などの撤廃を課題化しなかったといえる。男抜き女性主導で活動を推進したこともその大きな特徴であった。

無産女性運動は、友愛会婦人部（一九一六年設立の最初の労働組合婦人部）を出発点とし、赤瀾会―八日会（一九二一～二三年）と続く社会主義女性運動の影響を受けつつ、一九二〇年代半ばに山川菊栄の女性運動論を獲得する。山川女性運動論は、女性の性的自立と階級差別からの解放、民族差別の撤廃を構造的に把握し、労働者階級が上記の三つの課題を結合させて、取り組むことを強く主張するものだったが(1)、当時の無産運動や社会主義運動の性的偏見・民族的偏見のため山川理論は、生かされることなく終わった。無産女性運動は、「女性運動」とはいえ、実態として男性主導の影が色濃く投影し、女性の主体性は無視されがちであった。しかも無産運動、社会主義運動内部にも男権家父長制は根強く巣くっていた。戦前における無産女性運動が短期で潰え去った大きな原因の一つは右に述べたごとき男権家父長制・「男主女従」的性格に帰することができよう。

一方、長く命脈を保つことになる市民的女性運動は、前述したように新婦人協会（一九一九年設立）以来、女性が主体となって、女性参政権（婦選）獲得・男女平等要求を掲げ、一九二四年には婦選の大同団結体・婦人参政権獲得期成同盟会（翌二五年、婦選獲得同盟と改称し、以後四〇年解散に至るまで活動）を結成させるに至る。同盟会結成のリーダーシップを握ったのは、日本基督《きりすと》教婦人矯風会であった。矯風会は、一八八六年の創立（創立当時は、東京基督教婦人矯風会。全国組織化するのは一八九三年）以来、救世軍や廓清《かくせい》会とともに廃娼（公娼廃止）運動を展開し、対議会運動を繰り返した。矯風会が婦選団体の結成に踏み出したのは、「廃娼」の実現を女性参政権獲得・女性の国政参与に期待したからである。加えて、矯風会に限らないが、当時の婦選運動家たちには、「女性の国民化」を求める意識が広くかつ強く共有されていた[2]。いわば、彼女たちは天皇制国民国家のもとでの「国民」を自任し、それにふさわしい地位と権利を参政権要求にこめていたのである。その意味で婦選獲得・女権拡張運動は、初発から「帝国のフェミニズム」運動であった。

山東出兵（一九二七年、二八年、日本は二度にわたって中国・山東省に軍事侵略）、柳条湖事件（一九三一年）、盧溝橋事件（一九三七年）と続く中国侵略戦争のなかで、市民的女性運動が戦争の抑止を求めるどころか、一歩一歩、政府協力・戦争協力の度合いを深めていったのは、右に述べたような「国民」意識に支えられた「国政への参与・参画」意識があずかって大きかったといえよう。「女権」意識と天皇制ナショナリズムは、婦選運動家たちのなかに共存し、「非常時」、戦時においてより強く顕在化し、彼女たちを国家協力・戦争協力への尖兵とかりたてていった[3]。要するに戦前日本の主流的フェミニズムは、「帝国のフェミニズム」の域から脱することはなかったのである。

### 戦後女性運動と「慰安婦」問題

敗戦後の女性運動は、戦前フェミニズムが「帝国のフェミニズム」であったという意識もなく、それゆえ自らの加害性に向きあうことなく、「女たちはみな、戦争の被害者」意識から再出発した。敗戦直後に昭和天皇の責任を示唆する主張は、女性知識人の間になくはなかった[4]が、大部分の女性運動家たちは自らの「汚点」に目をふさぐとともに、天皇の戦争責任をも不問に付した。敗戦直後からつくられた「天皇は平和主義者で、軍部に利用されただけ」という神話が、女たちの間にも急速に浸透していったのは、指導的立場にあった女性たちが戦後における自己保身のために自らとともに天皇の戦争責任問題をなおざりにしたことと、無縁ではなかろう。

著名なフェミニストや文筆家たちの、かつての翼賛や戦争加担の言辞[5]は、棚上げされ、一転して彼女たちは、愛や平和を説く使徒と化し、再び平和運動や女性運動の指導者として立ち現れた。加害性と向き合わない戦後の女性運動は、こうしてアジアの戦争犠牲者・被害者を視野の外に放り出したまま出発した。戦後女性運動は、戦前の主流的女性運動がアジア不在で展開された、その同じ轍を踏んだのである。

敗戦後、貧しい階級の女性たちのなかからは、一家の大黒柱となって家計を支えるべくいやも応もなく「身を売る」女たちが増えた。この女性たちに対し、戦後の廃娼運動は、戦時における「純潔報国」運動への何らの反省をも示さないどころか、相変わらずの国辱視、「純潔」思想で、彼女たちを病原菌扱いし、社会からの隔離を主張した。[6]なかには露骨に「黴菌」扱いさえするフェミニストもいた。[7]アジアへの視点の欠落、「売春」を性搾取・性暴力と把握できないセクシュアリティ観、加害性意識なき戦争観、「一国」的平和主義は、戦後女性運動の特徴をなしたといえよう。

「慰安婦」（性奴隷制）犯罪は、前述したように性差別、民族差別、植民地（占領地）支配の重層的な差別構造を有するうえ、天皇の軍隊・国家がおこした組織犯罪である。しかも、戦争犯罪の「中核」の位置にあった天皇ヒロヒトは、免責されている。
戦後女性運動が、内発的、主体的に「慰安婦」問題を戦争犯罪・「女性人権」問題として取り組めなかったのは、右に述べたような戦後女性運動の特徴・性格と相俟って、この「慰安婦」問題の重層性にもよるであろう。

## 2 近現代女性史における天皇翼賛と反天皇制の系譜

すでに述べたように日本フェミニズムと女性運動の主流的立場に立つ女性たちは、自らの「罪」を隠蔽化しつつ、彼女たちを「共犯者」に仕立て、煽動した「主犯格」天皇ヒロヒトの戦後における「平和愛好家」神話を受容・助長し(8)、彼の戦争犯罪も戦争責任も一切追及してこなかった。ここであらためて著名なフェミニストたちの天皇の戦争への翼賛の言辞を抜粋しておこう。

「こういう現人神にましますす天皇を戴き、万民の心が、常に天皇を中心として、いつ、いかなる場合にも、立ちどころに帰一し奉ることのできる国に生まれ合わせた幸福」「天照大御神に、その生き通しでいられる天皇に絶対帰一し奉ること、これがすべての新体制の根基ではないか」(平塚らいてう(9))。

「私共は『みたみ』として翼賛の臣道を実践すべきである。……私共はひるむ心に鞭うち、私共としてなすべき翼賛運動に挺身しやうではないか」（市川房枝[10]）。
「わが『たをやめ』は家族心を生命としてをり、世界の家族化を願望してやまない。しかるにそれを阻害するものに対してわが聖戦はおこされるのであるから、戦争は積極的に女性のものといってよい。わが子、わが夫、わが弟を励まし、打ち勝たせずにはやまぬ女性の意志がここにある」（高群逸枝[11]）
「此の世界無比の光輝ある歴史を有する国に生れ合せました光栄に感喜《ママ》致しますと共に私共婦人の脈管に波打つ此の命、此の血、此の手、此の足、何れか祖国のものでないものがございませうか……此の身、此の胸にあらん限りの誠を籠めて子を産み、育て、只管に御国の弥栄を祈るばかりであります」「民草として何ものをも捧尽して　天皇陛下に帰一し奉りたいと云ふ純情無垢の心情」（高良とみ[12]）

右に列挙したごときフェミニストたちの天皇翼賛の言動責任を戦後日本の女性史研究は、「女性はみな被害者」幻想のもとに、指導的フェミニストたちの戦争協力・翼賛加担の跡付けを怠ってきた。それればかりか、一九八〇年代から、「一国史観」を乗り越えて自国の近現代女性史のなかの戦争協力・翼賛加担の事実を洗い直し始めたものに対し、いまだ「告発型」と決めつけて事足れりとする著名な女性史研究者もいる[13]。

近現代女性史研究における加害性への視点・認識の欠落と天皇・天皇制への責任追及不在が女性を

も含む戦後の日本民衆の歴史観を根底的に歪めてきたこととは連関していよう。天皇・天皇制こそ「歴史修正主義」の最たる装置でありながら、女性史研究における天皇・天皇制研究への軽視・欠落を今こそ強く認識すべきであろう。さらに戦後フェミニズムや女性運動を主導したフェミニストや女性運動家たちの「過去」を不問に付した、戦後女性史研究があらためて問い直され、検証されるべきである。

「法廷」における「天皇ヒロヒト有罪」は、アジアや世界のウーマンズ・ピープルパワーの連帯によってかち得たものである。「法廷」実践に積極的に関与した日本女性の一人ひとりが、その意味の重大性を今、噛み締めていることだろう。

ところで日本近代女性史上には、その思想と実践が必ずしも正当に評価されてこなかった「反天皇制」「絶対平等」を文字通り生きた女性たちの系譜がある。管野すが、金子文子らの系譜である。

いわゆる「大逆事件」(一九一〇年)で絞首刑に処せられた管野すが(一八八一―一九一一年)は、縊り殺されるおよそ半年前の一九一〇年六月三日、検事の訊問に答えて、「天子ナルモノハ現在ニ於テ経済上ニハ略奪者ノ張本人政治上ニハ罪悪ノ根源　思想上ニハ迷信ノ根本ニナツテ居リマスカラ此位置ニ在ル人其モノヲ斃ス必要カアル」[14]と公然と言い放った。

一九二三年、関東大震災時の朝鮮人虐殺を隠蔽するために仕組まれた「金子文子・朴烈事件」で検挙・投獄された金子文子(一九〇三―二六年)は、一九二四年五月一四日、市ヶ谷刑務所での訊問で天皇制を徹底批判した。やや長くなるが抜粋引用する。[15]

「総ヘテノ人間ハ人間テアルト云フ只一ツノ資格ニ依ツテ人間トシテノ生活ノ権利ヲ完全ニ且ツ平等ニ享受スヘキ筈ノモノテアルト信シテ居リマス」「元々国家トカ社会トカ民族トカ又ハ君主トカ云フモノハ一ツノ概念ニ過キナイ。処カ此ノ概念ノ君主ニ尊厳ト権力ト神聖トヲ附与センカ為ニネチ上ケタ処ノ代表的ナルモノハ此ノ日本ニ現在行ハレテ居ル処ノ神授君権説テアリマス」「天皇ヲ以テ神ノ子孫テアルトカ或ハ君権ハ神ノ命令ニ依ツテ授ケラレタモノテアルトカ若クハ天皇ハ神ノ意志ヲ実現センカ為メニ国権ヲ握ル者テアルトカ従テ国法ハ即チ神ノ意志テアルトカト云フ観念ヲ愚直ナル民衆ニ印象付ケル為メニ架空的ニ捏造シタ伝説ニ根拠シテ鏡タトカ刀タトカ玉タトカ云フ物ヲ神ノ授ケタ物トシテ祭リ上ケテ鹿爪ラシイ礼拝ヲ捧ケテ完全ニ一般民衆ヲ欺瞞シテ居ル」「全智全能ノ神ノ顕現テアリ神ノ意志ヲ行フ処ノ天皇カ現ニ地上ニ実在シテ居ルニ拘ラス其ノ下ニ於ケル現社会ノ赤子ノ一部ハ飢ニ泣キ炭坑ニ窒息シ機械ニ挟マレテ惨メニ死シテ行クテハアリマセヌカ此ノ事実ハ取リモ直サス天皇カ実ハ一介ノ肉ノ塊テアリ所謂人民ト全ク同一テアリ平等テアル可キ筈ノモノテアル事ヲ証拠立テルニ余リニ充分テハアリマセヌカネ」「万世一系ノ天皇トヤラニ形式上ニモセヨ統治権ヲ与ヘテ来タト云フ事ハ日本ノ土地ニ生レタ人間ノ最大恥辱テアリ、日本ノ民衆ノ無智ヲ証明シテ居ルモノテアリマス」

ここには確かに大越愛子氏が指摘するように「天皇という存在形態が民衆にもたらす呪術的力、その巧妙な階級的支配の構造」[16]に対する金子のすさまじい憤りとともに、天皇制国民国家イデオロギーの虚妄性をみごとに剔抉《てっけつ》し、告発し、粉砕する力強さが脈打っている。

管野も金子もたった一人で、巨大な天皇制国家権力と対峙し、その悪を身をもって告発・糾弾し、それゆえに権力によって殺された。二〇〇〇年一二月の「法廷」でわたくしたち日本のウーマン・ピープルズは、アジアのサバイバーや世界の女性たちとともに、半世紀、いや一世紀以上にわたり外における侵略と植民地支配、内における女性と民衆抑圧・支配の根源をなす天皇制システムの「罪責」を明るみに引き出すことができた。

管野や金子の孤独なたたかいが切り拓いた反天皇制の思想と行動の衣鉢を継ぐべき可能性を今、わたくしたちはようやく手にしたといえる。

## 3 「ヒロヒト有罪」がもたらすもの

「法廷」最終日の二〇〇〇年一二月一二日の判決直前、わたくしはこの運動の一〇余年に及ぶ軌跡を心のなかでたどっていた。「責任者処罰」に基づく具体的行動が韓国挺身隊問題対策協議会によって提起されたときの日本側市民団体の否定的対応、「責任者処罰」論が提起されたのと相前後して活発化されたと思われる「民間基金」構想。「民間基金」構想を引き継ぐ形で日本政府が発足させた「国民基金」(「女性のためのアジア平和国民基金」。九五年七月設立)。日本国家の法的責任には踏み込まず[17]、金銭で決着化を図ろうとする意図を有した「国民基金」。基金が発足した背景には、疑いもなく天皇の戦争犯罪・戦争責任を日本市民から遮断する目的が潜められていた筈である。[18]

いよいよ判事たちの朗読が始まった。固唾をのんで彼女らの言葉に耳を澄ます。「ヒロヒト有罪」の判決（「認定の概要」）が明確な言葉でくだされた。心の中で「やった」とつぶやいた。ここに至るまでの道のりの遠さ。被害者や被害当事国の支援者は、はじめから「ヒロヒト有罪」を確信されていたであろう。しかし、実際に「有罪」判決がなされるや、彼女らの間から一斉に歓喜の声があがった。何ともいえない感動的なひとときが会場の日本青年館を包んだのである。

この「法廷」は、いうまでもなく加害国日本の女性・市民も加わって開催された民衆法廷であった。「中核の戦争犯罪人」天皇ヒロヒトを裁くという大事業にはじめて日本の女性が取り組み、かちとった意義はきわめて大きい。しかも日本側でこの法廷実践に積極的にかかわったのは、いわゆる「著名なフェミニスト」といわれる人々はごく少なく、ウーマン・ピープルズである。この連帯の力、共同の力によって①戦時における女性への暴力が「戦争犯罪」であること、②ヒロヒトをはじめとする責任者が法的な処罰を免れたことが依然として暴力の連鎖を生み出していること、③ヒロヒトをはじめとする戦時性暴力の犯罪者が不処罰状態にあることが被害女性の人権・名誉回復を妨げ続けていること、これらを国際社会に向けてともにアピールできたのである。これは、やはり一つの思想史的事件と呼んで差しつかえないだろう。

とはいえ、この度の「法廷」[19]での「ヒロヒト有罪」は、わたくしたち日本女性にとっては終わりではなくて始まりの第一歩である。「中核の戦争犯罪人・ヒロヒト」の戦争犯罪・戦争責任の内実が日本社会においてより大衆的に可視化するための取り組みをわたくしたちは即刻始めねばなるまい。

［注］

(1) たとえば、山川の「『婦人の特殊要求』について」(一九二五年) などを読むと、彼女が性差別、階級差別、民族差別を三位一体的に捉え、社会主義運動や労働運動が課題化することを明確に示している。なお山川の思想については、『山川菊栄集』全一一巻 (岩波書店、一九八一～八二年)、鈴木裕子編『山川菊栄女性解放論集』全三巻 (同、一九八四年)、同『山川菊栄評論集』(岩波文庫、一九九〇年) 参照。

(2) ちなみに婦人参政権獲得期成同盟会の「宣言書」の一節には「市町村に於ける公民たり又国家の公民たる資格を求めて吾等は参政権を必要とす」とある。

(3) 詳しくは拙著『フェミニズムと戦争――婦人運動家の戦争協力』(マルジュ社、一九八六年、新版一九九七年) 参照。

(4) たとえば宮本百合子「女の手帖」『毎日新聞』一九四六年一月一七～一八日・二〇～二三日掲載。『宮本百合子全集』第一五巻 (新日本出版社、一九八〇年) 所収、参照。

(5) 前掲『フェミニズムと戦争』など参照。

(6) たとえば、日本基督教婦人矯風会「風紀対策に関する意見書」(一九四六年一〇月)、拙著『女性史を拓く3　女と〈戦後50年〉』(未来社、一九九五年) 一六〇～一六一頁参照。

(7) 平塚らいてう「民族の未来のために」『女性改造』一九四九年四月号。『平塚らいてう著作集7』(大月書店、一九八四年）所収、参照。
(8) たとえば市川房枝はその随筆集『だいこんの花』で、「現在の裕仁天皇は正直な平和愛好の方であるようだが、周囲の政治家や軍人に利用されて数々の苦労をされた点はむしろお気の毒であったと思うのである」（新宿書房、一九七九年、一二〇頁）と記している。
(9)「女性の感激」『読売新聞』一九三六年五月七日号、『平塚らいてう著作集6』（大月書店、一九八四年）一二三頁。「日記抄」『婦女新聞』一九四〇年一〇月二七日号、同前三三〇頁。
(10)「翼賛会の改組なる」『女性展望』一九四一年五月号、前掲『フェミニズムと戦争』一一六頁。
(11)「たをやめ」『日本婦人』一九四四年一一月号。河野信子他著『高群逸枝論集』（JCA出版、一九七九年）所収、二六二頁。
(12)『臨時中央協力会議会議録』（一九四〇年一二月）所収「婦人翼賛組織に関する件」、前掲『フェミニズムと戦争』五八、六〇頁。
(13) 米田佐代子「平塚らいてうの『戦争責任』論序説」『歴史評論』一九九六年四月号、参照。
(14) 鈴木裕子編・解説『日本女性運動資料集成』第三巻（不二出版、一九九七年）六八頁。
(15) 同右一三五〜一三七頁。
(16) 大越愛子「国家幻想を解体する女たち」井桁碧編著『「日本」国家と女』（青弓社、二〇〇〇年）所収、三五二頁。
(17)「国民基金」の呼びかけ人となった人びとは、「日本政府にとって『従軍慰安婦』問題は国家が犯した戦争犯罪であると法的に認めることは難しい」と繰り返し主張している（大鷹淑子・下村満子・野中邦子・和田春樹「なぜ『国民基金』を呼び掛けるか」『世界』一九九五年一一月号、など参照）。
(18)「国民基金」の狙いや、その犯罪的行為等について詳しくは、差し当たり拙著『戦争責任とジェンダー』（未来社、一九九七年）参照。

(19) 女性国際戦犯法廷について、筆者は以下のような別稿を発表している。併せて読まれたら幸いである。「日本の運動に可能性と課題を提示した『女性国際戦犯法廷』」(『反天皇制運動PUNCH!』NO.3、二〇〇一年一月)、「『日本軍性奴隷制を裁く女性国際戦犯法廷』の開催」(上)(下)(『未来』二〇〇一年二月～三月号)、「『女性国際戦犯法廷』における『天皇有罪』の意義」(上)(『科学的社会主義』二〇〇一年三月号)、「日本軍性奴隷制(従軍慰安婦)問題と『女性国際戦犯法廷』の意義」(大東文化大学人文科学研究所編・刊『戦時下の女性文学――女自らが問う戦争責任』、二〇〇一年)。

# 第18章　女性国際戦犯法廷で裁かれたもの

高橋哲哉（談）
［聞き手：西野瑠美子・金富子］

## 1　女性国際戦犯法廷の意義

「日本軍性奴隷制を裁く女性国際戦犯法廷」について、私はプロジェクトが立ち上がる頃から基本的な支持の念を抱いてきました。「女性法廷」のねらいを考えたとき、画期的な意味を持つものになりうると期待したからです。

八〇年代末から九〇年代初めにかけて「慰安婦」問題が提起され、九〇年代初めには戦後補償運動が起こり、細川内閣当時に補償実現には踏み込まれませんでしたが、日本政府の責任を認める首相発言もあり、曙光が見えたと思われた時期もありました。しかし、戦後五〇年の九五年あたりから、保守派の巻き返しが激しくなり、九六、七年頃には藤岡信勝氏の率いる「自由主義史観研究会」、さらに西尾幹二氏が中心となり小林よしのり氏も参加した「新しい歴史教科書をつくる会」（以下、「つくる会」）の国家主義的な動きが強くなり、それが日本国民の間に一定の共感を呼び起こす状況になりました。この動きは明らかに「慰安婦」問題をきっかけに出てきていますが、彼らの思想の中身は戦後の右翼・保守派の中にあったものだし、戦前の植民地支配のイデオロギーにもつながっています。

このような流れのなかで、九〇年代後半には「慰安婦」問題の解決をめざす運動が突破口を見いだしあぐねている状況がありました。

国際社会では、国連の人権委員会、人権小委員会などの「クマラスワミ報告」（九六年）、「マクドゥーガル報告」（九八年）、ＩＬＯの勧告、あるいは国際法律家委員会の勧告などで、「慰安婦」問題は戦争犯罪であり、人道に対する罪にあたると考えられるので、日本政府は正式に法的責任を認め補償すべきである、また責任者の裁きを可能な限り行なうべきであるという勧告が繰り返し出てくる。ところが国内では、それに逆行するように問題そのものを否認するような動きが強まってくる。この内外の深いギャップのなかで運動が停滞しつつあったとき、市民運動の全く新しいアイディアとして「女性国際戦犯法廷」が構想された、そんなふうに感じていました。「民衆法廷」の先駆としてはラッセル法廷がありましたが、ラッセル法廷は「知識人」中心の印象で、「法廷」という形にもあまりこだわりませんでした。一方、「女性法廷」は「法廷」という形にこだわり、実際に法律の専門家が判事や検事として登場し、実際の被害者が証言し、加害兵士も証言する、本格的な民衆法廷といえるものでした。その画期的なアイディアが、多くの人々の努力で実現し、歴史的ともいえる成功を収めたわけです。

### 意義〈その1〉──戦前との連続を断つ試み

この「女性法廷」の意義としては、もちろんまず第一に、日本軍性奴隷制の犯罪をジェンダー正義の観点から裁いたこと、そうして従来、男性中心的価値観のもとで不問に付されがちだった戦時性暴力を国際法のレベルで裁く可能性を示したことが挙げられるでしょう。ただ、本書ではその点がフェミニズムの視点から詳しく論じられるということですので、私はそのほかの面に以下で触れたいと思います。

この「法廷」は、「慰安婦」問題の責任者処罰に焦点を絞った「刑事」法廷で、戦争犯罪責任者の「裁き」という問題を日本社会に提起したものでした。

第二次世界大戦終結後、ドイツと日本は戦争責任を問われるところから出発したのですが、ドイツの場合はニュルンベルクほかの戦犯裁判が終わってから後も、責任者処罰を自国のなかで続けてきました。九〇年代には、その考え方はドイツだけのものではなくなり、〈ドイツ・モデルのヨーロッパ・スタンダード化〉と私は呼んでいますが、少なくともホロコーストやそれに類似した「民族浄化」については、ヨーロッパの理念を共有する限り責任を認めなければならないということを、ドイツ以外のヨーロッパ各国も受け入れるようになりました。

それに対し、日本では、占領終結後、日本の司法の手で戦争責任者が裁かれることはまったくなかったし、それどころか「A級戦犯」で巣鴨プリズンに入っていた人のうち一七人が釈放され、その中から、岸信介首相が登場するといったことがありました。岸氏は「満州」支配に責任がありますし、中国人強制連行を閣議決定したときの商工大臣で、劉連仁《リウリエンレン》さん（一九三四年、中国から強制連行されて、苛酷な労働を強いられ、仲間と逃走し、一三年後日本の敗戦も知らぬまま北海道山中に隠れているところを発見された）が一三年間の逃亡生活ののち出てきたときの首相でした。責任当事者が首相になっていたわけで、その矛盾は日本政府の劉さんに対する信じがたいほどのひどい対応に現われていました。また、六〇年代から七〇年代にかけて一五年ほど日本遺族会の会長を務めた賀屋興宣《かやおきのり》も、赦免された「A級戦犯」です。彼は靖国神社の国家護持運動を強力に推進しました。

戦争責任者の「裁き」は、もちろんまず第一に法的な要請から行なわれるのですが、政治的に重要なポイントは、責任者処罰によって侵略戦争、植民地支配といった国家の政策として行なわれた暴力、それを可能にした権力構造を解体することにあります。

戦後日本の諸問題の根底にあるのは、戦前との断絶がないこと、連続性があまりに強いことではないかと思います。戦前との人的・制度的な連続性の中心にあるのは天皇制です。昭和天皇は人的連続性そのものでした。日本軍の最高司令官だった彼が裁かれず、免責されて、戦後、象徴天皇として五〇年近くも居座ったこと、まさにここに人的・制度的連続性が集中的に現われています。戦前と戦後の天皇制は形こそ違え、日本の保守派からすればぎりぎりのところで「国体」が護持されたのであり、そうでなければ戦後五〇年以上も経って首相の口から「天皇を中心とした神の国」発言（二〇〇〇年五月一五日の神道政治連盟国会議員懇談会での森喜朗首相〔＝当時〕の発言）や、「国体」発言（同年六月三日、奈良市内の講演での森首相〔＝当時〕の発言）などが出てくるはずがないのです。

「女性法廷」は「慰安婦」問題という個別の問題をテーマにしていますが、そこから出発して最高責任者である昭和天皇と日本国家の責任を「刑事」法廷の形式に近づけて問うたのですから、民衆法廷で法的実効力はないといっても、「裁き」という問題提起すらこれまでまったくなされてこなかった、戦後民主派もできなかったことをやったということの意味は大きいでしょう。

**意義〈その2〉——東アジアでの平和秩序構築**

「女性法廷」はまた、VAWW‐NETジャパンが提案してアジア各国の女性グループ、「慰安婦」問題で被害者を支援してきた人たちがそれに賛同し、それにアジア以外の女性たち、人権活動家や法律家が加わり、さらには男性も加わって国際的な形で実現したもので、東アジア地域で今後、平和の秩序をつくっていくには何が必要かということに関して、良いモデルを示したと思います。

戦後五〇年、冷戦構造の支配下で日本の戦争責任、植民地支配責任は、中途半端にしか問われてきませんでした。日韓条約もそうですし、日中共同宣言もそうです。冷戦構造が崩壊してから一斉にアジアの被害者たちから日本の国家責任が追及されはじめたのには、歴史的な理由があったといえます。「女性法廷」は、曖昧にされてきた日本国家の責任を、東アジア諸国・諸地域の民衆が連携、連帯して追及することができることを示したのです。

現在から未来に向けて、東アジア地域に平和秩序を構築していくためには、まず第一に、戦後半世紀果たされなかった責任を日本が明確に認め、負債を精算することが大前提です。それで初めて侵略戦争や植民地支配が二度とあってはならないことであり、軍事的性奴隷はあってはならないことだという共通のスタンダードが、少なくともこの地域で共有されることになるのです。ドイツが行なった犯罪はヨーロッパでは認められない、とヨーロッパ・スタンダード化されたように、日本が行なった犯罪は東アジアで二度とあってはならないと、東アジアに共通のスタンダードができる。この点では、日本国家が罪を認めてはじめて東アジアの人たちと同じ土俵にたてるのです。

特に、いまだ日本とは国交さえない朝鮮民主主義人民共和国の人たちが加わり、朝鮮半島の南北首脳会談が実現したこともあり、「女性法廷」でも南北統一検事団が組織されたのは感動的なことでしたし、東ティモールの人が参加できたのも良かった。東アジアに共通の、戦争犯罪や植民地主義の犯罪に関する規準を共有する努力として評価できます。日本の市民の側から言えば、このような努力を通して近隣諸国の人びとから最もベーシックな信頼を回復することができるのではないでしょうか。

### 意義〈その3〉——過去の克服のグローバル化

九〇年代に入って、国際人道法のグローバル化が進んでいます。私はこれに政治的な「謝罪」や「和解」の動きを合わせて、「過去の克服のグローバル化」と呼んでいます。法的側面と政治的側面はもちろん関連しあっていますが、一応、加害者側が被害者側に責任を認めて謝罪し和解が成立する、という政治的な側面と、国際人道法を重視して責任者を裁くという、法的な側面を区別できます。

国際人道法についていえば、旧ユーゴとルワンダで国際刑事法廷が設置されたのみならず、ローマ条約で常設の国際刑事裁判所（ICC）が作られる見込みとなりました。ここでは侵略、人道に対する罪、ジェノサイド、通常の戦争犯罪が裁かれるのです。どのように機能するかは予断を許しませんが、もし実現すれば画期的なことで、あれだけ反対していたアメリカ合衆国も、批准するかどうかは疑問ですが、署名しました。ところが一三〇カ国以上が署名したこの条約に日本は署名していない。韓国は署名しています。「女性法廷」の試みもこの流れのなかに位置づけることができ、「女性法廷」で首席判事を務めたガブリエル・マクドナルド氏、同じく首席検事のパトリシア・セラーズ氏など、実際に現代の国際法の最先端の現場で、戦争犯罪や人道に対する罪をジェンダー正義の観点から裁く専門家が参加しました。民衆法廷が国際人道法のグローバル化の最先端と交差した部分です。日本の戦後責任問題、東アジアにおける日本と近隣諸国の人々との関係を超えて、国際人道法のグローバル化のなかで、特に軍事的性奴隷の問題に関して、国家責任および国家元首の責任を「女性法廷」は明確に認めたのです。

## 国際人道法に届いた被害者の声

「女性法廷」で私にとって一番印象的だったのは、判決の日に、判事たちが被害者たちの証言を一人一人読み上げたことです。民衆法廷は、これまで国際人道法から排除されてきたような被害者たちの声をどのようにして法のレベルに届けるかが大きな課題だったのですが、国際人道法の最先端で活躍している人々が判事となって、これまで歴史の他者として排除されてきた被害者たちの声を聞き届けたことを象徴するシーンではなかったかと思います。あのパフォーマンスは、判事たちが「女性法廷」の意義を正確に理解していた証しでもあるでしょう。日本軍性奴隷制の被害者たちのこれまでは聞き取られなかった声、呟きや呻きや叫びが判事たちの喉をふるわせた瞬間でした。

## 2 「正義」について

### 不可欠な「正義」の要請

私は社会的存在としての人間、他者たちとの関係のなかで生きる人間にとって、「正義」の理念は不可欠の、放棄しえないものだと考えています。ところが今日の日本では、「正義」はとかく冷笑の対象で、とくに知識人の間にその傾向が強い。「日本軍性奴隷制の被害者に正義を」などと呼びかけると、「自分だけが正しいと思うのは傲慢だ」、「絶対的正義の立場に立って他者を糾弾している」、「正義などなく、すべての価値は相対的だ」などという反応がいっせいに返ってきます。その場合、被害者自身が「正義」を訴えていることはできるだけ無視しつつ、被害者の「正義」を「代弁」するとされる運動家、知識人などに冷笑が向けられる傾向も根強くあります。

「過去には過去の正義があったのだから、現在の正義によって過去を裁くことはできない」というのは、今日の日本の「歴史修正主義者」も好む論法です。しかし、彼らがそう言うのはまさに歴史を彼らの思うがままに「修正」したいがためであり、日本の過去の侵略や植民地支配の責任を認めたくないからであるのは明らかです。

なるほど、ナチスも彼らなりの「正義」を掲げた。日本の軍国主義も「皇国」の正義、「皇軍」の正義、要するに天皇の「正義」を掲げた。しかし、だからといって、「だから正義などない」、「正義を語るのは欺瞞にすぎない」などと、どうして断定できるでしょうか。ナチスの「正義」も、天皇の「正義」も、同時代から多くの批判を受け、抵抗にあいました。天皇の「正義」は、当時の「大日本帝国臣民」のマジョリティーにとって「正義」に見えたにすぎず、被侵略国や植民地の人々、日本人の中の抵抗者たち、連合国の人々などにとっては、まったく「正義」ではありませんでした。そうした「正義」が実は、いわれなき差別と膨大な犠牲者を生み出すことを見抜いた人々にとっては、それはまさに「不正」の最たるものだったわけです。私たちが当時に生きていれば、天皇の「正義」にコミットするのかどうか、選択を迫られることになったでしょう。

「ナチスの正義も天皇の正義も当時の正義にすぎず、正義ではなかった」という人は、「正義」についての少なくとも直観的な理解をもとに、「正義」について判断していることになります。もし私たちが、「ナチスの正義はいわれなき差別と膨大な犠牲を生んだ欺瞞だった」と批判しようとするなら、つまりナチスの「不正」を認めようとするなら、その観点こそが「正義」の要請なのだと言ってもよい。天皇の正義についても同じですし、それほど大きな政治権力の偽「正義」を持ち出さずとも、もっと身近な「不正」についても同じです。本当に「いかなる正義もない」とするなら、殺人であれ、レイプであれ、侵略戦争であれ、大量殺戮テロであれ、社会的に「正当な」批判というものはありえなくなってしまいます。政治権力の偽りの「正義」を批判するためにも、その批判が「正当な」批判であろうとすれば、「正義」の要請を否定することはできないわけです。

たとえば、ニュルンベルク裁判や東京裁判は、勝者の裁きで一方的なものにすぎない、と批判されます。「勝者の正義」にすぎない、というわけです。たしかに「勝者の正義」なのですが、それを「一方的」だと批判するならば、その批判は「一方的」でない正義、「普遍的」な正義を想定していることになる。右派の人たちは、昭和天皇や七三一部隊や植民地支配の免責については問題にしないでしょうが、連合国の戦争犯罪、たとえばアメリカの原爆投下の責任を問わなかったのはおかしいと批判するなら、そこには「より普遍的」な正義が想定されているわけです。法的な正義の場合、それがあらゆる正義の要求を満たす理想的なもの、完全なものになることはまずない。しかし、法的正義の不完全さを指摘するためにも、そこに欠如した正義を前提せざるをえないでしょう。

どんな個人も、制度も、国家や「国際社会」も、絶対の正義を僭称することはできないし、「正義」をすでに自分が「所有」しているかのような言説の危険性にはつねに警戒しなければなりません。しかし、だからといって、正義の要請を放棄することなどできないのです。

## 「人権」は普遍性要求を内包している

「人権」に対しても日本社会では異様なほど反発が強い。「正義」に対する反発の強さとつながっていいます。よくいわれるのが、人権、人権というが、それは西洋の生み出したもので、たとえばフランスの「人権宣言」というけれども、フランスも帝国主義ではないか、アジアやアフリカの人の人権は認めなかったではないか、ということです。

たしかに一面ではその通りですが、その批判はどこへ向かうのでしょうか。「だから人権などない。アジア・アフリカの人の人権もなければ、ヨーロッパ人にも人権がない」と言いたいのか、「フランスがアジア・アフリカの人々に人権を認めなかったのは誤りだった、アジア・アフリカの人にも人権があると認め、人権を真に普遍的なものにするべきだ」と言いたいのか、この二つではまったく違います。人権は歴史的に「男性」の権利でしかなかった、という批判もそうです。「だから人権自体が欺瞞だ」というのか、「女性にも当然人権がある」というのか、この二つは全然違う。

人権が歴史的に限定された適用しか受けてこなかったと批判する人は、人権の普遍性を要求していることになります。人権は歴史的にアメリカ独立宣言やフランス人権宣言、世界人権宣言などさまざまな言語で一定の歴史段階に表現されてきたので、限定された部分、相対化が可能であったり必要でさえある部分、歴史的な限界といえる部分がどうしても出てきますが、その限定や限界に対する批判は、実は「人権」理念のもつ普遍性要求に訴えていることが多いのです。

## 法による正義とは

では、人権の普遍性要求とは何か。直観的に言えば、すべての人が人として尊重されて生きる権利を持っている、ということでしょう。その権利が毀損されたときに、それを「不正」と呼ぶ。ジャスティス（justice）とはユスティティア（justitia）で、もともと均衡、平衡、公平という意味があります。すべての人が人として尊重されて生きる権利があるのですが、加害者の暴力は被害者からその権利を奪うのです。被害者は傷つき、死に至ればもちろん、死に至らない場合にも、人として生きる可能性を奪われる。日本軍に性奴隷にされた人々の苦しみ。ホロコーストにおけるユダヤ人の苦しみ。現代のパレスチナ人の苦しみ。植民地宗主国から奴隷状態に置かれた植民地の人々の苦しみ。同じ「人間」として尊重されて生きる権利を剥奪されるわけです。そこに不均衡が生じます。大日本帝国の植民地支配や侵略戦争は、膨大な人々に精神的にも物質的にも被害、ダメージを与えました。その状態がそのままであれば、日本国家や日本国民と被害者との間で、均衡が完全に崩れている状態です。その状態のままである限り、信頼関係は回復できません。「不正」＝インジャスティス（injustice）の根本には、このような不均衡、アンバランスがあるのであり、それを回復しようという要求が「正義」の核心にあると思います。

均衡が回復されるためには、加えられた暴力が不正であった、あってはならないものであったとする判断がなければならないし、その判断に基づいて、暴力を行使した加害者に責任を取らせ、被害者には償い、補償して、初めてこの不均衡が、決して完全にではありませんが、社会的には回復されたことになる。それが法的な正義でしょう。元「慰安婦」の女性たちが「正義を求める」と言うとき、それは「自分たちが正義だ」とか、「自分たちは正義を所有している」という意味ではなくて、加害者の暴力によって奪われた尊厳を回復し、償いを受けることによって、加害者との「関係」を正す、修復することの要求だとも考えられると思うのです。

また、加害者が責任を認め、償いを果たすならば、加害者の人間としての尊厳も回復されるといえるかもしれません。加害者が自らの犯した不正や悪を悔悛しないとしたら、その人は「不正」の状態であり続けることになります。逆に、責任を認め償いを果たすなら、被害者との関係において、社会的には「不正」の状態から脱することになります。

## 3　「女性法廷」と今後の課題——象徴天皇制をどうするか

「女性法廷」は、九〇年代後半に台頭したネオナショナリズムに一矢報いた形になりましたが、その後も国家主義的な動きは止っていません。むしろ強まっているようにも思えます。「女性法廷」に対する評価は、その事実が知られるにつれて高まっている部分もありますが、他方では歴史教科書問題に見られるように、「つくる会」が全国の「草の根」で続けてきた運動が効果をあげ、メディアも巻き込んだ国民的な歴史修正の運動として続けられてきた結果として、扶桑社版の歴史、公民中学校教科書が検定に合格するという事態も生じました。

## 扶桑社版・歴史教科書の「皇国史観」

「つくる会」の歴史教科書は、もともと執筆者たちが「自虐史観」と呼んでいるものを攻撃してきた人たちですから、当然、日本の侵略戦争や植民地支配の実態と責任を曖昧にするものになることは予想されていました。男性中心の女性観が貫かれていることも予想どおりでした。やや意外だったのは、天皇中心の記述が貫かれていることです。

この歴史教科書では、コラムは神武東征の伝承から始まり、神武東征ルートの地図まで出ています（『市販本　新しい歴史教科書』三六頁）。歴史の教科書に神話が出てくるというのは、目を疑うようなアナクロニズムです。日本武尊《やまとたける》と弟橘媛《おとたちばなひめ》の物語が二頁を割いたコラム（同、四二〜四三頁）になっており、敵と戦う男性を助けるために女性がすすんで自らの生命を捧げるという、露骨に女性差別的な内容の物語が「日本人」が記憶するにふさわしい伝承として、子どもたちに教え込まれようとしています。

また、日本の歴史では政治権力者も天皇の権威には逆らわず、また逆らえなかったという考え方で一貫しています。天皇の権威に挑戦した唯一の人物として足利義満のことがコラムで書かれていますが（同、一〇八〜一〇九頁）、天皇の権威に触れるようなことをすると、病気になってむなしく世を去らざるをえないのだ、と子どもたちに教えようとしています。そして最後のコラムは、「第一二四代昭和天皇が『国民と共に歩まれた生涯』」というわけです（同、三〇六〜三〇七頁）。

「自由主義史観」や「つくる会」は、「慰安婦」問題に反発して出てきた面が強いものです。小林よしのり氏の「じっちゃんの性欲を許せ」などといった言葉に見られるように、直接には旧日本軍の戦争を正当化しようとする議論で、天皇問題はほとんど出てきませんでした。だから、「新しいナショナリズムは天皇抜きのナショナリズムだ」といった議論もあったくらいです（大塚英志氏）。ところが、結局はそうではなかった。森前首相の「神の国」発言のときは、西尾氏や藤岡氏がただちにこれを支持していましたし、考えてみれば、「つくる会」の中心人物の一人坂本多加雄氏は、もともと象徴天皇制を「国民の歴史」の中心に置こうと言っていたのですから、落ち着くところに落ち着いたということなのでしょう。

私は天皇抜きのナショナリズムは、現在の日本においてはほぼありえないと思います。なぜなら、日本国憲法第一条によれば、天皇は「日本国及び日本国民統合の象徴」であって、日本の「ナショナリティ」そのものを「象徴」することになっているわけですから。もし天皇抜きということであれば、日本のナショナリストはまず何よりも憲法第一条、第一章の撤廃を要求しなければならないことになりますが、これはきわめて考えにくいことです。「つくる会」の歴史教科書も、基本的には戦前的な「皇国史観」ではなく、現在の象徴天皇制、憲法が「国民統合」の核とする象徴天皇の権威を、遡って正当化するような形になっています。

この間の政治には、たとえば日の丸・君が代の国旗・国歌化ですとか、現天皇の在位一〇周年記念式典が行なわれるなど、象徴天皇制を現代日本の「国体」として実質化しようとする動きが目立っています。そこで、私たちが忘れてはならない最大の問題の一つは、昭和天皇の戦争責任、天皇制の戦争責任ということになるでしょう。「つくる会」は、歴史教科書の先のコラムにあるように、昭和天皇を美化しています。彼らや右翼が「女性法廷」に敏感に反応するのも、日本軍の行なった戦争のおぞましさが、軍事的性奴隷制としての「慰安婦」問題として象徴的に現われており、「慰安婦」問題を突き詰めていくと、軍の最高責任者である昭和天皇まで行き着いてしまうからです。最もおぞましい戦争犯罪が、昭和天皇まで行き着いてしまう、そのことを天皇有罪判決という形で明言したのが「女性法廷」でした。そういう意味では、「女性法廷」の思想と、「つくる会」の歴史教科書の思想はまったく相容れないのです。

## 昭和天皇有罪判決が報道されなかったこと

「つくる会」教科書の天皇観が、では、日本社会のなかでかなり特殊なウルトラ・ナショナリストのものなのかというと、そうはいえないところが重要だと思います。問題のコラム「昭和天皇――国民と共に歩まれた生涯」のメッセージは、戦後日本の大新聞やテレビが流布してきた昭和天皇についてのメッセージと本質的にそれほど違うものではありません。昭和天皇死去の際の新聞報道も同じです。彼の戦争責任を問う声は全部「外」からくる声で、あたかも国内にはまったくないかのように、「国民と共に歩まれた生涯」を讃えるというのが、あの時の大新聞やNHKなどテレビ報道のトーンでした。今回、「つくる会」教科書のほかの記述やコラムを批判的に紹介した新聞も、昭和天皇コラムについては沈黙を守っている。メディアのこうした構造自体が問題なのです。

「女性法廷」についても日本のメディアがどのように報道したか、というところにも九〇年代後半の右傾化の兆候が見て取れます。産経新聞が無視（その後攻撃）したのは予想通りとして、読売新聞も日本語版では基本的に無視、朝日新聞は比較的よく報道しましたが、新聞界全体としてやはり大きなニュースにはできなかった。特に天皇の「有罪」判決については、外国の新聞が見出しに取り上げる例が多かったのに対し、日本ではそれがほとんどできなかった。テレビでは、NHKのETV2001「シリーズ・戦争をどう裁くか」第二回「問われる戦時性暴力」がテーマとして取り上げようとしたのですが、放映中止を求める右翼の執拗な攻撃などによる混乱のなかで、番組はたいへん無惨な改変を施されてしまいました。右翼の攻撃が改変の動機なのか、それとも歴史教科書問題にあるような政治の圧力が働いたのか、私自身「出演者」の一人として改変の真相が明らかになることを切望していますが、いずれにせよ、ネオナショナリズムの高まりの中で、メディアに対する圧力が強化され、メディアもまた自粛ないし自己規制に流れる傾向が強まっているのが憂慮されます。

## 天皇中心の物語を克服する

私の印象では、戦争を経験した世代のお年寄りの人々のなかには、個人的に話を聞くと、「その通り。天皇が責任を取らなかったので、すべてが曖昧になってしまった」という人が意外に多いのです。ところがそういう人々も、パブリックな場所でそれを公言するとなると怯んでしまい、戦後半世紀、タブーの存続に手を貸してしまったのだと思います。右翼のテロの恐怖もありますし、天皇制に反対するのは「アカ」だ、「非国民」だといって排除された戦前、戦中の思想統制の「後遺症」も残っています。少数派になってしまうのが怖いのです。しかし、皆が恐れて何も言わなくなることでタブーはますます強化されます。沈黙を破り、声を挙げていくことが必要なのです。

そんななかで、今回の「女性法廷」は、女性たち中心の運動として、「昭和天皇、有罪」とはっきり言ってしまった。日本の中で言いたくても言えなかったことが、勇気ある女性たちの手によって初めて宣言されたことが、共感を呼んだ一つの大きな理由ではないでしょうか。

現在の日本のネオナショナリズム、特にその「歴史修正主義的」運動は、日本が東アジアの近隣諸国からはもちろん、世界からも孤立していく要因になりかねません。私は二〇〇一年春以降、オーストラリアやフランスなどでもこの問題について議論する機会がありましたが、かの地のジャーナリストや知識人たちは、なぜ日本の「国益」に反するそのような動きに多くの日本人が、特に日本政府が同調するのか不思議で仕方がない、といった面持ちでした。たしかにオーストラリアにも、フランス、ドイツなどヨーロッパ諸国にも極右勢力はいます。しかし、石原都知事や今回の「つくる会」教科書の検定合格のように、政治的公的レベルでそうした勢力が「成功」を収めるのは理解しがたい、というのです。

その点で、小泉首相の靖国神社参拝問題も重大です。この問題の本質も、実は天皇制問題なのです。主として中国政府の批判を考慮して、「A級戦犯分祀論」が出ています。中国政府がA級戦犯問題を重視するのは、戦後一貫して「日本軍国主義と日本人民は違う」と言ってきたことからすれば整合的です。しかし、それならA級戦犯を分祀すれば問題はないのでしょうか。決してそうではありません。靖国神社の思想的本質は「天皇の神社」であることなのです。一八六九年、明治天皇の命により「東京招魂社」として作られた際、もともと「官軍」の戦死者を祀るもので、「賊軍」の戦死者は一顧だにされなかったことから分かるように、あの神社は本来「日本」のために死んだ「国民」を祀る神社ですらなく、天皇のために死んだ軍人・軍属を祀る神社なのです。その本質が問われなければいけないのです。

このように、歴史教科書問題も靖国問題も天皇問題と深く結びついていて、それを無視しては日本の戦後民主主義は「天皇制」民主主義（民主主義とは似て非なるもの）から脱却できないでしょう。では、どのようにしてこれを克服するのか。「女性法廷」は「国境を超えた」市民の連帯に基づく運動として、一つの突破口を開いてくれたと思います。さまざまな知恵、アイディアを出し合って、戦前と戦後の日本国家の連続性を象徴する天皇制を克服していきたいものです。

# ［資料］「女性国際戦犯法廷」憲章全文

VAWW-NETジャパン・訳

＊採択・二〇〇〇年七月三一日（於マニラ会議）、修正・同年一〇月二六〜二七日（於ハーグ会議）

## 前文

第二次世界大戦前・中に日本軍が、植民地支配し、軍事占領したアジア諸国で行った性奴隷制は、今世紀の戦時性暴力の最もすさまじい形態の一つだが、その被害女性たちが正義を得られないまま二〇世紀が過ぎ去ろうとしているのを目の当たりにし、

女性に対する暴力、特に武力紛争下の暴力が、今日世界各地でいまだに絶えないことを目の当たりにし、

女性に対する暴力は、一九九三年世界人権会議で採択されたウィーン宣言と一九九五年第四回世界女性会議で採択された北京行動綱領によって一層の国際的関心を引いており、その綱領は、強かん、性奴隷制などの武力紛争下の女性に対する暴力は戦争犯罪であり、真相究明、被害者に対する補償、加害者の処罰が必要であると明記していることに注目し、

九〇代初めに、国連が設立した旧ユーゴおよびルワンダ国際戦犯法廷が女性に対する暴力に責任のある者を訴追していること、また国際刑事裁判所は設置規程が発効した後に行われた戦時および武力紛争下の女性に対する暴力を裁くことになっていることに留意し、

日本軍性奴隷制が女性に対する暴力の中でもとりわけ重大で深刻なものであり、当時の国際法の原則に違反し、人間の良心に深く衝撃を与えるものであった点に鑑み、第二次世界大戦終結後にアジア全域で連合国が開いた軍事法廷は日本軍性奴隷制やその他の女性に対する性暴力を戦争犯罪としてほとんど訴追せず、その後の数十年間も、現行の国内および国際的司法制度は加害者を裁かな

かったことに注目し、

日本軍性奴隷制の被害女性たちが、こうした侵害行為のために、また個人に対する損害賠償その他の形の補償や加害者訴追など正義が行われないことのために、今も身体的、精神的に苦しみ続けていることを認識し、

この奴隷制の生存者たちが長く苦しい沈黙のあと、一九九〇年代になって、裁きが行われることと、長い間奪われていた基本的人権を回復することを要求してきたことを意識し、犯罪が行われてから半世紀たっても、生存者たちは加害者から罪を認める言葉も受けられず、犯罪の責任者たちは真の謝罪も行わず補償を提供することもなく、その一方で、被害女性たちは何の補償救済措置もないままに次々に亡くなっていくことを憂慮し、

性奴隷制を含む戦時性暴力の被害女性や生存者に正義を回復することは、地球市民社会を構成する一人一人の道義的責任であり、国際的な女性運動にとって共通の課題であることを心に留め、

すべての被害女性に正義、人権、尊厳を回復し、戦時および武力紛争下の女性に対する暴力の不処罰の循環を断ち切ること、それによってこうした犯罪の再発を防ぐことに寄与しようと決意し、

全記録を、二〇世紀の歴史の消し去ることのできない記録として世界に公表することにより、「法廷」の努力が、戦争と女性への暴力のない二一世紀と新しい千年紀を創ることに寄与することを確信し、

日本軍性奴隷制を裁くための「二〇〇〇年女性国際戦犯法廷」を開くこと、および、その主要な使命として、日本の植民地支配と侵略戦争の一環としてアジア太平洋全域にわたって日本軍が犯した性暴力、とくに、「慰安所」で「慰安婦」たちを性奴隷にしたことについて、真実を明らかにし、関与した諸国家や個人の法的責任を明確にすることを切望し、

「法廷」が、女性に対して行われた犯罪の責任に関して、当時の国際法の欠かすことのできない部分であり極東軍事法廷で適用されるべきであった、法の諸原則、人間の良心、人間性とジェンダー正義に照らして、また女性生存者自身を含む多くの人々の勇気ある闘いの結果、

国際社会が国際人権と認識するようになった、女性の人権の原則などに関わるその後の国際法の発展を、女性に対する犯罪に対し国際法を適切に適用し、過去の違法行為に対する国家責任について進展中の原則を体現する、その限りにおいて考慮に入れつつ、判決を下す能力があることを確信し、

民衆と女性の提唱で開かれるこの「法廷」に、判決を強制する実際の権限はないとしても、国際社会や各国政府が判決を広く受け入れ、実施することを要求する道義的権威を持つことを心に留め、

諸国家や国際組織がこうした犯罪に責任のある人々を裁くため、また謝罪、損害賠償、リハビリテーションを含む賠償を行うために必要な措置をとるよう再度要求しつつ、

加害国（日本）の諸組織、被害地域の諸組織（南北朝鮮、中国、台湾、フィリピン、インドネシア、マレーシアなど）および国際諮問委員会（著名な専門家や人権活動家からなる）で構成される国際実行委員会は、ここに、日本軍の性奴隷制を裁く「二〇〇〇年女性国際戦犯法廷」の憲章を定めます。

## 第1条　女性国際戦犯法廷の設置

ここに「女性国際戦犯法廷」（以下「法廷」）が設立されます。「法廷」はこの憲章の規定に従って、個人と国家を裁く権限を持ちます。「法廷」は、国際実行委員会によって決定される日時、場所で、公開の審理を行います。

## 第2条　「法廷」の管轄権

1　「法廷」は、女性に対して行われた犯罪を、戦争犯罪、人道に対する罪、その他の国際法に基づく罪として裁きます。「法廷」の管轄権は、第二次世界大戦前・中に日本により植民地とされ、支配され、あるいは軍事占領されたあらゆる国と地域、ならびに同様の被害を日本から受けた他のあらゆる国に及びます。「法廷」が裁く犯罪は、強かん、性奴隷制その他のあらゆる形態の性暴力、奴隷化、拷問、強制移送、迫害、殺人、殲滅を含みますが、それらに限定されません。

2　「法廷」は、上記の犯罪に関して国際法に違反する国家の作為または不作為、また第4条に定める作為または不作為についても裁きます。

3　「法廷」はまた、第4条に定めるとおり国際法に基

づく国家責任に関わる請求についても裁きます。

4　「法廷」の管轄権は、こんにちの時点にまで及ぶものとします。

## 第3条　個人の刑事責任

1　この憲章の第2条に定めた犯罪を計画し、扇動し、命令した者、また他の如何なる形でも計画、準備や実行を幇助・扇動した者は、その犯罪について個人として責任を問われます。第2条に定めた犯罪の証拠を隠した者は個人として責任を問われます。

2　この憲章第2条の犯罪を部下が犯したという事実は、その上司または上官が、部下がそのような行為を行おうとしていることを知っていたか、知るべき事情があったのにその防止や抑止のために必要で適切な手段を講じなかった場合、または、捜査と訴追のためしかるべき当局に事件を報告しなかった場合は、それらの上司や上官が刑事責任を免れる理由にはなりません。

## 第4条　国家責任

国家責任は以下から生じます。

(a)　第2条の犯罪の実行または行為が、その国家の軍隊、政府の官吏、および公的立場で行動する者によって行われた場合、

(b)　国家による次のような行為または不作為

第2条の犯罪に関して、事実を隠したり、歪めたり、または他のいかなる形態であっても真実を発見し公表する責任を果たすことを怠ったり、その責任を果たさなかった場合、

これらの犯罪に責任ある者を訴追し処罰しなかった場合、

被害者に賠償を支払わなかった場合、

個々の人間の本来の姿、福利や尊厳を守るための措置をとらなかった場合、

ジェンダー、年齢、人種、肌の色、国民的、民族的または社会的出身、信条、健康状態、性的傾向、政治その他に関する意見、経済状態、生まれ、その他何らかの地位に基づいて差別的取り扱いを行った場合、あるいは

第2条の犯罪の再発防止に必要な措置をとらなかった場合。

## 第5条　公的資格と上官の命令

1　被告人の公的地位が、天皇であろうと、国家元首、政府の長、軍隊の司令官、責任ある官吏であろうと、

その立場によって、その人の刑事責任は免除されず、処罰も軽減されません。

2　犯罪が上官または政府の命令に従って行われたものであっても、その事実だけでは、それを犯した個人は刑事責任を免れません。

## 第6条　時効の不適用

「法廷」が裁く犯罪は、時効が適用されません。

## 第7条　「法廷」の構成

「法廷」は次の構成となります。

(a)　裁判官
(b)　検察官
(c)　書記局

## 第8条　裁判官と検察官の資格と選任

裁判官、検察官は国際実行委員会が、人権の分野で国際的に信頼のある著名人の中から、以下を考慮して任命します。

(a)　性の配分
(b)　地域配分
(c)　女性の人権の提唱、擁護、推進に対する貢献
(d)　国際人道法、国際人権法、国際刑事法についての専門的知識と経験
(e)　ジェンダー犯罪や性暴力犯罪を扱った経験

## 第9条　訴訟手続きと証拠に関する規則

「法廷」の裁判官は、審理の手続きと証拠に関する規則、被害者や証人の保護その他の、裁判官が必要とみなした「法廷」についての適切な事項を決定します。以下のものは証拠と認められます。

(a)　書証：公文書、宣誓供述書・調書、署名のある陳述書、日記、手紙やメモなどの文書資料、専門家鑑定書、写真やその他の映像視覚資料、
(b)　人証：生存者や証人の文書または口頭の証言、専門家による鑑定証言、
(c)　物証：関連するその他の物証。

## 第10条　書記局

国際実行委員会は、「法廷」に書記局を設置します。書記局は、「法廷」の事務と運営に責任を持ちます。

## 第11条　検察官：調査と起訴状

1　検察官はこの憲章の第2条に述べる犯罪の捜査と訴

追に責任を持ちます。その際ジェンダーや文化の諸問題、また被害者が直面するトラウマなどに配慮します。

2　検察官は個人、生存者、NGOその他の情報源から得られる情報に基づいて調査を行い、真実を確定するために、容疑者、被害者、証人を尋問し、証拠を集め、現地捜査を行う権限を持ちます。

3　検察官は捜査の結果、訴追に十分な根拠があると判断した場合に、「法廷」に起訴状を提出します。

## 第12条　審理

1　「法廷」は審理を開始するにあたって検察官からの起訴状を読みます。「法廷」は公正で迅速な審理を保障します。

2　審理は公開で行います。

3　「法廷」の使用言語は英語とします。必要に応じて他の言語に翻訳・通訳されます。

## 第13条　被害者と証人の参加と保護

「法廷」は、取り扱う犯罪の本質を考慮し、またトラウマに配慮して、性暴力の被害者や証人、また他のいかなる人についても、証言をすることで危険にさらされる人々について、その安全、身体的心理的な福利、尊厳やプライバシーを保護するよう、必要な手段を取ります。保護措置としては、必要に応じて視聴覚機材による審理やその他の被害者の身元を匿す措置を含みますが、それだけに限定されません。

## 第14条　判決

1　判決は、公開の場で言い渡され、「法廷」の裁判官の多数決によって下されます。また裁判官は、判決について別途に、同意意見または反対意見を付けることができます。

2　判決は、「法廷」に提出された証拠に基づいて、被告人がその犯罪について有罪と認められたか有罪とは認められなかったか、あるいはそのような判断を下すためには証拠が不充分であるかどうかを明確に述べ、その判決の理由を述べます。

3　判決では責任があるとされた個人または国家に対して被害者への救済処置を要請することができます。救済処置には、謝罪、原状回復、損害賠償、リハビリテーションなどが含まれます。

4　判決は生存者、被告人本人または代理人、日本政府、関係各国政府、国連人権高等弁務官などをはじめとする国際機関に送付し、さらに歴史的記録として広く世界に公表します。

## 第15条　協力

1　「法廷」は、一人一人の個人、NGO、政府、政府間機関、国連機関やその他の国際団体に対し、この憲章第2条に述べる犯罪に責任のある人々や国家の捜査と訴追に全面的に協力するよう、要請することができます。

2　「法廷」は、一人一人の個人、NGO、政府、政府間機関、国連機関やその他の国際団体に対し、「法廷」の判決について協力を求められた場合にはそれを尊重するよう、要請することができます。協力要請には以下に関することを含むものとしますが、それだけに限定されません。

(a)　人物とその所在の特定、その事件の場所の特定

(b)　証言を得ること、証拠の提出、

(c)　被告人、被害者、証人、専門家としての「法廷」への任意の出廷

(d)　場所や現場の検証

(e)　関連のある情報、記録、公式または非公式の文書の提供と、戦時下の公文書の全面開示

(f)　被害者や証人の保護と証拠の保存、

(g)　固有の国際的責務にかなうよう、これらの犯罪に責任を持つ者について捜査と訴追に協力し、または自ら実施すること

(h)　固有の国際的責務にかなうよう、謝罪、損害賠償とリハビリテーションを含む補償の規定をもうけること

(i)　「法廷」の目的を促進することを望んでなされるその他の助力。

以上

# ［資料］日本軍性奴隷制を裁く二〇〇〇年「女性国際戦犯法廷」 検事団およびアジア太平洋地域の人々 対 天皇裕仁ほか、および日本政府 認定の概要

VAWW‐NETジャパン・訳

二〇〇〇年一二月一二日

判事ガブリエル・カーク・マクドナルド、首席
判事カルメン・マリア・アルヒバイ
判事クリスチーヌ・チンキン
判事ウィリー・ムトゥンガ

## 沈黙の歴史を破って

1　一九九〇年代初頭、アジアの女性たちは、五〇年近くにわたる苦痛に満ちた沈黙を破り、アジア太平洋地域で戦争中の一九三〇年代と一九四五年代に自分やほかの女性たちが日本軍性奴隷制度の下で被った暴虐に対し、謝罪と補償を求める声をあげ始めた。このような被害を受けながら生き延びてきた女性たちは、婉曲にも「慰安婦」と呼ばれてきたが、その勇気ある証言は、アジア太平洋地域全域にわたってさらに何百人もの被害女性たちに声を挙げる勇気を与えた。彼女たちは共に、少なく見積もって二〇万人の少女や女性たちに日本軍が組織的に行った強かん、性奴隷制、人身売買、拷問、その他の性暴力の恐怖に対し、世界の目を覚まさせてきた。青春と未来とを奪われた彼女たちは、暴力の行使、強制や欺瞞によって徴集され、売買されて、「慰安所」、より正確には性奴隷制施設へと幽閉され、日本軍の駐屯地や前線での生活を余儀なくされたのである。

2　生き残ってきた女性たちの声に耳を傾けよう。

処女の亡霊となって死にたくなんかない。ムン・ピルギ（韓国）

私たちは、家に帰っても、泣いているばかりだった。だれに言うこともできない。言えば殺されるから。あまりにも恥だったから深い穴を掘って、そのなかに埋めてしまいました。マキシマ・レガラ・デラ・クルーズ（フィリピン）

私は人生を失い、汚れた女と見なされました。生きていくための手段もなく、仕事もほとんどありませんでした。ひどく苦しみました。次の世代の日本人はその親たちがこんなに酷いことをしたのだと、私の苦しみを知るべきです。高寶珠（台湾）

夫が言いました。「どうせ残り物なら、人間より犬のほうがましだ」と。ベレン・アロンソ・サグン（フィリピン）

生きるために命令に従ったのです。盧満妹（台湾）

処女だった私。一〇人の男が私を強かんしました。ひとりが離れるともうひとりが交替するのです。私たちは動物のように扱われました。膣から血が流れ出ました。終わったあと、歩くこともできませんでした。スハナ（インドネシア）

日本が許しをこう事、それを求めます。袁竹林（中国）

私たちがほしいのは正義です。日本の政府が責任を取るよう求めます……私たちは真実を言っているのです。嘘を言いに来たのではありません。日本を見物に来たのではありません。私たちは真実を語るためにきたのです。エスメラルダ・ボエ（東ティモール）

3　名のり出た被害女性たちの勇気は、近年の性暴力の被害者たちをも力づけ、彼女たちも声を挙げるようになった。人権を擁護する人々や学者たちが世界中で動き出し、正義を求め始めた。その意味で、名のり出た女性たちは、女性の人権尊重というより大きな運動が巻き起こることに貢献し、こうした犯罪の不処罰を終わらせ、戦争や征服には女性の性的虐待がつきものだという観念を糾弾してきたのである。

4　二〇世紀のまさに最後に開催された日本軍性奴隷制を裁く二〇〇〇年「女性国際戦犯法廷」は、被害者（サバイバー）たち自身による、そして彼女たちのための、一〇年近くにわたる努力の頂点をなす出来事である。この「法廷」は、国家が正義を行う責任を果たすことを怠ってきた結果として設置された。こうした怠慢の責任の第一は、第二次世界大戦の連合国が一九四六年四月から一九四八年一一月までの極東国際軍事法廷［東京裁判］で、性奴隷制の証拠を保持していたにもかかわらず、このような犯罪に対して日本の責任者たちを訴追しなかったことに求められる。法廷が、ことに国際的に構成された法廷が、このように大規模な組織的残虐行為を無視することができたということは、きわめて不当なことと言わねばならない。しかしながら、最大の責任は、五五年以上にわたって訴追も謝罪も行わず、補償などの有効な救済措置をなんら講じてこなかった日本政府にある。こうした政府の怠慢は、被害者たちが一九九〇年以来繰り返してきた要求にも拘わらず、そして二人の国連特別報告者による細心な調査、さらには国際社会の正式な勧告を無視して、いまだに続いているのである。

5　この「法廷」は、生き残ってきた被害者たちの声がこうした不履行によって沈黙させられるのを許してはならない、このような人道に対する罪への責任を曖昧にしてはならないという確信から生まれた。この「法廷」は、女性に対する犯罪、ことに性的犯罪を矮小化し、免責し、周縁化し、不明瞭なものとする、これまでの歴史の傾向を正すために設置されたのである。この傾向は、それが非白人の女性に対して行なわれた犯罪である場合にはより顕著である。また、この「法廷」は、勇敢だが苦しみを嘗めている被害者（サバイバー）たちがその人生の終局に当たって何度も繰り返し表明してきたように、女性たちに対して犯された犯罪の責任を認め、しかるべき者に負わせることが、残された年月を彼女たちが安らかに暮らすためには必要だという強い思いから設置されたものである。そこにあるのは、このような残虐行為が二度と起こることのないように、という希望と期待にほかならない。この「法廷」は、罪は個人に帰すのであり集団に帰すのではないという、この重要な原則から外れる意図をなんら持つものではない。

6　この「法廷」は地球市民社会の声によって作られた「民衆法廷」である。この「法廷」の権威は、国家や政府間組織によって生じるものではなく、アジア太平洋地域の、そしてまさに日本が国際法の下で説明責任を負っている、世界中の人々に由来するものである。この「法廷」にはデュー・プロセス（適正法手続き）の保証が欠けている、という者もいるだろう。この「法廷」は、適正法手続きは保証できず、またその意図もない。この「法廷」は国家が残した国際法違反の問題に踏み込むものであって、国家の代わりを務めようとする意図はない。この「法廷」の力は、多くの人権活動がそうであるように、証拠を検証し、歴史に残る記録を作り出す能力にこそ存する。そうすることによって、最大の恥は法的責任を充分に認めず補償救済措置をとらないことにこそある、と日本政府が気づくようにとの希望がそこにはあるのである。

7　この「民衆法廷」は、日本、韓国、フィリピンの代表を長とする国際実行委員会によって生れた。この三人はそれぞれ、一九九一年から被害者（サバイバー）たちが自らの経験を語り、その声が人々に届くようになるために援助を惜しまず、精力的に活動してきた。彼女たちの目的は、「復讐ではなく正義」であり、「生き残った者たちのためだけではなく、亡くなった人々のため、そして次に来る世代のため」のものである。本「法廷」は二〇〇〇年一二月八日から一二日まで東京で開かれた。

8　国際実行委員会と検事たちが「法廷憲章」を起草し、裁判官たちが承認した。第2条は人道に対する罪に裁判管轄権があると規定し、その罪には性奴隷制、強かん、その他の形態の性暴力、奴隷化、拷問、強制移送、迫害、殺害、殲滅を含むが、それらには限定されないと規定している。第14条で「憲章」は、提出された証拠に基づいて、各被告人が有罪と認められるか、有罪と認められないか、あるいはそのような判決を下すには証拠不十分であるかを、明確に述べる義務を表明している。

9　この「法廷」で行われた発表や起訴状は、東ティモール、インドネシア、日本、マレーシア、オランダ、南北朝鮮（共同提出）、中華人民共和国、フィリピン、そして台湾の法律家である各国検事たちが率いる、立場を越えた集団の協力によって準備されたものである。各国の検事たちは独自にあるいは共同で、二年以上にわたる努力を重ね、この「法廷」を結実させた。これらの各国検事たちに昨年から、二人の首席検事が加わり、その参加によって、この準備過程に国際社会の関心と寄与とが託されることとなった。首席検事が総合起訴状を提出し、これには各国の検事たちも加わった。

10　この「法廷」は、天皇裕仁を含む日本政府と日本軍の高官複数名について、人道に対する罪としての強かんと性奴隷制に不法があるかどうかを決定することが求められている。被告人の何びとも性奴隷制という事態から生じた罪状をかつて一度も問われたことが無い、という事実を強調することは重要である。この点で、この「法廷」は、極東国際軍事法廷、すなわち当初の［東京裁判］が行わなかったことを履行するために開かれている。従ってこの「法廷」は、当時適用可能だった法を適用し、被告人を裁き、関連する［東京裁判］での法律と事実の認定を、確立されたものとして採用することとする。

11　「二〇〇〇年女性国際戦犯法廷憲章」はさらに、国際的不法行為から生じる国家責任の不履行に対する裁判管轄権をも定めている。こうして、この「法廷」は、個人の刑事責任と国家責任とをユニークに結びつけている。第4条によれば、国際的不法行為には、これらの犯罪に関する真実を隠したり、究明することを怠ること、訴追や補償を怠ること、個々の人の高潔さ、福利、尊厳を守る手段を講じないこと、差別、再発を防ぐため必要な措置を講じないことが含まれる。

12　第14条はこの「法廷」が、謝罪、原状回復、損害賠償、リハビリテーションなど、被害者に対する救済措置を取るよう、被告個人や国家による責任に関して勧告する権限を与えている。

13　日本政府は二〇〇〇年一一月九日付けで、この「法廷」についての通知を受け取り、傍聴と参加の招待を受けたが、招待に応じることはなかった。しかし、本「法廷」では、アミカス・キュリー（法廷助言者）としての日本人弁護士の議論を聴取し、日本政府がこれまでとってきた立場についてその他の資料も検討した。

14　この「法廷」には六四人の被害者（サバイバー）が参加し、自分のためだけでなく、数え切れないほど多くの亡くなった、あるいはいまだに沈黙の生を強いられている少女や女性たちのために正義を求めている。多くが自ら証言し、さらに多数の女性がビデオや宣誓供述書を通じて証言を行った。私たちが耳にしたのは、想像を絶するような最も残酷な仕打ちの証言の例であり、人間がどうしてこれほど非人間的になり得るのかという疑問を抱かずにはいられなかった。生存者たちの証言に加えて、この「法廷」では歴史家、法律その他の専門家、さらにはこのような残虐行為に参加した二人の元日本軍兵士の証言も行われた。この「法廷」では、回想録や限られた数ではあるが政府側の公式書類などの文書証拠を受け取った。こうした書類は日本軍による降伏後の書類破壊を免れ、日本政府や連合国政府によって任意に公開されたものである。この「法廷」は、雄弁な証言を行った生存者たちの勇気と尊厳を尊重すると同時に、包括的で有効かつ秩序立った方法で証拠提出を行なった検事団の見事な努力に敬意を表する。またこの「法廷」は、元兵士たちの証言への意思とその誠実さに感謝する。

15 裁判官たちは、審理が円滑に効率よく運営されるように努力した国際実行委員会、書記官をはじめあらゆる法廷担当者に感謝する。

16 各裁判官は、人々の集団的意志と、市民社会における法の支配の根本的役割への深い尊敬の念からこの「法廷」に参加している。この「民衆法廷」は、国際法と国内法の要が、法的説明責任にあること、国際法の確立された規範を侵害する政策や行動について個人や国家の責任を問うことである、という確信に基づいている。このような行為を見過ごすことは、その再発を招き、不処罰の文化を維持することになる。この原則は、特に性暴力、ジェンダー暴力という犯罪への責任の問題に当てはまる。

17 女性に対する性暴力には伝播性があり、戦争時にその頻度と残虐性が増加する。法廷の審理があきらかにしたのは、少女や女性に対する性奴隷の制度化が、日本軍の軍事行動の必要不可欠な一部分を成していたということである。この一〇年間、旧ユーゴスラビアやルワンダの国際戦犯法廷において、性暴力犯罪が認定され訴追されるというめざましい進歩を遂げてきた。この「法廷」は、不処罰を終結させ、女性の身体的の一体性や人格の尊厳、まさに彼女たちの人間性そのものを無視して恥じない風潮を逆転させるための更なる一歩なのである。

18 証言を通じて一貫して語られていたのは、性暴力の被害者である女性たちの苦痛が、自らの地域社会に帰った時に人々から拒否されることで一層ひどくなるということであった。その悲劇の責任が彼女たち自身にあると見なす性差別的態度の結果、恥辱に苦しみ、沈黙を強いられてきたのである。この「法廷」が認定した事実は、責任が本当はどこにあるかを明確に認識するのに貢献し、いまだに世界中で支配的な性にかかわる固定観念を変えることに役立つであろう。

19 以下に述べるのは、裁判中にこの「法廷」が聴取し受理した証拠に基づく事実と法的認定の要旨である。判決は二〇〇一年三月八日、国際女性デーに公表される。※

## 予備的事実認定

### 「慰安婦」制度

20 最初の軍「慰安所」(*)は一九三二年、日本の侵略のあと上海に設置された。「慰安所」制度の構造化は、南京における数々の虐殺、強かん、略奪など、「南京大強かん」として知られる残虐行為の発生に対する、日本政府の対応策として行われた。その結果、日本兵のいるあらゆる場所で日本軍に性的「奉仕」を提供することを女性たちに強要するために、その他の複数の性奴隷制施設、また複雑な人身売買ネットワークがつくられていった。こうした施設のため女性たちを徴集し確保することは、戦略の不可欠な一部であり、占領地域での施設外での強かんを減らし、それにより地域住民の抗日運動を抑制し、日本の国際的悪評を回避し、また日本軍兵士を性病から守るというねらいがあったことは明らかである。女性と少女たちは強制または強要され、またしばしば詐欺的甘言によって「徴集」されてこうした施設に入れられた。当局によるまたは当局の容認に基づく徴集でしばしば標的とされたのは、最も貧しい層の女性たちであった。

（＊）文書で確認される最初のもの。上海派遣軍参謀副長岡村寧次の回想録。

21　女性たちの奴隷化には、反復的強かん、身体損傷その他の拷問が含まれていた。女性たちは、不十分な食糧、水、衛生設備や換気の不足などの非人道的諸環境にも苦しめられた。その状況はすさまじいものであった。ネズミやシラミ、伝染病、汚物に取り巻かれた環境で生きていたことを、女性たちは証言している。殴打、心理的拷問、孤立などの虐待は日常茶飯事であった。強かんの結果としての妊娠、強制中絶、妊娠能力の喪失は、多くの「慰安婦」が体験した苦しみである。女性たちを弱らせてしまうこのような想像を絶する処遇と、日本政府が自国の行なったこうした犯罪を認め、損害賠償その他の方法で償わずにきた結果、勇気ある女性たちのほとんどを、ごく最近まで、恥と孤立と貧困と残酷な苦痛の生活に追いやってきたのである。

## 法的認定

### 人道に対する罪

22　検察団は、天皇裕仁その他の日本軍・政府高官を、第二次大戦中日本軍が征服したアジア太平洋地域諸国の女性たちの強かんと性奴隷制を是認し、黙認し、防止しなかった責任について、人道に対する罪で起訴している。検察団による膨大な文書証拠および証人証言の受理から予備的事実認定発表までの時間が短いため、裁判官は、中核の被告人・天皇裕仁の、強かんと「慰安婦」と呼ばれる軍性奴隷制の制度についての責任の評価に焦点をあてることにした。その他の被告人に関しては、二〇〇一年三月八日に発表予定※の最終判決まで認定の発表を延期する。我々がこれを正義の精神に基づいて行うことを、被害女性（サバイバー）、検察官、またアジア太平洋地域の人々が理解することを信じている。

23　それゆえ我々は、一九四五年当時の法と、検察団が提出した物や主張したこと、さらに、筆舌に尽くし難いこの暴力が一九四五年当時までの法では犯罪とみなされていなかったとする日本政府の主張を細心に検討した。我々の認定では、人道に対する罪……侵害行為の中でも最もすさまじいものの一つ……は、戦後の各法廷で訴追されるべきであったものであり、また、現在適切に訴追されるべきであった。さらに我々の認定では、強かんと性奴隷制は、広範囲、組織的、または大規模に行われた際には、人道に対する罪を構成する。一九四五年までに、強かんと奴隷化の両方ともが国際法のもとで極悪な犯罪として長く認められていた。性奴隷制は新しく犯罪とされたものではなく、むしろ奴隷化の特に残虐極まる、侵略的で破壊的な形態である。奴隷化とは「人に対して所有権に伴う権能の一部または全部を行使する」ことと定義されている。奴隷化には、強制的または詐欺による移送、強制労働その他人間を所有物として扱うことが含まれる。「慰安婦」たちを軍需「物資」の一部として徴発したことは、今日の世界でもあまりにも広く見られる女性差別・人種差別的態度に根ざす性奴隷制が、主としてアジア太平洋地域の貧しい非・日本人の女性に向けられつつ前例のない規模で制度化されたことを示している。

24　この「法廷」に提出された証拠の検討に基づき、裁判官は天皇裕仁を人道に対する罪について刑事責任があると認定する。そもそも天皇裕仁は陸海軍の大元帥であり、自身の配下にある者が国際法に従って性暴力をはたらくことをやめさせる責任と権力を持っていた。天皇裕仁は単なる傀儡ではなく、むしろ戦争の拡大に伴い、最終的に意思決定する権限を行使した。さらに裁判官の認定では、天皇裕仁は自分の軍隊が「南京大強かん」中に強かんなどの性暴力を含む残虐行為を犯していることを認識していた。この行為が、国際的悪評を招き、また征服された人々を鎮圧するという彼の目的を妨げるものとなっていたからである。強かんを防ぐため必要な、実質的な制裁、捜査や処罰などあらゆる手段をとるのではなく、むしろ「慰安所」制度の継続的拡大を通じて強かんと性奴隷制を永続的させ隠匿する膨大な努力を、故意に承認し、または少なくとも不注意に許可したのである。さらに我々の認定するところでは、天皇は、これほどの規模の制度は自然に生じるものではないと知っていた、または知るべきであったのである。

## 国家責任

25 一般的国際法のもとでは、国家は、国家の行為に帰因し、かつ他者の正当な利益を害するすべての不法行為について国際法上の責任がある。国家が国際的不法行為を犯すとは、国際法の適用可能な規範に違反する行為を行うことである。日本国家は条約に基づく責務と国際慣習法に基づく責務の両方に違反する行為をしてきた。ある行為が、国家の国際的責務に違反する行為である場合、国内法では合法と認められていても、それによって国際法のもとでも合法とは認められない。

26 国家の機関または代理人による行為は国際法ではその国家の行為とみなされる。その機関が選挙人、立法、行政、司法その他のどの権力に所属するものであるか、その機関の機能が国際的な性質のものであるか、国家機構の中でそれが上部機関であるか下部機関であるかなどには関わらない。軍隊は国家の機関である。国家は、自国の領域内だけで行われる不法行為や不作為だけでなく、自己の機関、代理人、官僚、被雇用者などが自国の領域外で行う不法行為についても責任を負う。

27 日本が違反した条約上の責務には、一九〇七年の「陸戦ノ法規慣例ニ関スル」ハーグ条約、一九二一年の「婦人及児童ノ売買禁止ニ関スル国際条約」、一九三〇年のＩＬＯ「強制労働禁止条約」などがある。日本はまた国際慣習法の規範にも違反しており、一九〇七年のハーグ条約や一九二六年の奴隷条約の中で表現された国際慣習法の規範への違反が含まれる。(*) さらに、一九五一年のサンフランシスコ講和条約で、日本は極東国際軍事裁判法廷［東京裁判］の諸判決を受け入れたのである。

（＊）この条約に日本は加盟していないが、この条約は当時の国際慣習法で確立した規範を明文化したものとされる。国際慣習法の規範は条約の加盟の有無とは関わりなくすべての国家におよぶ。

28 日本国家が第二次大戦終結にあたって「慰安婦」をそれぞれの国に帰還させることを怠ったことは、ハーグ規則(*)の直接の違反にあたる。

（＊）前述「ハーグ陸戦条約」（一九〇七）付帯規則。この二つをあわせて「ハーグ陸戦法規」と称することが多い。

29 第二次大戦後、日本は多くの条約に署名してきた。これにはサンフランシスコ講和条約、日本・オランダ協定、日比賠償協定、「日本国と大韓民国との間の基本関係に関する条約」、「財産及び請求権に関する問題の解決並びに経済協力に関する日本国と大韓民国との間の協定」などがある。この「法廷」は、これらの平和条約は「慰安婦」問題には適用されないと認定する。条約によってであっても、個々の国家が人道に対する罪についての他の国家の責任を免ずることはできないからである。

30 「法廷」は、諸平和条約には本質的なジェンダー偏向が存在するという首席検察官の主張は、納得できるものだ、と認定する。「法廷」は、個人としてであれ集団としてであれ、諸平和条約終結時の女性が男性と平等な発言権も地位も持っていなかった点に留意する。まさにこのために、平和条約締結時、軍の性奴隷制と強かんの問題は何の対応もなく放置され、条約の交渉や最終的合意に何の役割もなかったのである。「法廷」は、国際的な平和交渉過程がこのようにジェンダー認識を欠いたまま行われることは、武力紛争下で女性に対して犯される犯罪が処罰されないという、いまも続く不処罰の文化を助長するものと認識する。

## 補償

「兵士たちのことを思い出すと今でもふるえてしまう。彼らは、わたしたちの前にひざをついてどうか許してくれと懇願しなくてはならない……何度も何度もあやまらなくてはならない」―朝鮮半島の被害者（サバイバー）

31 被害者（サバイバー）の証言は、日本政府が自己の基本的な法的責任を実行するのを怠ったことが、女性たちをいかに苦しめ続けてきたか、秘密を守ることと自分を恥じる感覚をいかに女性たちに強要し続けてきたかを明らかにした。日本政府が五〇年以上にわたって、補償は「適切、効果的、迅速でなくてはならない」という原則を侵害してきたことに、我々は注目する。

32 日本政府の賠償を行う責任を検証するにあたって、我々は昔から国際法の原則となってきた「国家は、自己が犯した国際法上の違法行為について、救済措置を提供しなくてはならない」点に目を向ける。国家の責任とは、損害賠償、原状回復、社会復帰、満足と再発防止の保証を提供することである。賠償には上記のうち、個別の状況によってそのいずれか、あるいは全ての形態のものを含み、被害者が受けた全ての被害に対応するものでなくてはならない。

33 これまでの歴代の日本政府は、今日にいたるまで、その不法行為を認める義務に違反し続けている。検察団および被害証人たちは、意味のある謝罪の重要性を強調した。すなわち、不法行為を十分に認め、法的責任を明確に受け入れた上での謝罪である。しかし我々は、日本政府の公式の立場が、当初の罪状を明白にするような文書の破棄から沈黙へ、軍の関与を否定する見え透いた虚偽の主張、国際的責務に従わない部分的「謝罪」へと変遷してきたと認定する。日本国家が不法行為を十分に認めることに、意図的に抵抗していることが、恥と沈黙を継続させ、生存者たちに言い尽くせぬ苦悩を与え、彼女たちが心安らかに生きる可能性を奪い続けてきた。

34　不法行為を不法行為として認める責務があるのと同時に適切な公的歴史記録をつくり、将来の世代にこうした残虐行為が二度と繰り返されないようにする必要がある。「法廷」の認定では、日本政府には現在の日本人や将来の世代を教育しようとする努力が全く見られない。

35　被害者（サバイバー）と相談しながら積極的な手段をとって、女性たちの尊厳が回復していると社会の目にわかるようにする義務が日本政府にはある。さらに必要なのは、当時の暴力と奴隷化から今にいたる侵害行為の結果生じた物理的・心理的で「経済的に算定可能なあらゆる損害」について、日本政府が損害賠償を行うことである。国際法の下では、損害賠償は政府が行わなくてはならず、物質的な被害、失われた機会、被害者本人や家族、近しい人々が被った苦痛の気持ちなどに適切に見合うものでなくてはならない。「法廷」の認定では、アジア女性基金は証言した女性のほとんどによって激しく拒絶されており、そうした基準を満たすものではない。

36　「法廷」の認定では、賠償が遅れたことが、女性たちに恥と、怒りと、悲しみと、孤立と、経済的困窮と貧困、健康問題、平安を得られないことなどの苦しみをさらに継続的に強いてきた。こうした深刻な被害もまた、損害賠償の対象である。

37　リハビリテーションのため医療と心理的ケアが必要である。また法的、社会的サービスも必要である。

## 結論

38　審理を通じて「法廷」に提出された膨大な文書証拠を検討し、またこれらの犯罪が犯された時点で適用可能な法の検討を行った上で、「法廷」は事実認定の概要を発表した。「最終判決」は二〇〇一年三月八日に発表される。※

39　「法廷」は、提出された証拠に基づき、検察団が被告人天皇裕仁について立証したことを認定し、天皇裕仁は、共通起訴状中の人道に対する罪の訴因1と2である強かんと性奴隷制についての責任で有罪と認定する。また人道に対する罪の訴因3の強かんについても有罪である。さらに裁判官は、日本政府が、「法廷憲章」第4条が述べる意味で、「慰安所」制度の設置と運営について、国家責任を負うと判定する。

40　その他の被告人については、裁判官は、現段階で刑事責任について認定するため「法廷」に提出された膨大な証拠を消化するに足る時間を持たなかった。従って、それらの被告人の個人としてまた上官としての責任については、最終判決により判定されるものとする。

## 勧告

### 日本政府に対して

1　完全で誠実な謝罪を行うこと。「慰安婦」に対し許しを請い、法的責任を認め二度と繰り返さない保障をすること

2　法的措置をとり、生存者へ補償すること。その金額は加害行為の別に適切なものとすること

3　適切な情報を出すこと

4　人的な資源と機構をもって調査を行うこと

5　生存者の尊厳を回復し、図書館、博物館、碑を建てること

6　公式、非公式の教育制度を確立すること。教科書に記述すること。奨学金を保障し、若者に不法行為の事実を伝えること

7　性の平等性を確立すること

### 元連合国に対して

8　「慰安所」制度の設立と運営に関するすべての軍・政府記録及び極東国際軍事裁判［東京裁判］で訴追されなかった理由を、直ちに公開すること

9　極東国際軍事裁判［東京裁判］で昭和天皇が訴追されなかった理由を述べ、全ての記録を公開すること

### 国連に対して

10　必要な方策を講じ、日本政府が補償することを勧告すること

［※二〇〇一年三月八日予定の最終判決日は延期されている。］

# あとがき

二〇〇〇年一二月に開廷された「日本軍性奴隷制を裁く女性国際戦犯法廷」に対して、メディア、とくに海外のメディアが大々的に報道し、また、多くの人々から「感動した」という声や「これは歴史的事件だ」など、「法廷」を評価する数々の熱い想いや意見が寄せられた。しかし、そこには、「正確ではない理解」が少なからず存在したのも事実である。たとえば、メディアの一部は「法廷」を「模擬裁判」と報道した。「模擬」とは「他のものをまねること。真似」（『広辞苑』）とある。この語法でいけば、「女性法廷」は、〝本物の裁判〟（この場合「国家の法廷」）を前提とした〝裁判もどき、裁判の真似〟という意味になる。

しかし、私たちが強調したいのは、本「法廷」は出廷した被害証言者も、加害証言者も、被告人（死者）も、判事も、すべて〝実在する／した本物〟であり、証拠にもとづいて当時の国際法を実際に適用して裁いた〝本物〟の「民衆の法廷」であったことである。「国家の法廷」のように「国家」に権威の源泉があるのではなく、国際法を市民の手に取り戻し被害者を疎外しない正義を実現するために、むしろ「国家の権威から無縁」であることによって逆説的に〝普遍性という権威〟を獲得する「民衆の法廷」として設置したところに、本「法廷」の意義が存在すると考える。「国家の法廷」だけを前提に、本「法廷」を「模擬裁判」と決めつけた報道は、私たちが「法廷」に託した本意からほど遠いものであった。

ＶＡＷＷ‐ＮＥＴジャパンは「法廷」後に、内部の「法廷」評価会や、シンポジウム（二〇〇〇年三月二〇日）を開くなど女性国際戦犯法廷の意義と意味を深めてきたが、本書はこれまでの議論を軸に、「法廷とは何であったのか」を多様な視点から分析し、その思想的かつ歴史的な意義を多くの人々に、そして後世の人々に広く伝えていきたいという想いから企画された。刊行にあたって、「法廷」主催者であるVAWW-NETジャパンや韓国挺身隊問題対策協議会メンバー、日本検事団、専門家証人だけでなく、「法廷」とその前後の過程で貴重な助言や惜しみない協力をいただいた思想哲学、ジェンダー研究、歴史学、法律家、社会学、メディア研究等の国内外の各専門分野で活躍中の研究者および現役の新聞記者の方々に、多様な視点の貴重な原稿を寄せていただいたのは望外の喜びであった。とりわけ、「法廷」の判事を務めたクリスチーヌ・チンキンさんが論考訳出の許可をくださったことは感謝に耐えない。

また、本書と併せて、「法廷」当日の全記録・資料、国際法等の専門分野からの評価として『日本軍性奴隷制を裁く女性国際戦犯法廷の記録　第5巻』（緑風出版、近刊）、映像資料としてビデオ『沈黙の歴史を破って：女性国際戦犯法廷の記録』（日本語版、英語版を発売中）を参照していただければ幸いである。読者のご批判、議論への参加をお待ちしたい。

最後に、本書の企画から編集過程において生じたさまざまな紆余曲折を、責任編集者や執筆者それぞれの事情を勘案しつつ、一つ一つ解決する労を厭わなかった白澤社の吉田朋子さんには、最大級の感謝をささげたい。吉田さんとは前記『日本軍性奴隷制を裁く女性国際戦犯法廷の記録』全5巻シリーズの企画・刊行からのつきあいであるが、彼女の存在と貢献なくしては本書の刊行はありえなかった。

二〇〇一年一〇月、オランダ・ハーグでの最終判決を前にして

**責任編集・西野瑠美子、金　富子**

戸塚悦朗（とつか　えつろう）

1942 年生まれ。弁護士。2000 年以降神戸大学大学院国際協力研究科助教授。主な活動：スモン訴訟の被害者原告書証代理人（79 ～ 82 年）、精神障害者の人権擁護活動（82 ～ 88 年）、92 年に日本軍「慰安婦」問題を国際人権委員会に提起し、以降国連人権活動を続けている。

東澤　靖（ひがしざわ　やすし）

1959 年生まれ。弁護士。日弁連国際人権問題委員会事務局長。論文に『2000 年の設立に向かう国際刑事裁判所』（『自由と正義』'99 年 1 月号）、「国際刑事裁判所―二〇世紀の人類がたどりついたもの」（『戦犯裁判と性暴力』緑風出版）等。

吉見俊哉（よしみ　しゅんや）

1957 年生まれ。社会学・文化研究専攻。東京大学社会情報研究所教授。主な著書に、『メディア時代の文化社会学』（新曜社）、『記録・天皇の死』（共編著、筑摩書房）、『ニュースの誕生』（共編著、東京大学出版会）、『メディア・スタディーズ』（編著、せりか書房）等。

北原恵（きたはら　めぐみ）

甲南大学文学部教員。表象文化論、ジェンダー論、美術史。主な著作・論文に『アート・アクティヴィズム』『攪乱分子@境界』（インパクト出版会）、「正月新聞に見る＜天皇ご一家＞像の形成と表象」（『現代思想』vol.29-6）等。

鈴木裕子（すずき　ゆうこ）

1949 年生まれ。国士舘大学、東京経済大学、非常勤講師。主著に『フェミニズムと戦争』（マルジュ社）、『従軍慰安婦・内鮮結婚』（未来社）など。主要編著に『山川菊栄集』全 10 巻・別巻 1 巻（岩波書店）、『日本女性運動資料集成』全 10 巻・別巻 1 巻（不二出版）等。

高橋哲哉（たかはし　てつや）

1956 年生まれ。東京大学大学院総合文化研究科助教授。主な著書に『戦後責任論』（講談社）、『歴史／修正主義』（岩波書店）、『断絶の世紀、証言の時代』（共著、岩波書店）、『デリダ―脱構築』（講談社）、『ナショナルヒストリーを超えて』（共編、東京大学出版会）等。

藤目ゆき（ふじめ　ゆき）

1959年生まれ。大阪外国語大学助教授。日本近現代史・女性史専攻。著書に『性の歴史学』（不二出版)、訳書に『ある日本軍「慰安婦」の回想』（M.R.L.ヘンソン著、岩波書店）編書に『国際軍の犯罪』（不二出版）等。

宋 連 玉（ソン　ヨノク）

1947年生まれ。青山学院大学経営学部教授、朝鮮近現代史専攻。主な論文に「日本の植民地支配と国家的管理売春」(『朝鮮史研究会論文集』32号)、「大韓帝国期の妓生団束令·娼妓団束令」(『韓国史論』40号）等。

金 允 玉（キム　ユノク）

1938年生まれ。韓国教会女性聯合会会長、女性平和研究所所長を歴任。現在は、韓国挺身隊問題対策協議会常任代表。女性神学専攻。翻訳に、ボルフガン・フーバー『平和倫理』、荒井献『新約聖書の女性観』等。論文に「韓国女性神学の現段階」等。

［訳者］山下英愛（やました　よんえ）

1959年生まれ。現在、カナダのUBC, Institute of Asian Research客員研究員。女性学、近現代朝鮮女性史。「韓国における慰安婦問題解決運動の課題—性的被害の視点から」(『女性・戦争・人権』第4号、行路社）等。

マーク・セルデン（Mark Selden）

ビンガムトン大学およびコーネル大学教授。合衆国におけるアジア研究の専門家で、特に、近現代の中国およびアジアの歴史社会学的研究に関心が深い。主著にChina in Revolution : The Yenan Way Revisitedなどがある。アジア関係のブックシリーズの編集者として知られている。

［訳者］野崎与志子（のざき　よしこ）

ウィスコンシン州立大学マジソン校にて博士号取得（教育学）後、ニュージーランド（国立）マッシー大学で常勤講師を務め、2002年1月より、ニューヨーク州立大学バッファロー校の助教授（比較教育学)。

横田雄一（よこた　ゆういち）

1933年生まれ。1992年11月パナイ島イロイロ市で被害者のトマサ・サリノグさんにはじめてインタビュー。以来フィリピンにおける戦争中の性暴力被害者らの補償請求裁判にたずさわる。狭山再審弁護人。

**《執筆・責任編集》**

西野瑠美子（にしの　るみこ）

1952年生まれ。ルポライター。VAWW-NETジャパン副代表。日本の戦争責任資料センター幹事・研究員、中国人「慰安婦」裁判を支援する会共同代表。著書に『なぜ従軍慰安婦を記憶にきざむのか』（編著、明石書店）、『日本軍「慰安婦」を追って』（マスコミ情報センター）等。

金　富　子（キム　プジャ）

1958年生まれ。関東学院大学非常勤講師。ジェンダー史・近代朝鮮教育史専攻。VAWW-NETジャパン運営委員及び調査チーム。主な著書に『もっと知りたい「慰安婦」問題』（共著、明石書店）、シリーズ第3巻『「慰安婦」・戦時性暴力の実態Ⅰ』（共編著、緑風出版）等。

**《執筆者紹介・掲載順》**

松井やより（まつい　やより）

フリー・ジャーナリスト。元朝日新聞編集委員。VAWW-NETジャパン、アジア女性資料センター代表。主な著書に『女たちのアジア』『女たちがつくるアジア』（以上、岩波新書）等。

ノーマ・フィールド（Norma Field）

1947年東京生まれ。シカゴ大学東アジア言語文化学教授。日本文学、日本近代文化専攻。主な著書に『天皇の逝く国で』（みすず書房）、『祖母の国』（同）、ほか。

クリスチーヌ・チンキン（Christine Chinkin）

ロンドン大学国際法教授。ミシガン大学ロースクール在外教員。主な関心は国際法、国際人権法、国際紛争解決。主な著書にThe Boundaries of International Law: A Feminist Analysis（共著、マンチェスター大学出版）、Third Parties in International Law（オックスフォード大学出版）。

［訳者］関典子、加藤和恵

林　博史（はやし　ひろふみ）

1955年生まれ。関東学院大学経済学部教授。現代史専攻。著書に『華僑虐殺』（すずさわ書店）、『共同研究　日本軍慰安婦』（共編著、大月書店）、『裁かれた戦争犯罪―イギリスの対日戦犯裁判』（岩波書店）等。

《編　者》

VAWW-NETジャパン（バウネット・ジャパン）

正式名称「戦争と女性への暴力」日本ネットワーク（Violence Against Women in War-Network Japan）、代表：松井やより。

1997年秋東京で開いた「戦争と女性への暴力」国際会議をきっかけに、1998年6月正式発足。「慰安婦」問題、国家主義と軍事主義の問題、武力紛争と女性への暴力という3つの柱を軸に活動。2000年12月、「日本軍性奴隷制を裁く女性国際戦犯法廷」を被害国などとともに主催した。


**裁《さば》かれた戦時性暴力《せんじせいぼうりょく》**

**—「日本軍性奴隷制を裁く女性国際戦犯法廷」とは何であったか**

2001年10月20日　第一版第一刷発行

2002年10月30日　第一版第二刷発行

編　者　©VAWW-NETジャパン

責任編集　西野瑠美子・金富子

発行人　吉田朋子

発　行　有限会社 白澤社《はくたく》

〒180-0012　東京都武蔵野市緑町2-6-1-5

電話 0422-37-2819／FAX 0422-37-2811

E-mail hakutaku@nifty.com

発　売　株式会社 現代書館

〒102-0072　東京都千代田区飯田橋3-2-5

電話 03-3221-1321（代）／FAX 03-3262-5906

装　幀　田邉恵里香

口絵協力　クラフト大友

印　刷　モリモト印刷

用　紙　山市紙商事

製　本　トキワ製本所

▷定価はカバーに表示してあります。

▷落丁、乱丁本はお取り替えいたします。





▷ ISBN4-7684-7902-2 C0030

【白澤社刊行図書のご案内】

発行／白澤社　発売／現代書館

白澤社

白澤社の本は、全国の主要書店でお求めになれます。店頭に在庫がない場合でも書店にお申し込みいただければ取り寄せることができます。

# フェミニズム的転回
## ——ジェンダー・クリティークの可能性

大越愛子／志水紀代子／持田季未子／井桁碧／藤目ゆき　著

定価1800円＋税　四六判並製・240頁

ISBN4-7684-7901-4　C0030

フェミニズム的転回は、私たちの生活を呪縛する男性中心的体制を脱構築し続けるとともに、ジェンダー観点の有効性をも問い直しながら、新たなフェミニズム・パラダイムを提示する。哲学、倫理学、美学、宗教民俗学、歴史学の各分野で活躍する著者たちによる刺激的なジェンダー批評の実践である。まずは、思考の再起動!!

【目次から】

第1章　フェミニズム的転回のとき（大越愛子）
第2章　倫理学とジェンダーの視点（志水紀代子）
第3章　美的判断力の可能性（持田季未子）
第4章　「日本」論という思想（井桁碧）
第5章　女性史研究と性暴力パラダイム（藤目ゆき）

# 〈新版〉鬼神論
## ——神と祭祀のディスクール

子安宣邦　著

定価2000円＋税　四六判上製・224頁

【〇二年一一月上旬刊行】 ISBN4-7684-7903-0

鬼神とは祖霊崇拝の対象である。本書は、白石、仁斎、徂来、闇斎ら江戸時代の儒学知識人たちが展開した鬼神論という言説の意味を明らかにした思想史研究の名著。新版刊行にあたり、現代の鬼神論＝国家神道の原型を解き明かす新稿を加えた。

【目次から】

新版序　鬼神はどこに住むのか
旧版序　「鬼神」のディスクール
一　「鬼神」と「人情」
二　「有鬼」と「無鬼」と　鬼神と徂徠のアルケオロジー
三　「陰陽の鬼神」と「祭祀の鬼神」　他